表現活動を中心に据えた学校づくり

―― 学校‥この素晴らしきところ
教育‥この素晴らしき営み ――

佐藤 毅

一莖書房

まえがき

　私は1954年（昭和29年）北海道に生まれました。

　1961年（昭和36年）に小学校に入学し、中学、高校、大学と教育を受ける側にいました。今ふり返ると、戦後の民主主義教育の中で育ってきたように思います。
　いずれの学校でも児童・生徒・学生の教育に熱心な先生方に育てられました。

　知らないことを知り、できないことをできるようになった小・中学校時代。
　生き方や進路を迷いながら彷徨っていた時、担任の後藤治先生から多くの示唆をもらった高校時代。
　斎藤喜博先生の特別授業を受講し、斎藤先生の教育実践の研究者であり、生涯の師と仰ぐ都留文科大学名誉教授・箱石泰和先生に出会い、教育や授業の基本的な考えや専門的技術を学んだ大学時代。

　そして、最終的に、自分自身が小学校の教師となり、教育をする側になりました。
　1980年（昭和55年）の就職以来、札幌市内の小学校8校に勤め、その間、1・2・3・4年生を各2回、5年生を5回、6年生を6回、合計19年間担任をしました。保健主事や教務主任を6年間、

1

教頭４年、校長６年間の教師生活でした。

　若いころの担任時代は、いろいろな研究会に参加したり、多くの実践書を読んだり、自分を懸け精一杯、熱い思いをもって実践に邁進しました。これは偽らざる思いです。しかし、いかんせんまだ未熟であり、思いが強い分、子どもたちを追い詰め、子どもたちと距離ができてしまうことがしばしばありました。

　そんな自分の実践に不安と疑問をもつようになってたので、箱石先生が主宰する研究会に参加することにしました。

　そこで思い知らされたことは、結局、「よかれと思って今までのやってきた実践は子どもたちを自分の手の内に入れ、自分の思い通りに子どもたちを動かすような実践だった」ことでした。
　その研究会で報告される数々の実践に触れるにつけ、私は子どもの可能性を拓く教育の原点に帰る必要を痛感しました。

　そんな思いを抱いている中、３校目の学校で、自分にとっては大転換となる事実を目の当たりにしました。
　それは自分が担任として初めて取り組んだ４年生の学級でのオペレッタ・合唱組曲『子どもの世界だ』（斎藤喜博作詞／近藤幹雄作曲）での出来事でした。
　どの子もどの子も一人ひとりが明確に朗々と朗読し独唱するのでした。子どもたちは、合唱も含め、そのすべてが私の予想をはるかに超える子どもの真の凄さ・真の可能性を私に見せてくれました。

感動で身が震えました。

　その後、担任したそれぞれの学級で『ペルシャの市場にて』に合わせた身体表現、『かたくりの花』（よこすかかおる作詞　梶山正人作曲）『利根川』（斎藤喜博作詞／近藤幹雄作曲）などの表現活動を実践しました。
　見ていた何人もの教職員・父母は感動で涙を流していました。

　いつか校長になったら、学校中でこの表現活動ができれば素晴らしい学校を創造できるに違いないと思い、校長を志すことにしました。

　ここでは新任の校長時代の３年間、悪戦苦闘の学校づくりを中心として、包み隠すことなくその事実をお伝えします。

　叙述の多くは、私が所属していた札幌教授学研究の会の会誌「河原」から引用しました。一部を推敲修正しましたが、ほぼ当時の原文のままの記録です。

　この本が真摯に教育実践に励み、自分の理想の学校づくりを志し、管理職になろうとする先生方や、現在、既に管理職になられた教頭先生や校長先生に少しでも学校づくりの参考になることを願っています。

＜目次＞

第2部：授業づくりの実際

第3部：学校現場で生まれた変化の証言

第 **1** 部

学校づくりの基本となる考え

学校経営方針での強調
——学校教育の中心は「授業」の徹底——

　教頭だった2009年2月20日に市教委から、委員会に来るようにとの電話があった。

　それは、教頭の昇任を意味する。校長が電話を受けた後、すぐに校長室に呼ばれ、「おめでとう」と言われ、握手された。教頭職4年。最初の2年間が辛く厳しく暗いものだったので、解放された思いだった。

　24日に市教委で西区の発寒南小学校校長の内示を受けた。自宅が西区で地下鉄一駅の学校なので通勤時間が非常に短くて済む。

　4年間の東区での勤務で早朝から夜遅くまでの教頭職と違い身体的には楽となる。何よりも地元に帰ってきた安堵感があった。

　26日に退職される校長先生との引き継ぎがあった。開校39年目。12学級、児童数350名、職員数25名。札幌市内の小学校としては比較的小規模校である。

　地下鉄東西線発寒南駅から徒歩3分にある交通の便がよいにも関わらず、住宅街にあって「都会の田舎」といった感じである。

　校長と教頭が同時に退職する珍しい人事の学校で、他の学校の校長からは「大変だ」と言われたが、前年度の学校経営にとらわれることなく自分の構想や裁量で経営できるので、私としては逆に好都合であった。

　前任の校長先生の学校経営は「特色のある学校」ということで

「特色づくり」のために余計な「特色」をあえてつくり出すようなことはなく、一般的であるが、あらゆる面で落ち度なくしっかりしていた。ただし、来年度が開校40年で、「開校を祝う会」と「40周年教育実践発表会」をしなければならず、多少厄介である。しかし、これを逆手にとって実践研究推進の契機としていこうと思った。

＜４月１日　学校経営方針説明での校長の話＞

　前日３月31日に辞令交付式が市教委で行われた。市内207の小学校のうち36校で昇任校長が赴任することになった。教育委員長や学校教育部長などの前で、教育長から辞令が渡された。

　４月１日。平成21年度初日、主任の命課の後、校長の学校経営方針を話した。校長が変わる学校も含め、どこの学校でも基本的には、２月の職員会議ですでに提案済みであり、この日の方針説明は形式的なものになる。そこで、私は以下の内容を職員に口頭で伝えた。

　どこの学校でも学校教育目標から、その実現を目指して教育推進の重点目標が設定される。しかし、多くの場合、重点がありすぎて重点になっていないのが実情だ。私は、「13ある推進の重点」の「４子どもが生き生きと学ぶ喜びを実感できる授業の推進」「５指導力を高めるための研究・研修の推進」に重点を絞りたいと思っている。

学校教育の中心は授業

　授業は学校教育の核であり、教師の中心的使命であることを深く認識したいと思う。授業によって子どもの可能性を引き出し、子どもを変える。それが教師の喜びそのものだと思う。学年研修を中心に日常的に授業の工夫と創造の話ができる雰囲気をつくることが大切なことだと考える。

　授業づくりの基本に立ち返る（意図的な授業の構築）

　どの教科のどの単元（教材）を使って、どう子どもを育てていくのか、教師の意図的な取り組みが不可欠だ。授業では、教科独自の子どもに身につけさせる目標があると同時に、認識力、表現力、論理性、技術、社会性や集団性といったものはもちろんのこと、集中力、持続力、忍耐力、丁寧さ、段取り力、計画性、感応力、対応力など人格（人間性）を形づくるような力も子どもたちから引き出すことができる。ねらいを絞り込んで意図的な取り組みができるようにお願いしたい。

教材解釈の意味

　そのためには、子どもにとってその教材がどんな価値をもっているのかを教師自身が把握する必要がある。それが教材研究の大きな意味の一つだ。また、子どもの生活経験や既習の定着度合いなどの様子から、子どもたちがどこでつまずいたり、迷ったり、こだわったりして、どう認識していくのかを予想することが大切だ。これも教材解釈の大きな意味の一つになる。

授業を通して子どもを発見し、変えていく

　子どもの気分・感情を含めて子どもの学習（思考や行動）過程を予想する。そうすることが子どもの意外な点や素晴らしさの発見や理解につながる。教師の予想をはるかに超える事実が出てきたり、授業が展開されたりすると、子どものすごさや可能性を実感できる。すると、教師が高みから教え込むような授業は必然的に姿を消す。その時には授業の質が変わっていることだろう。

　ぜひ、授業を通して子どもを発見し、変えていく教師集団になりたいものだ。

　最後に、前校長先生が「教師こそが学校における最大の教育環境である」と述べられているが、再確認して学校経営方針を終わる。

　学校経営方針では「授業づくり」だけを強調したが、後日、若い教師に、どんな話をしたか覚えているか質問したところ、「確か、授業の話だったと思う」とのことで、中身は何も覚えていなかった。

　大体はこんなものだろう。それでも、今度の校長は授業を大切にしたいようだと映っただけでもよしとした。

教師の力量を高める校内研究の提言

　学校では、校長は挨拶要員であることが日常なので少々うんざりしているが、それも仕事なので仕方がない。

　そこで、何をどう話そうかと考えると頭が痛くなる。しかし、あまり悩まないで、思ったことを思った通りに話す外はないと思うようにした。

　問題は、思ったことに価値があるかどうかという一点にある。

　それでも、子どもに伝わる言葉を使い、反応を察知しながら、時には小声で、時にはゆっくり、最初の出だしで話し手の心を捕まえ・・・などと考えると、「挨拶は校長の授業」とよく言われてきたことが理解できた。

　４月６日の着任式・始業式・入学式は挨拶３連発

　着任式では、体育館に集まった子どもたちが静かに、初めから聞く姿勢で臨んでいた。

　４年前に教頭として赴任した学校では着任式の際、いたる所で私語があり、およそ聞く態度は育っていなかった。そのため、最初の挨拶で「人の話はしっかり聞きなさい」と説諭した覚えがある。

　その時の校長はその学校で２年間教頭として過ごし、その後、自校昇任して校長になって、すでに４年間が終わって５年目になった年である。彼との教育観の違いを今更のように思った。

出会いでの子どもたちの姿に感動したので、その時のいきさつを着任式に話した。

　「・・・先生はその時にとてもいい話を用意して、大事な出会いのお話しようと思っていたのですが、あまりの騒がしさとうるささに「人の話はしっかり聞きなさい」と怒ったのです。しかし、この発寒南小学校の子どもたちはどうでしょう。マイクなしで普通の声で話しても全員に聞こえるくらい静かに聞いてくれています。先生はとでも感心しました。」　子どもたちはにこにこしながらうなずいていた。

　始業式では、学校というところは勉強するところで、国語や算数などの勉強は面白いこと。また、勉強を一人ではなく友達と一緒にみんなでやるからこそ面白いこと。

　さらに、友達と一緒に生活することも勉強であること。だから、一生懸命に勉強してほしい旨の話をした。

＜布石＞

　4月2日の午後に年度計画の職員会議があった。

　その日の朝に、1年生の担任で学年部（普通一般的には学級指導部）の先生から、避難訓練と環境整備が学年部の所管事項になっているが、全体を掌握できないので、しかるべき所へ業務を移せないかと教頭に打診があった。私同様今年度着任したばかりの教頭先生は戸惑っていた。

　避難訓練は私の教頭時代は自分が行っていたし、環境整備は全員

で一斉作業日などを設けなくては仕事にならない。

　それで、横で聞いていた私は、避難訓練は教頭所管業務、環境整備は事務管理部（総務）へ移すことを即断した。

　どちらの仕事も担任の先生がする仕事ではない。

　その旨を教頭と総務（担任外の教師）にその場で了承を取り付けた。相談した先生は大変喜んでいた。

　ところで、前日の１日に総務会（校長、教頭、教務主任、総務で構成）を開いて、担任の先生たちには授業づくりのための時間を確保したいので、学校のいろいろな業務はなるべく担任外でお願いしたいと伝えていた。その分、仕事量が増えるが、その代り、ＴＴ（チームティーチング）を中心的な仕事として再任用で今年度赴任した２人の先生にも仕事を分担してもらうことも約束していた。実際に、昨年まで何曜日の何時間目はどの学級に入るかなどＴＴの計画は教務主任が行っていたが、今年は再任用の先生にお願いした。それも前日である。

　だから、この申し出は何の不満もなくタイミングよく移行することができた。

　授業づくりのための布石を打ち続けよう。

　４月は子どもと教職員を知ることに力を注いだ。誰がどれほどの指導力があるのか、ないのか。子どもたちの様子や教室の雰囲気も早く知りたい。

　さて、４月にしかできない仕事は山のようにある。

　とりわけ新たに編制された１・３・５年生は学級づくりから始めなければならない。

子どもをとらえ、学級の日直や掃除や給食当番など組織をつくり、学級生活の仕事を分担する。子どもたちの所属する委員会やクラブも決めなければならない。所属感や一体感を創り出すための学級のルールづくり。例えば、話すことのルールでさえも「全員に聞こえるように話す」だとか、「単語で話さず最後までしっかり話す」などいろいろあるだろう。

　そこで、『授業＝子どもを拓き、つなぐもの』（箱石泰和編　一茎書房）から菊次さんの「子どもを育てるということ　―１学期の仕事―」を印刷して、教師は勿論、事務職員まで教職員全員に配った。

　朝会で、「学級づくりの参考になるようなヒントがあるかもしれません」とさりげなく言い添えた。

　後日、反応があったのは用務員さんと再任用で採用されたＴＴ担当の先生だけだった。

　拍子抜けしたが、ボクシングのボディブローのように後から効いてくるように絶対に活用したい。これも布石である。

　１・３・５年生は熱心な教師が多い。新卒３年目の男性教師はやや心配だが、過去の２年間を反省して、今年度新たな気持ちで出発している。いろいろと応援したい。しばらく学級づくりを静観しよう。

　２・４・６年生はすべての学級で担任が持ち上がりである。すでにクラスは出来上がっている。

　ところが、まともな学級は２年生と６年生の１クラスずつだけである。

　２年生の１クラスは学級崩壊といっても過言ではない。

　この教室を見るたびに、子どもたちは立ち歩き、教師の話を全然聞いていない。にもかかわらず、教師は大声で次々と話を続けている。教室に緊張感とか集中とか一切ない。教師に対する子どもの期待感は見事に皆無である。それでも担任教師は何の痛みも責任も感じていない。あげくの果ては、ヒステリックに怒鳴りつけたり、物を投げつけたりしている。こういう教師をこれまで見たためしがない。あきれた話である。

　この状態を前校長は許していたのか、教務主任に尋ねると、何度か指導したが、あまり変わりがなかったと言う。保護者からも担任の指導に話があったとのこと。ごく当然であろう。しかしながら、担任を持ち上げた。信じられない話である。

　時間の取れる限り、毎日のように教室に行って観察しよう。

＜校内研究＞

　来年度、本校は開校40周年を迎える。そこで、40周年記念教育実践発表会を行うことが決められていた。

　そのために、校内研究は実践発表会に向け4年計画が立てられ、取り組みがなされていた。昨年度は、研究の見通しの共通理解および授業実践、今年度は授業実践、来年度は実践発表および外部評価、再来年度は改善と位置付けられていた。

　昨年度末の研究全体会の資料を見ると、研究テーマは「学び合う喜びをもてる子の育成」、副主題は「確かな力をつける授業」となっている。私の「授業で子どもを育てる」とした経営方針と合致

している。問題は中身である。

校内に2つの部会があり、1つは「共に学ぶ部会」、もう1つは「他から学ぶ部会」である。少なくとも全員が授業公開をする合意がある。昨年の東区の学校より意識は高い。

「共に学ぶ部会」では、「思いが広がる学習の構成」「小交流で生かされる個の思い」「高まりを実感できる全体交流」「活動に取り組みやすくするための、適切な教師のかかわり」などに注目して研究授業を音楽の授業で5クラスが公開したようだ。どのように合唱や合奏を創り上げていくか、子どもたちに小交流や全体交流で話し合わせ、それをもとに合唱や合奏を実際に行ったということである。

反省では、いくつかの成果が述べられたあと、これからの課題として交流の仕方や言葉の意味の共通化などがあがっているが、肝心の合唱や合奏がどうであったかは何も触れられていない。「共に学ぶ」ための交流・・・、「交流」のための交流・・・か？

「他から学ぶ部会」では、地域に出かけて行って実物を見たり、お店の人や開拓当時を知る人、昔遊びの達人など直接インタビューしたようだ。教科は、社会科や生活科、総合的な学習で、子どもとって地域は身近でいろいろな気づきや疑問が生まれたことなどの成果が述べられている。一方、「他」を「人」と限定していく課題が生まれたとある。

これもよくある調べ学習である。

私がイメージしている研究とはかけ離れたものである。しかし、

札幌市内の学校の校内研究は一般的にこうしたものである。

　これをいかに打ち破るか。

＜2009年度の研究について（構想メモ）を打ち出す＞

研究主題

　子どもの可能性を具体的に（もしくは具体的な事実で）引き出す授業づくり

副主題

　子どものよさを発見する営み（もしくは試み）

・端的に言うと授業研究と子ども研究である。教科研究ではない。

・最大のねらいは私たち教師が学校教育のプロ（職人）になること。そうすることで、子どもたちのもっている可能性が具体的に拓かれ引き出されていく。

・授業観、子ども観をわがものとできたらよい。身を通してしか得られないだろう。

なぜ授業か？

→授業が学校教育の中核であり、学校生活の中で費やす一番時間が多く、教師の一番主要な仕事である。教師に力量があると、子どもたちが全うに育つことができる。

→教師が力量をつけるには、辛く厳しい自己変革が必要になる。大変であるが教師としての生きがいや喜びが生まれるだろう。自分がなぜ教師になったのか意味が見つかる。

子どもをどうとらえるか？

→現代社会にあって子どもたちもいろいろ困難な状況に影響されて
生きている。知性も心も身体も虐げられている。人間関係の歪み
から、自信をなくしたり、いじけていたり、諦めていたり、人を
うらやんだり、本来子どもがもっている豊かな可能性や素直さや
感動する喜びを心から遠ざけられているかもしれない。子どもは
よい授業を通してそうした俗なものから解放され、浄化されて美
しくなっていく。自分の考えをしっかりもてたり、身体が丈夫に
なったり、物事に取り組む姿勢が積極的で確かなものになったり
する。振る舞いも荒々しいものから落ち着いて柔軟で確かなもの
になる。言葉遣いが変わり顔つきでさえも凛としてくる。

授業づくりをどうするか？

→①教材のもつ力（教科でのねらい＝教材の本質＝子どもにとって
の栄養）を教師が的確につかみ取る作業＝教材研究（もしくは教
材解釈）を通して的確につかむ。…教材研究A
②個々の子ども一人ひとり、集団としての自分の学級の実態（現
実・到達点）をとらる。診断する。子どもの生活経験や既習の定
着度合い。子どもがどこでつまずいたり、迷ったり、こだわった
り、壁にぶつかるのか。乗り越える課題は何なのか…教材研究B
→それを目の前の自分の学級の子どもにどう提示して、この教材を
使って子どもから何を引き出すのかいくか見定める。
→授業の構成、授業展開を計画する。単元全体、１時間１時間。
→子どもどうしをつないでいく営み。
※何かとんでもない素晴らしい秘策があるわけでもない。それを地

道に愚直に行う。

子ども研究とは何か？

→子どもの現実を的確に把握すること。診断。問題や課題を明確に
　すること。

→実際に授業を通して「そうか！子どもってこんな風に考えるんだ
　なあ」と発見すること。

→子どものよさ（可能性）を発見すること。

　教師の予想や期待をはるかに越えていく事実を創造する中で、子
　どもが教える対象から、ともに課題を追究していく者になってい
　く。親近感ではなく共感する対象となっていく。実践の質が上
　がっていくと、畏敬の念すらもつようになるかもしれない。「子
　どもって凄い」それが経験できると、授業は全く違った次元に
　なっているはずである。

研究をどう進めていくか？

→学校体制で研究を行うのだから、共同研究ではあるが、研究・研
　修は教師としては至極当然のことなので、基本は個人での研究に
　ある。しかし、個人ではどうしても強い意志がなければめげてし
　まう。日常、励ましあい、刺激しあいながらできるのは低・中・
　高のブロック単位での研究がよいかもしれない。

→各自が自分の好きな教科や苦手な教科・総合でも授業の実践研究
　をする。

　教科研究ではないが、必要であれば、教科に分かれての共同研究
　を時々あってもよい。

→外部からの実践者や研究者を協力者・助言者として、いつでも全国規模で招く。

　優れた教育技術を学ぶのは大いに奨励したいが、スキルを学ぶのではない。それを生み出す根っこにある考えや思想を学びたい。

→学級経営（学級生活と学習訓練）との関係では、よく「学級経営が授業の基盤になる」と言われているが、次のように考えたい。

　朝の会や帰りの会の充実、誕生会やお楽しみ会、全員遊びの工夫など学級経営を通して子どもの意欲と力を引き出し、教師と子ども、子どもと子どもをつなぐ綿密な仕事は必要である。それは広い意味での生活指導的な要素を含んでいるがそれだけではない。学級経営はより本質的に、協同的・探究的な授業へ向けての基盤づくりの意味をもたせたい。学級経営はそれ自体に意味があると共に、質の高い授業に向けた「学級の耕し」としての意味ももっている。学級経営が授業の基盤をつくり、そして授業が学級経営をより確かで豊かなものにする。学級経営と授業はこうして相互に関連して補い合って子どもの力を引き出し、育てていくものである。よって両方大事にしたい。

→年間4節に分かれているから、各節ごとで重点的に研究する単元を取り上げるのも面白いと思うが、少し大変かもしれない。前・後期に1つずつ、2つならできると思う。

→子どものよさを発見する取り組みでは、子どもがいかんなくその力を発揮できる表現活動は非常に有力である。体育的表現や音楽的表現、図工的表現、朗読、それらが総合されたオペレッタなど勇気をもってやってみる価値がある。学級や学年が一変するだろう。

→体育の跳び箱やマット運動、鉄棒や縄跳びなど継続的に子ども自身にも練習によって結果が伴う取り組みも面白い。ここでも大いに子ども発見ができる。

→教職員の異動が激しいことや融通が効いて小回りしやすいように○○次研究の期間を短くしたい。最長３年間。短期間で成果の上がらないことはやめたほうがよい。

14次研究は今年度を初年度とし、３年間。

平成21年度：計画・実践　研究の理解。授業研究および実践。

平成22年度：実践・評価　授業研究および実践。公開教育研究会。

平成23年度：改善・実践　授業研究および実践。15次研究の方向

　典型（モデル）となる学級をつくること。手始めに、体育などから手をつけていく。

担任の先生に本音で語りかける

　「・・・この時代に、どんなことができるのか、その可能性が広がったことを喜んでいました。基本は人を組織できるか、やる気をもたせられるかに尽きると。学校が学校として組織できれば相当な事実が出てくる筈だと、「木炭積み上げ理論」について話しながら、すぐに手を打てること、じっくりみることなどを話しながら、焦ってはいけないが、着実に手を入れないと・・と期待を込めて話していました。佐藤さんでなければできない仕事を進めていけば、この時代の仕事になります。人を大事にすれば動きます。教師の可能性を信頼して進めていけば、きっといい仕事ができると信じています。教師が自分から動くように応援していくことで、意欲的になる教師も多くいるのではないかと期待しています。」

　これは、３月下旬に合同合宿研究会を一緒に行っていた多摩第二土曜の会の野村誠さんから届いたメール。

　「人を大事にすれば動きます。教師の可能性を信頼して進めていけば、きっといい仕事ができると信じています。」まったくその通りだ。

　しかしながら、現実は厳しく、ひどい。「木炭積み上げ」の前にやっておかなければならないことがたくさんある。

＜指導力不足の担任の先生に語りかける＞

　２年生担任のＨ教諭の学級は昨年からのもちあがりである。学級崩壊といっても過言ではない。

　まともな一斉学習を見た試しがない。いつも個別に指導している。公文式のようである。

　できた子を並ばせ、まる付けをしている。見てもらった子は好き勝手に図書室に行って好きな本を持ち出し適当に読んでいる。できない子たちも問題に正対していない。できてもできなくてもいい雰囲気が教室を覆っている。

　上靴を脱いでいる子。立て膝をしている子。足を組んでいる子。今にも椅子からずり落ちそうに、首だけで支えて座っている。その横ではノートが落書帳になっている。

　手遊びや私語、喧嘩まで起きている。どの子も教師の指示を聞いていないし、自分とは関係ないと言わんばかりである。みんなでたらめ。

　しかし、一番驚くのは、担任自身がこの状態を自分には関係ないと思っているかのごとく指導しないことである。

　朝読書も隣の１年生ですら静かにやっているのに、このクラスはそれができない。教師に対する子どもの期待感は見事に皆無である。それでも担任教師は何の痛みも責任も感じていない。

　子どもたちがかわいそうでならない。一切の指導がなく放置されている。放置されているのならまだ救われるが、悪影響が広がっている。不登校になりかけている子どもが２人も出ていた。

　そこで、私は今までの彼のやっていたことのメモをもとに５月

22日、指導することにした。教頭先生にも同席してもらうことにした。

　極めて冷静に話をした。

　子どもたちと授業するのは楽しいか？　今の子どもたちのよさはなにか？　今の学級の課題は何か？　どんな子どもたちにしたいのか？

　こうした質問にまともな回答はなかった。しどろもどろである。

　なぜ、先生は子どもたちを怒鳴りつけるのか？　それは指示が入ってないからではないか。それではなぜ、指示が入らないのか？それは子どもに聞く態勢ができていないからではないか。それでは、なぜ、そうした態勢になってしまっているのか。一つ一つ噛み砕くように話した。

　最終的にすぐに実行できる2つのことをするように指導し、約束させた。

　一つは荒々しい言葉や大声で怒鳴らないこと。もう一つは、子どもとべたべたしないこと。子どもがべたべたと寄ってくるのは、怒られないために媚を売りに来ている自己防衛であることを説明した。1時間は話しただろうか。

　その後、総務や教務主任、教頭やTT担当に指導の内容を伝え、指導するよう要請した。もちろん私自身も何度も教室へ足を運んだ。

　しかし、子どもたちは勝手に立ち歩くし、相変わらず立て膝などの姿勢は学習の構えとはほど遠い。よそ見やちょっかいやおしゃべりで教室は常に騒々しく、落ち着きがない。少しずつではあるが、怒鳴り声は無くなってきたし、子どもとも必要以上にべたべたしなくなってきたが、教師の指導はあまり変化がないし、子どもたちに

も変化がない。

　６月のある日の指導を見ていると、教師は子どもたちに「手を置きなさい」と指示を出すのだが、指示に従うものはほんの数人である。再度、指示するも何も変わらない。しかし、それについて教師は子どもたちに徹底させるわけでもなく、授業を進めていた。子どもたちが見ていなくとも、聞いていなくとも、お構いなしに、自分のペースでただ進めていた。勝手で自己中心なのは子どもではなく、教師である。

　そこで、３週間が過ぎた６月12日に再度教頭先生同席のもと話をした。

　はじめに、大声で怒鳴らなくなった分、指導が楽になったのではないかと水を差し向けたが、今回も明確な回答はなかった。

　私が参観した授業の指導について、事実をあげて話した。

　今回は５点指導しようとしたが、なかなか顔をあげず、目も合わせないので、以下の３点にとどめた。

　第１に授業中のルールを決めること。手遊びはいけないこと。おしゃべりもいけないこと。勝手に立ち歩かないことなど、子どもたちと取り決めすること。

　第２に、教師から出した指示は徹底すること。出しっぱなしはだめ。相手があることなのだ。

　第３に教室は整理整頓してこざっぱりとすること。床のごみはそのまま、机や椅子はぐちゃぐちゃでは学習に適さない。

　情けないことだが、担任としての「いろは」をやってほしいと指導した。

＜校内研究をどうするか＞

　校内研究についての話し合いが研究全体会として、7月10日にやっともたれた。

　話し合いの中で、昨年度末の学校評価では、今年度は昨年の継続でよいとの方向が出されていたではないか。なぜ変更になるのか。変更したとすると、昨年までの研究は一体何だったのか。

　こういった研究はしたことがないが、具体的には何をどうするのかよくわからず、不安である。・・・と、いった意見や感想が出された。

　校長の意図を説明するように求められた。すべて想定内のことであったので、これ幸いと説明した。

　昨年までの研究、「共に学ぶ」「他から学ぶ」は公立の小学校教育では、学級が基本単位である以上、当たり前のことで、研究にならないこと。これまでの研究が慣例化し、形式化し、行事化していること。校内研究の概念を変える必要性。結局は、学年研修で教科や単元を絞り込んで、子どもも教師もわくわくするような企てのある授業づくりが研究であることを話した。

　半分の先生は理解し、実践的にやっていこうという気になったと思う。あと半分は不安ながらやっていこうとしている。明確に反対したのは一人だけであった。

　価値ある提案であっても、校長からのトップダウンでは不安がったり、反発するのは世の常である。注意が必要であるが、いろいろ説明してもなかなか理解はできないだろうから、実践的に動き出すほかはないと思う。

＜授業改善への試み＞

　札幌市小学校校長会からの原稿の依頼があった。研究に関するものをということで「授業改善への試み」という題で以下の原稿を書いた。

「授業改善への試み」

惰性化した授業の横行

　熟練した大工は鉋をかけた後、その手ごたえ・感覚で、実際に木に触れなくとも今はかかったのかどうかがわかるという。匠の技である。子どもたちが課題に集中し、自分自身をかけて追究する場面では教室の空気は緊張感でピンと張りつめる。一つの発言が波紋を呼び、やがてそれぞれの子の考えが揺り動かされ、大きな波となって教室を覆い、授業がドラマチックに展開していく。今はすでに亡くなられているが、私の尊敬するある校長先生は廊下を歩くだけで、その教室でどういう質の授業が行われているか知ることができると述べられていた。これも職人技である。

　なかなかそういう感覚にはなれないが、私でも廊下に貼ってある絵や毛筆を見たり、聞こえてくる歌声を聴けばその教室での教育・指導の質はおおよそ見当がつく。

　教師の意図や授業のねらいがあいまいでなんの工夫もなく、ただ学習進度に沿って消化し、こなすだけの授業が横行している。教育現場から職人が姿を消しつつあるように思う。子どもにとっても教師にとってもつまらない授業の横行は何とかならないだろうかと考えてみた。

「校内研究」の概念を変える

　多くの学校と同じように本校でも「校内研究」は研究テーマをもち、仮説をたて、視点を設けて実践し、部内研や全校研を実施して検証する。たいがいはその年度の全校研が終われば、やれやれと研究は終了である。習慣化し行事化した研究はある一定期間だけがんばるが、その後は継承されず、大体は残らない。そこで、「校内研究」の概念を変える試みをした。「校内研究」を学年研修として位置づける。もしくは学年研修が「校内研究」である。

　日常普段やっている授業のねらいを子どもの実態に応じて絞り込み、大袈裟なことではなく、ちょっとした工夫で子どもも教師自身も楽しめる授業づくりが「校内研究」である。

その実現を支える

　しかしながら、それを毎日毎時間実施するのは至難の業である。そこで次のような提案を研究部からした。

① 　ベースとして、1か月に一度くらい、教科と単元を絞り込んで実践し、工夫したことを記録化し、蓄積していこう。

② 　音楽や図工、体育や英語活動など実技研修で、少しでも「なるほど」「もうかった」と言える技術を体得しよう。

③ 　全員、必ず、他校の研究会や実践発表会に参加し、得たものをみんなに還元しよう。

＜校長として＞

　学校経営の原点は授業で子どもを育むことにある。日々の授業で子どもたちが具体的に変わっていくことが保護者や地域からの学校への信頼を得る正道であり、また、学校が社会から託された使命である。その信念を貫き、日々授業参観で実践を価値づけ励ましたり、一緒に教材研究したり、会議を減らして時間的保障をしたり、担任の先生が授業に目を向け、少しでも良質な授業ができるよう校長としてできることを最大限していこうと思う。

校長は的確な授業批評をすること
──若い教師へ授業づくりの基本を伝える──

＜校長独自の仕事＞

　さて、夏休みが明けてから、校長独自の仕事が目白押しだった。

　その多くは、校長や教頭の昇任試験のための人物調書づくりや来年度の教員や職員の人事に関することである。

　自分自身の学校経営の自己評価や教職員の人物や指導力を評価して、教育委員会との学校経営懇談や人事協議に臨むのである。

　また、全道校長会研究大会も２日間の日程で岩見沢市であった。

　みな初めてのことばかりだったので、信頼する先輩校長のアドバイスなどを参考にしながら仕事を進めた。

　それぞれの教職員の人生を左右することになるかもしれないので自分としては誠心誠意対応した。

　合同合宿研究会を一緒に行ってきた名古屋教授学研究の会の竹内先生が『新米校長失敗物語』（根田幸悦著　一莖書房）を送ってくれた。

　根田先生の学校づくりへの熱い熱い思いが伝わってきた。と、同時に著書に「失敗」と付けた訳も伝わってくる。強烈な思いがあっても、教職員から乖離してはならない。心してやらなければならない。

＜職員会議での話＞

　どこの学校でもそうだと思うが、職員会議の最後は校長からの話で締括る。

8月末の職員会議での話

①あと1月で前期が終了します。通知表を付ける時期を迎えます。この時期は、子ども一人ひとりの到達度合が明らかになってきます。助詞「を・へ・は」は使えるか。音読はできるか。足し算や引き算、少数や分数はできるか。リコーダーは吹けるか。最後の最後まであきらめずに学習内容を子どもたちに習得させ、学習や勉強に対する自信をもたせるようにしてください。それが子どもに対する優しさであり、自分に対する厳しさであり、職業的な喜びであると思います。

②9月は前期のまとめの時期です。学級・学年目標や学級・学年経営案、さらに自己目標シートなど自ら掲げた目標に照らしてどこまで到達しているのか分析し、伸ばしていく点、課題となる点を明確にしてください。子ども研究・授業づくりを柱とした校内研究を絡めながら、後期からの戦略を練って、是非、日々進化させるべく展望や羅針盤をもってほしいと願っています。

9月末の職員会議での話

①10月からは後期となります。中間学校評価を踏まえて、あらためて子どもが楽しい、自分自身も楽しめる日常の授業づくりをお願いします。

②11月の学習発表会に向けた取り組みが開始されます。10月20日

からは特別時間割も始まります。学習発表会は保護者も楽しみに
していますが、「見てくれ」は二の次です。感じる力や表現する
力など子どもの中にあるよいものを引き出して自信をもたせてく
ださい。指導する中で、だめなものはだめと指摘し、よい方向を
指し示してください。粘り強く指導し、決して怒鳴ったり、な
じったり、見下げたりしないで指導してください。共同で創り出
す喜びを通して一体感や連帯感を育て集団の質を高めるようお願
いします。

　以上、こんな話をしている。ともすると忘れがちになる本質的な
指導を喚起するような中身を話すことは、校長の大切な仕事である。

　また、授業を参観して、即座に的確に授業批評をすることは、担
任教師の指導力を高める上で欠かせない校長のもっとも重要な役割
の一つである。
　私の教頭時代のある校長は、自校の管理には異常なほど執着した
が、驚くことに、校内研究授業後の授業検討会では自分自身で授業
批評をすることなく、インターネットからその単元や授業に係わる
関係資料を印刷して配付するだけだった。担任教師の授業づくりへ
の無関心・無責任さに呆れ果ててしまった。

＜授業批評１＞
　市の10年研修会で本校の６年生の担任が理科の授業を行った。

研究授業として初めてだったので授業批評をした。若い教師で意欲や情熱があり、学校では研究部長をしている。

６年生理科「ものの燃え方と空気」６年２組ＭＴＫ学級

［評価できる点］
１、学級に落ち着きがあって、学習に対する態度ができている。
○この時間に何をどうするのかを子どもたちが理解して、学習課題にすぐに取り組めた。
○実験の際に、ふざけることなく、安全指導の必要がないくらい安全に心がけて実験を進めていた。担任の日常の授業に対する習慣付や子どもの授業への期待感の現れと見る。

２、課題が簡潔で、学習目標を欲張らない点と授業展開がよい。
○どの子も授業に集中していた。それは、学習課題がこれまでの実験経過や子どもの思考に合わせて成立していたので、学習課題そのものに無理がないことによる。よって、子どもたちに課題がすんなりと落ちていた。
○授業の展開の上で、「空気の入れ替わり」が最後の実験で証明される仕掛けが子どもたちが納得するものであった。課題、実験１「新しい空気がはいって行ったはず」、実験２「線香の煙が確かに穴から入って行った」による証明

３、子どもとの対応が基本的にできている。
○教師が結論を押し付けたりせず、子どもの発言（実験結果やそれ

から予想されることなど）を中心に授業を進めていた。「空気の循環」などは、即座に否定して、混乱しないようにできた。

4、事前の実験準備が充分なされていた。

○事前に子どもの意識がモニターされて、授業での課題づくりや展開の参考になっている点がすぐれている。

○実験材料の選定など事前の実験での苦労が授業に無駄のない自然な流れをつくり出す大切な要素となっている。

［これからの課題］

1、時間配分への配慮。

○授業はその時間内に終了させるべきで、導入、展開、まとめの時間的目安をもつことが肝要である。

2、さらに子どもたちを結び付ける感覚と作業

○子どもが子どもに語りかけたり、説明したりする意識づけが必要である。みんなで学習していること。担任の影は薄いほうがよい。

＜授業批評２＞

　９月16日に行われた授業参観で３年生の本校で一番若い教師が音楽の授業をした。見ているのが苦痛になる授業だった。それで、授業づくりに関して話した後、授業批評を手紙の形で書いて渡した。

後期10月からの授業づくり

　新卒3年目。いよいよ「勝負の年」というので、年度当初は自覚して、いろいろな研修会にも参加していたようですし、4・5・6月は頑張っていたと思います。

　だんだん疲れてきたのでしょうか。2学期に入って少々元気な姿が少なくなったようです。計画的に指導力アップを目指しましょう。

授業づくりの基本

①どの教科のどの単元にも教科としての目標やねらいがあります。

　それは、大体がその教材のもっている「価値」に裏打ちされています。その「価値」を教師が理解するのが「教材研究」です。何を子どもたちの「価値」＝「栄養」（認識や概念や技能）として身につけさせ、獲得させるのか、それをはっきりさせることです。

　1時間の授業では、目標を欲張ってはいけません。しかし、それがはっきりしたからと言って、すんなり子どもたちには入りません。

②その栄養をどう料理するかが問題です。

　調理法は生で、焼いて、煮て、揚げて、蒸して？　味付けは、醤油か、ソースか、味噌か。要するに子どもたちが取り入れ易い調理法と味付け＝方法を考えなくてはなりません。

　それには、「子どもたちがどこでわからなくなったり、できなくなったり、迷ったり、つまずいたりするのか」予想しなくてはなりません。

　その予想には、今まで習ったこと（既習）は何か。またそれがどの程度定着しているのか、いないのか？　さらに、生活経験で理解

したり、できることはどれほどなのか？　などを考えなくてはなり
ません。（子ども研究）

③「子どもたちがどこでわからなくなったり、できなくなったり、
　迷ったり、つまずいたりするのか」予想できたら、それをどう突
　破させるかを考えます。
　　教師が説明するのか、わかり易い補助教材を使うのか、発問とし
て子どもたち自身に考えさせるのか、調べさせるのか、ノートや表
やグラフで子どもたちの考えを出させてまとめるのか、子どもの中
から見本・典型として出させるのか、いろいろな方法が考えられま
す。
　　いずれも目の前の子どもに見合った、適切に対応した方法がとら
れるべきです。易しすぎても難しすぎてもだめです。
　　説明でも、補助教材でも、発問などのいずれでも教師が事前に研
究し、工夫し、精選することが大切です。
　　子どもが飽きないで集中して食いついてくる「仕掛け・企て」が
必要です。
　　だめだったら、だらだらやるより、勇気ある撤退も考えられます。

④○○くんや□□さんはどう考えたり、どう取り組んだりして、ど
　う成長するだろうか。
　　一人ひとりの子どものよいところと課題が鮮明になっているだろ
うか？
　　几帳面な子、乱暴な子。集中力のある子、散漫な子。持続力のあ
る子、すぐに飽きてしまう子。計画性や段取りのできる子、その場

の思い付きだけでやる子。友達のことを考えられる子、独りよがりでわがままな子。自信があって堂々としている子、自信がなくおどおどしている子。話を聞ける子、聞けない子。いろいろな子がいます。独自の課題があります。

　その１時間でその子はどのような成長をするのだろうか？

　その際、その子独自の良さはどのように伸長され、課題はどう解決できるのか？

⑤集団としての結びつきを強める

　子ども同士をつなげる営みが授業。常に意識的につなげるように授業しているか？

　間違いや失敗が生かされているか？　　○○くんの間違いでみんなが儲かる。友達と一緒に学習している意識と感覚を常に子どもたちに入れること。

1時間1時間の授業をあいまいにしたり、ゆるがせにしたりしない。

　竹刀や木刀で勝負しない。常に真剣勝負。

　これで稼いでる。これが仕事。

　仕事は思い切り楽しく。若い時は全力疾走。

　後期からは、１日１時間は指導案を作成して授業をすること。

　子どもたちのため、自分の成長のため。一流の教師を目指すこと。二流や三流ではいけない。

　他人はごまかせても自分自身はごまかせない。

　頑張ってください。応援します。

10月からは、この教師の授業を見て指導していかなければならない。私自身も教材研究しなければ教材の本質はつかめないだろう。

　学習発表会が近くなった。授業と同じように学校行事は子どもが育つ要素がたくさん含まれていて、子どもを変える一つの契機となる。
　いくつかの学年に音楽や表現の話をしてみたが、なかなかよい返事はもらえなかった。イメージがない先生方の意識はなかなか簡単には変わらないものだとつくづく思う。
　また、これまで、そういう曲や表現をしたことのない子どもたちに下準備なしにやってみても、よいものが生まれることなど到底望むべきもない。焦ってはならないと、自分に言い聞かせながらも何とか質の高い曲や表現に触れる機会をつくるように、また、少しずつでも歌や表現の土台づくりをしていこうと思った。

学校評価を真に活用する
——一つのチームとしての教師集団の共通の方向——

　恐るべし新型インフルエンザである。2009年10月に入ってから相次ぐ学級・学年、しまいには学校も臨時休校に追い込まれてしまった。

　札幌は自然災害の少ないところで、滅多なことで臨時休校はないが、平成16年の台風の時は全市一斉に臨時休校したことがある。それ以外では自分の教員生活でも一度も経験はない。たぶん本校も、開校以来39年、初めての臨時休校であろう。それを新任の校長として決断する時はちょっと勇気が必要だった。後で聞いたら、その日、西区内の小学校20校のうち6校が臨時休校だった。以前勤務していたことのある隣の小学校は、同じ日、全校で266人の欠席だったという。

　5年生の宿泊学習など予定していた行事も中止やら延期を余儀なくされてしまった。札幌市内の学校は軒並みこんな状況であり、まだ予断を許さない状況が続くと思われた。

　そんなこんなで大混乱であるが、2学期の半ばを迎えてもなかなか学校づくりが進まない。とりわけ、授業づくりがはっきりしない。ほとんどの会議をなくし、授業準備に充てる時間を確保したにもかかわらず、先生方の様子を見ていると、ただ楽になったかのようである。職場の空気を読み間違えてしまったのか、大いに気にかかる。

　そこで、学校中間評価を学校を変える契機とするべく、以下の文

章を学校評価全体会の前日に配布し、全員が読み終えて会議に参加するようにお願いした。

＜これからの教育活動について〜中間学校評価を踏まえて〜＞

　本校は、現在、子どもたちに落ち着きがなく学級崩壊があって困っていることはありません。また、地域や保護者から教育活動に対して頻繁にクレームをつけられるということもありません。また、教師集団の仲が悪く、仕事を押し付けあって職場がすさんでぎすぎすしていることもありません。

　落ち着いた環境の下で教育活動を淡々と実施している市内でも極普通の小学校であると思います。この時代、極普通であるということは一定の価値のあることであり、また、それは先生方や職員の個々の努力に支えられていることだと認識しています。

　しかしながら、子どもたちに落ち着きがあり、保護者の協力があり、個々の教職員の努力があれば、もっと子どもたちが伸びてよいはずなのですが、なかなかそうなっていないのはなぜなのでしょうか？

　私は子どもの成長と教師集団の成長の２つの面からみて、現状維持のままに推移していることに少なからず物足りなさを感じています。中間学校評価における先生方の評価の実際を見ると、物足りなさを感じているのは、実は、私だけでなく先生方自身でもあるように思います。

　それは、前回の職員会議で配布された「中間学校評価の配布にあたって」の中に、「今年の特徴は、昨年と比べ、「Ｃ」評価（改善が

必要）がかなり増えたことです。これは、授業中心の学校の教育活動が後退し、「改善が必要である」ことが増えてきたのではなく、今年度の経営方針である「学ぶ楽しさが実感できる授業づくり」の意識化が進み、<u>授業づくりをまさに自分ごととして真剣かつ真摯に受け止めたことによる積極的で厳しい評価</u>であるととらえることができます。

＝中間評価から＝

　「Ｃ」評価が多いところを少し詳しく見てみると、「生活指導」では、特に、「基本的な生活習慣や態度の育成を図っている。」の項で、「Ａ－1　Ｂ－8　Ｃ－6　Ｄ－0」が目立ちましたが、比較すると「学習指導」で多いことがわかります。また、その中で先生方が記述された特徴的なものを挙げてみると、以下のようになります。

「学習指導」

「1人1人の考え方や感じ方を大切にして、互いに認め合える学習の充実に努めている。」では、「Ａ－0　Ｂ－8　Ｃ－7　Ｄ－0」

学習のルール

・ルールづくりに努めたが、毎日の学習を進めるのが大変で徹底できなかった。

・発言、発表の仕方、人の話や発表の聞き方など基本的なルール、マナーについては低学年のうちにしっかり身につけさせたい。

・意見を言いっぱなしの子が目立つ。一見、話し合いが活発であるように見えるが、発言がつながらない。“聞く姿勢”づくりの指導中。

自分の意見を・・・

・一人ひとりが意見を言っても、それを広げる、ふくらませるところまでいっていない。これからの課題である。

他の意見を・・・

・一人ひとりの思いを引き出せるようになってきているが、まだ認め合い、尊重し合えるまでには到っていない。

・小さな気付き、困りを表出するのに抵抗を感じている子が多い。

・いきなり答を出すのではなく、小さなことを積み重ねて解決に向かうという学び方の定着を図りたい。

「基礎的・基本的な内容を確実に定着させる指導がなされている。」
では、「A－1　B－9　C－5　D－0」

ノート指導

・ノートの書き方など基本的なことで、まだできていない所を指導したい。

・ノート指導では個々人に差があり、まだまだ徹底しきれていない。後期は授業のふり返りは無理でも、自分なりにまとめを書けるようにしたい。

はつらつタイム

・なるべく教材をつくったり、ドリルなども取り入れて努力しているが、定着に時間のかかる子がいる。後期は宿題も取り入れたい。

家庭学習

・全国学力状況調査などで家庭学習の大切さが言われている。学校としてどう考えるのか、一度共通理解をしておく必要があると思う。

教材研究、学年研修

・教材研究がまだまだ足りていない。後期に向けて頑張っていく。

・学年研修で教材のヒントをもらうことが多く、とても助かった。

・学んだことがその場限りになりがちな原因を探っている。（本質的な理解にいたっていないか？ 定着に向けた取り組みが不足なのか？）

「問題解決的な学習や体験学習を取り入れた学習の充実を図っている。」にいたっては、「Ａ－１ Ｂ－４ Ｃ－10 Ｄ－０」となっています。

課題を意識する学習、考える学習

・多様な意見が出るよう、発問を考えているが、深めていくことはこれからの課題である。

・まだまだ学習に関しては発展途上の部分があり、土台をつくるところである。充実には程遠い。「考えることに意味がある、考えてわかると楽しい」と言うことを意識して学習を進めているところである。

・その時間の課題について、必ず自分の考えをもつことを大切にする。①前時とのつながりを意識させる。②考える時間を保証する。③考えがもてるような示唆、投げかけ。

話し合い学習

・話し合い学習では、やはり教科に偏りがある。日々の生活に追われるのではなく、余裕をもって教材研究し、子どもたちが興味関心をもてる課題指示や授業展開を考えたい。

・特に話し合いが活性化する授業の進め方を探ることが課題。

「学ぶ意欲を高め、確かな学力を図る指導法の工夫がなされている。」では、「Ａ－２　Ｂ－７　Ｃ－６　Ｄ－０」

児童の実態

・考えているより学習が定着していない。既習を生かしきれない子どもが多いことがわかった。丁寧なふり返りを経てから学習に入る必要があることが明らかになった。

・聞くこと、待つことを苦手とする子が多く、自分が何らかの活動をしていないと集中を欠く。聞くことの価値を感じさせる授業の工夫が必要。

ＴＴ指導

・ＴＴもこれから打ち合わせがあるので、様々な学習形態に取り組みたい。

学習形態、指導法

・教師と児童のキャッチボール型授業が多かった。後期はグループ別、習熟度別の学習形態を工夫したい。

板書

・板書が課題。特に話し合いの時、構造的に見やすく板書することができていない。

・毎時間の課題から明解になるように板書を考えたが、まとめ（結論）に至るまでの流れ、発問がまだまだであり、教師主導になってしまった。

　以上、特徴的な項目での記述をしましたが、先にも指摘したとおり、先生方は日々子どもたちの成長のため努力していますが、しかし、教育活動の現在の到達に改善すべき点が多々あることを承知し

ていると思います。

＜はっきりした共通点をもち、ベクトルを合わせよう＞
～教師集団が１つのチームとして～

共通の方向１：目指す子ども像を明確に

　私は「学習のルールの確立」でも「基礎的・基本的内容の確実な定着」でも「問題解決的な学習や体験学習を取り入れた学習の充実」でも最終的に「学ぶ楽しさが実感できる授業づくり」のためですが、それを改善するには、「こんな子どもにしたいというイメージや目標が教師集団の中で明確な共通点をもつこと」が必要だと感じています。

　低学年が終了する２年生末には、中学年が終了する４年生末には、高学年が終了する卒業期には、「最低ここまでは」という共通目標です。

　資料１をご覧ください。（先生方に配布した資料）これは、今年度の「はつなんの教育推進計画」から作成してみました。学年独自の取り組みをしようと苦労したり、工夫したりして作成していると思います。

　しかしながら、「各学年が設定したのだから、それでいいのではないか」ではなく、「どんな子どもたちになってほしいのか、どんな子どもたちにしたいのか、どんな集団にしたいか」「目標とする具体的な子どものイメージ」が先生たちの間で一致し、共通していることが大切です。それが個々ばらばらだと、４月、担任になった

ら、「0からのスタート」になってしまうおそれがあります。引き継ぎと同時に「確実な積み上げ」ができるように共通化する必要があります。「担任である私のやり方の1年間」ではなく、「各担任が共通した6年間の積み上げの中の1年間」とする**チームでの教育活動**にしたいと思います。

共通の方向2：学習のルールの確立

　日常のどの教科でも必要な「学習のルールの確立」で、例えば、「聞くこと、話すこと、話し合うこと」が大事ですが、たくさんある中で、「最低限これだけは」と考えて、以下のような共通点が必要だと考えます。

　さらに、どの学級も「聴くこと」を重視して積み上げていこうとしたら、「聴くこと」だけをさらに以下のように具体化することもできると思います。

　ちなみに、「聴く」とは、相手を見ることであり、反応する（尋ねる、疑問をもつ、質問をする、反論する、うなずく）ことです。

共通の方向3：各教科での基礎力の明確化

　ところで、中間学校評価の《はつらつタイム》の中に、「基礎的・基本的な内容については、担任各自が判断するのか？　それともどこかからおりてくるのか？　それが曖昧なまま「はつらつタイム」が存在するのはなぜ？　計算と漢字をやれば基礎基本なのか？」と、いう記述を見つけました。「基礎的・基本的な内容」とは、一般的には「基礎的・基本的な知識・技能」と思われます。

　学習指導要領で改善の方向性が示されてからすでに何年も経過し

ていて、すでに教育界ではまったく普通に使われている言葉と概念だと思いますが、改めて札幌市の「教育課程編成の手引き」をみると、そこには、「指導内容の増加は、社会的自立の観点から必要な知識・技能や学年間で反復することが効果的な知識・技能に限ること」「読み・書き・計算などの基礎的・基本的な知識・技能は、発達段階に応じて徹底して習得させ、学習の基盤を構築すること」とあります。よって、「読み・書き・計算」などを基礎的・基本的な知識・技能としてよいと思います。「読み」である「（朝の）読書」も「生涯にわたる学びの基盤」として「札幌市学校教育の重点」の中に記述されています。よって、「はつらつタイム」で「読み・書き・計算」や「読書」をすることは、至極もっともなことだと思います。学級の子どもたちの習得・定着の程度を見極めて各担任の先生や学年で内容を決めていくことが必要だと考えます。

　本題に入りますが、それとは別に、私自身は各教科で「これだけは絶対に子どもに身につけさせなければならないもの」を絞り込む必要があると思っています。**各教科での基礎力**といったものです。

　次につながっていくようなもの。それがなければ次につながっていけないようなものです。例えば、算数で言うと１年生の「10の合成と分解」、２年生の「九九」、３年生の「0.1が10分の１」・・・などです。ぜひ、それをみんなで明確にして、「なんだ、九九も言えないで３年生になったのか」などと言わずにすむ教師集団の「最低のねらい」と位置づけてほしいと思います。

共通の方向４：学習技能（学習方法）の積み上げ

　学習内容とは別に、「調べ方」といった学習方法があります。

　例えば、国語で言うと「国語辞典を活用する」といったものです。

　物語教材でも説明文教材でも「声に出してすらすら読める」→「わからない言葉を調べる」→「文章（叙述）の大意をつかむ」（見出しをつける）など学習方法があります。社会科では「地図を見る（地図から探す）」「統計資料を読む」などがあります。その他、「ノートのつくり方や活用」「板書の取り方」「パソコンやインターネットの利用」など、こうした**学習技能の積み上げ**が大切になると思います。学習方法を知らない子どもたちは自分からなかなか動き出すことはできません。こうしたものを整理して教師集団で意識して子どもたちに身に付けさせると、自立して学習に向かわせることができます。

　子どもたちが頑張るようになると、私たちのやりがいが生まれます。学習の結果は大切ですが、結果ではなく、むしろ経過を評価すると、子どもたちの努力を見取ることができるようになります。

共通の方向５：どんな集団にするのか

　集団を語る前に、まずは一人ひとりの子どもです。

　関心・意欲・態度、思考・判断、技能・表現、知識・理解、など教科での目標を達成しているかどうかは当たり前のこととして、それ以外の行動や性格や気質といった人間的な側面では、几帳面な子、乱暴な子。集中力のある子、散漫な子。持続力のある子、すぐに飽きてしまう子。計画性や段取りのある子、その場の思い付きだけでやる子。友達のことを考えられる子、独りよがりでわがままな子。

自信があって堂々としている子、自信なくおどおどしている子。話を聴ける子、聴けない子。いろいろな子がいます。独自のよさと課題があります。

　一人ひとりの子どものよいところと課題が教師の中で鮮明になっていて、それを伸ばしたり、克服していくような取り組みが<u>授業や行事を中心として</u>企画・計画され実行されることが大事だと思います。

　しかし、児童個々人を見取ると同時に、並行して学級の**集団としての質**を確保しなければなりません。ある時点で学級集団が何をスタンダード（標準）にしているのか、もしくは、どんなスタンダードになっているのか。それを見極めて次々に手を打つことが必要です。

　例えば、「みんな仲良く」が学級目標となっていて、休み時間の様子を例にとると、

①個々ばらばらで、それぞれが自分の好きなように過ごし、独りぽっちの子もいる。

②2・3人の仲のよい子が小さなグループでおしゃべりしたり思い思いに過ごしている。

③男子と女子の2つに分かれてそれぞれが遊んでいる。

④男女仲良く鬼ごっこしたりポコペンしたりかたきをしたりみんなで遊んでいる。

　そうしたことが、授業時間では、給食や掃除当番では・・・・と、考えると今、自分の学級は何がスタンダードになって、次にどんなスタンダードにしていくのかが見えてきます。

共通の方向6：子どもを発見し、変えていく授業づくり

　今年度の「学校経営方針」は、今年2月の職員会議で前校長が提出したものであり、それを私は一言一句変えませんでした。しかし、強調したいことにはアンダーラインを引きました。今、あらためてその箇所を再掲します。

○学ぶ楽しさが実感でき、「わかる授業」「できる授業」に心がける必要がある。
○個々が日常実践を大切にする中で、それぞれが「学び合い」「高め合い」そして「深め合う」姿勢を持ち、質の高い教育を子どもたちに提供していかなければならない。
○授業実践を通して、子どもの育ちの姿で語り合える仲間
○子どもが生き生きと学ぶ喜びを実感できる授業の推進
○指導力を高めるための研究・研修の推進
○学ぶ喜びや楽しさを実感できる授業づくりに努めることが大切である。
○日々の授業実践を大切にし、お互いに指導力を高め合う教師集団づくりを進めていく。
　〜授業で勝負する教師集団づくり、授業づくり
○「教師こそが学校における最大の教育環境である」といわれるように、教師の果たす役割は、大きいものと考える。生き生きとした子どもたちの活動を支える教職員集団として努力していきたい。
以上、8か所です。

　端的に言うと、「学校教育の中で子どもを育てる中核になる授業

を中心に学校経営をします」と いうことです。そのためには、「**教師集団で研究・研修をしましょう**」ということです。

「研究・研修」については、7月10日に行われた職員会議で研究部から出された提案について、どういうことなのか補足説明した。まとめると以下のようになる。

○ 「研究」の概念の変更

「研究」は特別なもの。重たいもの。疲れるもの。・・・・・と感じていると思う。それは、研究が行事化し、形式化して惰性に陥っている傾向が強いためだと考える。その年度の全校研が終われば、それで研究は終わりのような「研究のための研究」であったかもしれない。それは、これまで経験した学校や本校の昨年までの研究がそのようなものであったことからくる先生方の正直な感覚であると思う。

そこで、「研究」の概念を変えたい。→日常の授業の中でやっていること（できること）何か特別な授業づくりをするわけではなく、「学年研修」を毎日行っている感覚。「日々学年研修」というイメージである。

普段の日常の普通の授業実践で、固有名詞の子ども一人ひとりのよさや課題が明確にされ、子どもが友達と一緒にわかったりできたりする楽しさや喜びのある授業をすることと考える。いわば、当たり前のことを少し意識的にやることである。そこには、特別な授業をつくるような気負いやプレッシャーはない。しかし、**1時間1時間、子どもに対する意図的なねらいや作戦が必要になる**ので、逆に、

日々厳しい仕事になることを覚悟しなければならない。

＝おわりに＝

　学校で必要のない仕事や会議や打ち合わせなどはありません。しかしながら、会議や打ち合わせに時間をとられて、肝心の授業の準備（＝研究や研修）ができないのは本末転倒です。限られた時間の中で、大事なことを中心に据えると、どうしても仕事に軽重を付ける必要があります。そこで、先生方の授業準備の時間を確保するため、若干、意思疎通を欠くことがあるかもしれません。また、教頭先生や総務の先生に負担が大きくなることを覚悟してもらい、思い切って必要最低限の仕事や会議以外は精選しました。

　11月になります。研究部の提案に沿って学年で計画した授業実践づくりに本格的に踏み出すことと思います。子どもたちをわくわくさせるよう教師自身が楽しみをもって研修が進むことを期待しています。

　以上、学校中間評価で出された問題点や課題を受けて、それを生かし改善する方向性を「共通の方向」として６点提起しました。これを皆さんで手分けしながらいつまでにどのように具体化するかはっきりさせながら、今後の本校の教育活動を進めてほしいと思います。

　以上の文章をプリントとして中間学校評価全体会の前日に配布し、事前に読んでもらった。

　そして、当日を迎えた。

　話し合いの際、司会の教務主任が中間学校評価を受けて学校長が改善の方向を示したので、これに基づいて話を進める旨を伝え、最初に質問がないかを訊いた。質問が出たら、これ幸いと、縷々説明しようと思っていたが、なにも質問がなかった。

　会議は、この方向で今後の教育活動を進めていくことが確認されて終了した。あっけなかった。

　私自身としては、極めて本質的な改善策を考えて提出したつもりである。「それりゃそうだ」、と受け止められただけか、不安がよぎる。校長一人が裸の王様であってはいけない。

　私は自分が担任だったころ、自由に使える時間があればどんなにいいことだろう。思う存分子どもたちを変える実践をつくり出そうとと考えていた。

　箱石先生の下、札幌の会や多摩・名古屋の会との合同合宿研究会など、研究会に籍を置いて授業を中心とした教育実践を重ねてきたので、そういう研究や研修が自然であった。しかし、現実には自分の主体をかけ、自ら切り拓いていく教育実践は一般的ではないことを少し忘れていた。

　学校の課題は多い。それを組織的に解決していかなければならない。

　1学期の職員会議では、研究部提案で「重点的に取り上げる単元の設定（月1単元程度）」「子どもたちの実態や教師自らの問題意識から、子どもにどんな力をつけさせたいのか、教師がどんな力をつけていきたいのかを明確にする。その力をつけるのに適した単元・教材を選定し、重点的に教材研究を進める（9月中に取り上げる単

元を選定し、一覧を研究部に提出)」となっていた。

　しかし、実に10月が過ぎても提出のない学年がある。

　そして、今回、前掲の「今後の教育活動について」を提出した。羅針盤は手渡した。後はこの方向に沿って実践に移していくばかりである。

　<u>授業実践を基本にした改善の「実質や中身」とは「子どもと教師が変わること」と同義語である。</u>

　いつまでに誰がどのように具体化するのか、会議を削った分、本来の教師としての仕事を大いに進めてもらわなければならない。いつまでも人のいい校長先生ではない。我慢しながらも、この方向で進めていく覚悟である。

外部の力を大いに活用する

「追い求めているうちに、不意に夢は実現するものだ。太一は海草のゆれる穴のおくに、青い宝石の目を見た。」

これは、先日亡くなった立松和平の「海の命」（光村出版　国語6年生）の一文である。

私の場合は決して「不意」ではなく、実践者から管理職の道へ進むことを決めた10年以上前から、いや、そうではなく、都留文科大学の箱石セミを卒業した30年来、この日を待ち焦がれ、「計画」してきた。

2010年（平成22年）3月5日（金）、私は遂に箱石先生を我校に研究講師としてお呼びすることができた。それは私にとっては「追い求めていた夢の実現」であった。

箱石先生の来校

さて、この日、岡山から同じ研究会仲間の新免校長先生が本校に学校視察で来校された。新免校長先生の来校で、私の緊張も幾分が和らいだ。

その日、3時間目は全12学級すべてをお二人の先生に回っていただいた。4時間目は、5年1組OKT学級で国語の詩の授業を参観していただいた。坂本遼「春」である。

昨年、学年崩壊の一歩手前までいっていた4年生は、5年生の学級編制でかろうじて救われた学年である。私が赴任した昨年4・5

月、いや、夏休み前まで、5年生の担任の二人は、毎日が教師不信でばらばらな子どもたちとの激しいバトルであった。

　情熱的で指導力のある二人は、2学期以降、子どもたちを掌握していた。私の学校経営方針もよく理解し、実践してくれた。

　担任のOKT先生には、短時間で実践できる詩（「春」坂本遼）の授業を冬休み前に、この日の研究授業としてお願いしたが、快く応じてくれた。むしろ、箱石先生の前で授業ができることを光栄に思っていたと後で話していた。

　私は、斎藤喜博先生や自分自身の授業記録などたくさんある実践記録の資料を何も渡さなかった。何度か授業案を私のところにもってきて、相談にのってほしいと言われたが、基本的なところは十分に考えられていたので、その通り進めるのがよいと言っただけである。彼女は独力で教材解釈をし、授業案を考えて授業を行った。

　おかんはどこで何をしているのだろう。

　作者は今どこにいるのだろう。

　大きい美しい春とはどういうことだろうか。

　どうして作者はかなしいのか。

　授業は、教師の発問を中心に、子どもたちが言葉の意味合いを感じ取り、お互いの発言を刺激に詩の世界に入り込んでいくものとなった。

　5時間目は5年2組OKB学級の体育「壁倒立」の参観をしていただいた。

　子どもたちは教師の指導に健気に頑張る姿があったが、いかんせん、基本ができていないので中途半端な技になっていた。2学期は

私自身が入って指導していたのだが、間に合わせるために急ぎすぎてしまった。これは私の責任である。

　放課後、全教員が集まって研究全体会を行った。

　一人ひとりから授業の感想や質問・意見を出し、最後に新免校長先生、箱石先生に講評をいただくことにしていたが、箱石先生には、途中から議論に加わっていただいた。

　感想を聞いていると、現代の札幌の子どもが地理的になかなか想像のつかない本州の様子や昔のことを想像しながら、作者の気持ちをよく読み込んでいた。あの子どもたちが発言をつなぎながら授業に集中していた、などそのほとんどが、この授業を高く評価するものであった。養護教諭は4年生の時に手のつけられないある男の子を見て、授業に集中して、しかもクラスをリードする発言をする姿に、「信じられない」と感動した旨の感想を述べていた。

　先生は、授業のよさもさることながら、本校の先生方の授業批評に的確さがあることを指摘され、最後に、私の学校経営によってそうなったことに言及された。心底、ありがたかった。よいスタートが切れた。

　先日、私の所属する札幌教授学研究の会といつも合同合宿研究会をしてきた多摩第二土曜の会の会誌「持続557号」（最終号）が送られてきた。1984年の1号から執筆してきた野村誠さんがこの最終号に「歴史的な一日を迎えた」を載せた。

　そこに、「佐藤さんへ。たいへんな道、喜びの道、苦悩の道、可

能性に満ちた道・・・など、事実を一つつくるには大変な努力が要ります。きっとできると思います。健康に気をつけながら新戦力の応援も得て、佐藤さん流の学校づくりを実現してください。」と、あった。

　これは単なる偶然ではないが、その最終号で、会の実践の引き継ぎを託された。気負わず、慎重に、教職員の良いところを引き出しながら指導して、学校づくりを進めていこうと思った。

校長1年目の2010年（平成22年）の最後の卒業式

第39回卒業証書授与式　式辞

　「日々がだいじと優しく教えている」（校歌の中にある歌詞）手稲の峰は、すそ野まで、まだ、真っ白にそそり立っています。やがて、かすかに瀬音がして雪解けの流れが湧き上がることでしょう。
　新しい命の躍動が始まる早春の佳き日に、6年生65名の皆さんに卒業証書を渡しました。
　卒業おめでとうございます。

　皆さんの卒業をお祝いして、ＰＴＡ会長さんをはじめ、発寒中学校や手稲東中学校の先生や幼稚園の先生、学校評議員や町内会の皆さんがこの晴の席に参列してくださっています。高いところからですが、御礼申し上げます。

　さて、皆さんは、もうすぐ中学に進みますが、「中学生になる」とはどういうことかについて少し考えてみたいと思います。

　皆さんは理科の学習の中で「動物の変態」について勉強したでしょうか。動物が自分の体の形を変えながら成長していくことを変態といいます。昆虫は生まれる時は卵ですが、幼虫、蛹、成虫というように変態を繰り返して大人になります。カエルは卵からオタマジャクシになり、やがて陸に上がってカエルになります。これらのことは、皆さん、よく知っていることだと思います。

　ここで大事なことが２つあります。

　その１つは、変態には決まった順序・段階があって、それを勝手に省略することはできないということです。面倒だから蛹になるのはやめて、すぐに蝶になりたいといっても、そんなことはできません。一つ一つの段階を順序よく踏んで、初めて立派な一人前の蝶になることができるのです。

　もう１つ大事なことは、昆虫でもカエルでも、その姿を変える変わり目の時が一番成長するのが難しく、危険な時期だということです。

　オタマジャクシを育てた人の話では、オタマジャクシがカエルになりかけて水から上がる時期が一番育てるのが難しい。たくさんのオタマジャクシが死んでしまうのだそうです。

　変態しなければ成長して一人前になることはできない。しかし、同時に、姿・形を変えるその変わり目の時期を乗り越えるのは大変難しくて、危険だということです。

人間の場合でも、実は同じことが言えるのです。人間には変態という言葉は使いませんが、生まれた赤ちゃんが一人前の大人（成人と言いますね）その成人になるまでに、身体も心も大きく変化する時期が何度かあります。その１つが12歳から14歳の頃、ちょうど皆さんが小学校から中学校へ進む今の時期に当たるのです。

　この時期は人間の一生の中で特に身体や心の変化が激しく、そして成長するのが大変難しいといわれる時期です。私自身、６年生から中学生にかけて１年で10センチも背丈が伸びたり、かすれて声が出ないなと思っていたら、声変わりして父さんのような太い声になったり、顔中がニキビになり、ずいぶん戸惑い、気をもみました。

　また、部活でレギュラーになれるだろうかと悩んだり、勉強や試験の成績のことで不安になったりもしました。

　そういう時、私の場合は、中学校の先生、家族、たくさんの友達の助けを借りながら、何とか困難や悩みを乗り切ってきたように思います。

　そこが自分の力だけで変態する動物とは根本的に違うところです。

　みなさんの場合も、これから経験する大きな変化をうまく切り抜けて、立派な大人になるためには、必ずそういった多くの人たちの助けや協力が必要になるに違いないと私は思います。

　小学校で培った自分の力を基に、中学生という時代をみんなの力を借りながら豊かに、そして、たくましく切り拓いていってくれることを願っています。

　卒業のお祝いに私の好きな言葉を皆さんに贈ります。

「届かないから手を伸ばさないのではない、手を伸ばさないから

届かないのだ」もう一度言いますよ。「届かないから手を伸ばさないのではない、手を伸ばさないから届かないのだ」。卒業おめでとうございます。

　最後になりましたが、ご参列の保護者の皆様、小学校生活6年間、子どもたちは大きく成長して、本日、卒業を迎えました。心よりお祝い申し上げます。これまで、学校にお寄せいただきましたご厚情に深く感謝申し上げます。今後ともご支援をお願い申し上げ、式辞といたします。

　　　平成22年3月19日　　札幌市立発寒南小学校　校長　佐藤　毅

2010年度　校長2年目

学校経営方針で表現活動を打ち出す

　4月1日、2010年度（平成22年度）新年度が始まった。

　この日の職員集会は、校長の学校経営方針の説明である。

　昨年の経営方針は、前校長が残した10.5ポイント9ページに及ぶ膨大なものであった。そこの授業に関するところにだけにアンダーラインをつけたものであったが、今年度は全面的に書き換え、いよいよ私流のものとした。

札幌市立発寒南小学校
平成22年度　学校経営方針

1　はじめに

　今年、本校は、昭和45年の開校以来、節目となる開校40周年の年を迎えました。

　私たちは、保護者、地域、そして先輩教職員など、多くの先人たちの努力の上に学校が成り立ってきたことを改めて思い起こし、感謝したいと思います。また、同時に、私たち教職員一人ひとりは、未来に生き、未来を創る大切な子どもたちを預かり、公教育に携わる教育の専門家として学校教育に対する社会的役割を自覚し、地域や保護者の願いに応えるために、指導理念や方法を共通のものとして、本校独自の豊かな教育実践・学校文化を創造し、新しい歴史を

構築していく自覚をもとうと思います。

2　学校経営基本理念

　いろいろな家庭からいろいろな背景をもった子どもたちが本校に通学しています。一人ひとりは違っていますが、どの子も「自分の中にある無限の可能性を引き出したい（引き出されたい）」と願っている存在です。教師は子どもの可能性を信じ、温かい支援、きめ細かな指導、正しい評価、励ましを常に意識して子どもに対応し、授業や行事を通して具体的にその可能性を引き出す教育を実践しなければなりません。

発寒南小学校の学校教育目標

1、知性に富み　創造性豊かな子
2、明朗で　情操豊かな子
3、自主性に富み　意志の強い子
4、健康で　たくましい子
5、責任を重んじ　協力する子

発寒南小学校の子どものめあて

1、考える子
2、心の美しい子
3、ねばり強い子
4、げんきな子
5、助けあう子

昭和45年の開校以来の教育目標であり、「知・情・意・体」と調和のとれた人格の育成を図ることを大切と考えて、設定されたのです。建学の精神を尊重し、この教育目標を継承します。

　「子どものめあて」も開校以来のものであり、子どもたちにわかりやすいように設定されたもので、学校教育目標に対応しているものと考えられます。これも継承します。体育館ステージ右側の壁に掲示されています。

3　めざす学校像（開校40周年に際して）
「みんなでつなぎ、みんながつながる学校」

　学校は、子どもと保護者（地域）と教師の三者で成り立っています。子どもと教師、子どもと保護者、保護者と教師、子どもと子ども、保護者と保護者、教師と教師。教育は子どもを中心に人のつながりで成立しています。そのあらゆるつながり結びつきを強めることで本校の教育活動を推進していこうと考えます。

　特に、今年度は、あいさつと表現と授業で子どもと子どもが、研修・研究で教師と教師がつながりや結びつきを強める意図的な実践の創造や研修をします。また、特別支援学級の開設に合わせ、特別支援教育に対する理解を深め、つながりをもちます。

4　めざす子ども像　（開校40周年に際して）
　＜こんな子どもたちに＞（数字は「教育目標」との関連）
A　自主的な精神に富む　強い子ども（1、3）
　・進んで学習に取り組む子ども
　・論理や根拠をもってねばり強く追究できる子ども

・疑問を大切にし、課題や目標に挑む子ども

B　素直に感じ生き生きと豊かに表現できる子ども（2、4）

・人や自然や事柄のよさを素直に柔軟に取り入れる子ども

・言語、身体、音楽、図工でのびのび表現できる子ども

・運動の継続的に取り組みで自信をもったたくましい子ども

C　仲間や友達と共に歩める子ども（5）

・仲間や友達と仲よくでき、つながりを大切にする子ども

・仲間や友達を尊重し、仲間や友達から勉強や行動を学べる子ども

＜補足＞

A　自主的な精神に富む　強い子ども（1、3）

　例えば、国語の授業で、事前に教材をすらすら声に出して読んだり、わからない言葉の意味を調べたり、どんなことがわからないか、どんな学習をしたいかなどをはっきりさせたりして、進んで学習に取り組む積極性のある子ども。正答を安易に覚え込むのではなく、課題解決や目標達成のために生活体験や既習を手がかりに自分の論理や根拠を基に学習過程を大切にしていく子ども。

B　素直に感じ　生き生きと豊かに表現できる子ども（2、4）

　周りの人や自然や事象のよさや美しさに素直に感動したり驚いたり、受け入れようとする柔軟な心のある子ども。また、自分の思いや願いを言葉や身体、音楽や図工で生き生きと表現できる子ども。身体を動かすことの好きな活発な子ども。

C　仲間や友達と共に歩める子ども（5）

　人を信頼し、先生や友達と結びつきやつながりを強めようとしな

がら学習や生活できる子ども。

　上のような子どもの育成は、単なる理想像ではなく、具体的な教育実践を通してそういう子どもにしたいという子ども像としてとらえています。

　よって、その実現を保証するような具体的な場面を設定したり、計画したりしながら教育活動を進めることをお願いします。

5　推進の重点＝実現のための具体化の手立て

　1）共通の指導理念＝「つなぐ」で指導に当たります。

○各自それぞれのやり方ではなく、発寒南小学校教職員である私たち共通の指導理念＝「つなぐ」で実践を進めます。見合う、聴き合う、話し合う。担任教師は日常の授業の中で、「子どもと子どもをつなげ、結び付ける」意識をもちます。いつも頭の片隅に、「聴く・話す・話し合う」の表があるようなイメージです。疑問をもち、質問し、尋ね、反論し、うなづくなどお互いが反応し合う学級は、常に心地よい緊張と集中があります。それは今年度の「めざす学校像」であり、本校教育実践の共通の指導理念です。

○今年度は、国語、算数で「絶対これだけは」という身につけさせなければならない最低限の基礎の洗い出しと整理を行い、次の学年につなげます。

○何を学習技能（学習方法）習得の積み上げとするのかを整理し、実践に生かします。

　2）質の高い授業成立のための学級の耕しを合唱や表現活動で行います。

○「表現すること自体」が人間にとっては喜びです。生き生きと豊かに表現することは、「私はだめだ、どうせ無理」「間違えたら恥ずかしい」などいじけや自信をもてない心から子どもたちを解放し、自主的で強い子どもたちにします。また、表現は教師にとって「子どもと子どもをつなげ、結び付ける」有効な教育活動であり、子どもにとってはおたがいに呼吸を合わせ、反応しあえる素晴らしい教材となります。それは、質の高い授業ができる学級になるための耕しになります。今年度から、合唱や表現活動を学級学年づくりに位置づけ、日常的に行っていきましょう。その交流を通して、全校の子どもたちが刺激し合えることになります。教師も他の学年の子どもの育ちが見えます。また、学習発表会や卒業式、開校を祝う会などの行事にも結び付いていきます。

3）授業改善に心がけ、質の高い授業づくりを目指します
＜日常の授業づくり＞

○①教材解釈で教材の価値をつかみ、②子どもが間違えたり、迷ったり、なかなか越えられないような困難点は何か、教材と子どもの接点を探り、③困難点の克服の手立てを工夫すること、この３つが基本です。

○日常の授業では１時間１時間、単純化した学習課題を明確にして実践に臨みます。

○めざす授業は、子どもにも教師にも新しいものが発見できたり、創造されたりする課題追究の授業です。

○図工や体育、毛筆など実技を伴うものは事前に教師が実際にやってみます。

○学年内で研修・研究を行うと同時に、他の先生にもどんどん尋ね
てみましょう。

○日常の授業が無理なく研究授業に連動するように、昨年度に引き
続き、毎月ひとつ程度の重点授業づくりを学年で意図的に実践し
ます。

○すぐに役立つような合唱指導やマット指導、版画指導などの実技
研修を月一度程度、年間12回を確保します。

＜研究授業づくり＞

○日常の授業づくりと同様、基本は、①教材解釈で<u>教材の価値をつ
かみ</u>、②子どもが間違えたり、迷ったり、なかなか越えられない
ような困難点は何か、<u>教材と子どもの接点を探り</u>、③困難点の克
服の<u>手立てを工夫</u>をすることです。

○目標とする授業のイメージをみんなで共通のものにしていきま
す。

○研究授業づくりは知恵を出し合い、励まし合って、４人のブロッ
ク研修体制で行います。

○外部からの指導と助言を教育実践家・研究者にお願いして、講師
になっていただき、本校教育活動に対するアドバイスをいただ
き、それを受け止めながら実践します。

４）行事を授業と共に子どもを育てる学校教育の車の両輪として 大切にします。

○運動会や学習発表会や卒業式での演目や表現内容は早い段階で計
画し、各教科と結び付け、<u>子どもの主体性を育む</u>よう、余裕を

もって取りかかり、準備を進めます。

○行事を子どもたちの生き生きとした表現をより重視した行事にします。

5）教室の整理整頓で気持のよい環境に整えます

○子どもが多くの時間を過ごし、子どもの感性にも影響する教室は、常に整理整頓し、学習の場にふさわしいものとするよう清掃や掲示物など日頃から注意します。

6）学級・学年経営案、自己目標シートの効果的な活用を図ります。

○学級・学年経営案や自己目標シートを形骸化したものや単なる努力目標ではなく、獲得目標化するよう、実践の具体的計画として作成し、それを基に実践し、期や節ごとに評価し、実践上の改善を図っていく手立てとして活用します。

7）教職員としての自覚をもち職場の輪を大切にします。

○前例踏襲やこれまでの慣習や実践にとらわれず、よりよいものやより優れたものは思い切って取り入れたり、挑戦したりする<u>柔軟で進取な精神をもつ教師集団</u>をめざします。

○教職員一人ひとりが<u>それぞれの持ち場で精一杯の仕事をする</u>と同時に、全員が教育活動の推進に役立つ企画や計画などを提言・発信し、<u>学校経営に積極的に参画</u>します。

○時間を守ったり、身なりや履物に気をつけたり、一般社会の常識や保護者の感覚を理解して、組織の一員としての行動をとります。

○教職員みんなで職員体育を活性化し、汗をかくことで健康維持に
　努めるとともに、明るく楽しい職場にするよう心がけます。

6　おわりに

　今年は開校40周年を迎えます。全教職員が共通の指導理念と方
法で、全力を尽くして子どもたちを育てる教育実践の推進こそ40
周年を迎えるにふさわしい私たちの姿勢だと思います。
　今一度「教師こそが学校における最大の教育環境である」ことを
胸に刻み、「みんなでつなぎ、みんながつながる学校」めざし、本
校独自の豊かな教育実践・学校文化を創造し、新しい歴史を構築し
ていこうではありませんか。

以下研修の際に使った資料

〈校内研修資料　2010.04.30〉

表現活動について

1、表現活動の領域

　学校教育の内容としての表現活動を学習指導要領に即して整理し
てみると、
①国語科で「理解」と対をなして2本柱の一つとして位置付けられ
　ている「表現」。これには作文、朗読、談話などが含まれる。
②音楽科で「鑑賞」と対をなして位置付けられている「表現」。こ
　れには歌唱、器楽、作曲のほか、「拍の流れやフレーズを感じ取っ

て演奏したり身体表現をしたりすること」なども含まれている。

③図工科で「鑑賞」と対をなして位置付けられている「表現」。これには描画、版画、彫塑、デザイン、工作などが含まれている。

④保健体育科の「表現運動」。これには模倣の運動、フォークダンス、創作ダンスなどが含まれている。

⑤生活科において観察・飼育・遊び・生活と関連させて行われる言葉、絵、動作ならびに劇化などによる表現活動。

以上の５つのほかに、指導要領にはないが、運動会や学習発表会などで行われる民族舞踊や演劇・オペレッタなどがある。

これらの表現は、作文や描画、楽器などの特定の表現媒体を通じて行われるものと、そういうものを使わずに直接身体で表現するものの２つに大別できる。一般的に言えば、従来の我が国の学校教育では、特に後者の教育的位置付けが極めて弱かった。

２、身体表現活動

身体表現活動の内容には、

①歌唱、②朗読、③リズム表現、④舞踊表現、⑤オペレッタ、⑥総合表現などがある。

このうち③は、ピアノに合わせてステップや動作で「お話」を表現するものであり、主として幼稚園や小学校低学年で行われる。題材も即興的なものや教師の自作のものが多い。④は「ペルシャの市場にて」や「モルダウ」のような古典音楽の小作品を使ってそのイメージを舞踏的に表現するものであり、いわゆる創作ダンスに近い。

⑤は「手ぶくろを買いに」や「かさじぞう」などの童謡や民話に題材をとったもので、子ども向けの音楽劇として構成されたもの。⑥は朗読、歌唱（独唱、重唱、合唱、ハミング）、身体活動（ステップ、ポーズ、動きなど）を組み合わせて叙事詩のような一定の内容・物語を総合的に表現するものであって、通常はそのために独自につくられた教材を用いて行われる。

3、身体表現活動の教育的意義

　身体表現活動は、音楽や体育といった既成の教科と密接に関連するが、必ずしもその枠に入りきらない側面を含むので、カリキュラムの中に位置づけるが難しい。また、教師の方も、一般的に言えば、教師養成課程でそのための指導技術を学ぶ機会が与えられていないから、ともすればそうした活動を知ることができないし、敬遠されがちな傾向がある。こうした条件は、「知育偏重」と呼ばれる伝統的風潮の下で、表現活動の固有の意味を十分に追求し得なかった事情とあいまって、学校教育という場における身体表現活動への取り組みを著しく困難にしている。が、しかしそれが子どものしなやかな感性や身体的能力、さらに知的な能力や学力までを含めての、総じて人間的な諸能力に対してもつ深い影響力に関しては、実践に携わった当事者からいくつかの重要な指摘がなされている。

　オペレッタや舞踏表現という集団的な創造活動である身体表現活動は、今日の学校教育に対して、新しい可能性と展望を提示している。

　教科の枠を超えて子どもの感性と知性、あるいは集団と個をつなぐ人間的共感と連帯を育むという仕方で、諸々の教育的営みの豊かな土壌を準備する。

1　子どもの解放（自信のなさ、いじけ、恥ずかしさ、ためらい、屈折した心などから）。

　・不登校の子どもが復帰した。

　・さわやかなあいさつが広がった。

2　上記のものに取って変わる一人ひとりの中に新しいものを創り出すこと。

　・他の授業でも自分の意見をはっきりと言えるようになった。

3　子どもたち相互の関係を新鮮で豊かなものに変えていく。

　・子どもたちが協力的になった。男女の仲もよくなった。

　・学級の固定した関係を壊し、友達に対し新しい見方や関係を創る。そんなかけがいのない場になりうる。

　ただしそうなるためには、教師がその指導に際して、

　第1に、身体表現活動を教師による型はめでなく、あくまでも子ども自身の創作活動としてとらえること（だから、総合的な学習の時間に位置づけることができる）。

　あくまでも子どもの実態に即し、教師の力量に応じて様々に工夫し、自分たちの精一杯の内容や様式をつくり出していけばよい。

　第2に、その過程で子ども同士の多様な交流や学び合いを組織すること。

　第3に、学級の人間関係を開かれたものにし、また、授業においてきびしい追求の能力を培う努力をすること。

等々のことがらに留意していくことが必要になる。教師も古いものや手なれたものを捨て、自分を新しくしながら、さらに前へ進むことができるようになっていくだろう。

　いよいよ実践づくりに踏み出す時となった。
　いろいろなところで、先生方の意識の変革が必要である。
　例えば、今月末には運動会が開催されるが、行事が近づくと、ややもするとそれだけに力が集中してしまうことである。
　確かに紅白リレーの選手を決めたり、応援団を選んだり、徒競走の順番を決めたりと忙しい。また、特別時間割が設定され、グラウンドや体育館の使用時間と学年が振り分けられると、どうしても運動会に合わせた時間割を設定せざるを得ない。行事のための行事づくりとなってしまっている。
　そうではなくて、日常の授業実践の延長線上に行事があるというとらえ方をすべきである。だから、行事が近づいてきても、日常の授業実践は手抜きをしてはならないばかりか、むしろ、いつも以上に授業づくりに精を出さなければならない。しかしながら、なかなかそういう考えにはならない。
　子どもたちが集中してエネルギーを出す時は、実はあらゆる所にもエネルギーが出ていることを伝えていきたい。授業と行事はそれぞれ独自のものではあるが、集中力やエネルギーの高まりという点では一体である。こんな時を逃さずに、歌など元気に歌わせてみたいものである。

第 **2** 部

授業づくりの実際

授業づくりの具体的実践

　学校の正面玄関のひさしにパネルがある。昨年赴任した時、長年の風雪でひどく傷み、描かれてあるデザインの色も剥げ落ち、みすぼらしいものだった。

　その時、来年の開校40年には新たしいものに変えようと思った。

　幸いにも、すでに退職されているが再任用でＴＴ担当として一緒に赴任したＩＴＵ先生という芸術家の先生がいる。札幌市内のいくつかの学校の校庭にその先生のつくった彫刻が置かれている。ぜひ、先生に制作してほしいと思った。

　頭に浮かんだものは、作詞斎藤喜博、作曲丸山亜季の「みんなで行こう」だった。「行こうよ　かぶとむし　でんでんむし　ひばりの子　風がゆれてる　森がゆれてる・・・」昆虫や森や畑や風や土の情景がリズミカルな曲を伴って浮かんで、いい絵になると思った。

　ＩＴＵ先生はそれを基に、春夏秋冬を流れる風のデザインをつなぎに、それぞれの季節にテーマを設け、また、願いをこめて描いてくれた。春の息吹きを感じる手稲山から、積丹の海を思わせる輝く夏、アキアカネが飛び交う友情の秋、凛としたくましさを表した冬の山。とても良いパネルができた。

　５月19日の除幕式の時、パネルのような明るく楽しい学校にしましょうと子どもたちに話した。

箱石先生の学校訪問

　5月24日（月）、箱石先生に今年度最初、通算2回目の学校訪問をしていただいた。

　運動会がその週の土曜日にあって、学校中がその準備で慌ただしい時期であったが、2校時に全学級の参観、3校時の体育では3の1と4の1直接指導、4校時は5年生の音楽を参観していただいた。

　全学級の参観では、教室の雰囲気を即座に感じ取り、授業に対する子どもたちの姿勢から、ＦＫＪ学級、ＭＴＭ学級には「ぴりっとした、透明感がある」との評。教師主導でしゃべりすぎている学級では、「教師が固い」との評。

　1・2年生の運動会用のリズムでは、「全体の指導をしている教師の指示が的確」、「それに比べ、補助についている教師が子どもにくっつきすぎて話を聴くように指示しているが邪魔になっている。子どもは話を聴けるのに、子どもを信じていない」との評。

　3校時の体育では、ＦＫＪ先生が「腕立て跳びあがりおり」をＫＵＮ先生が「台上前回り」を行った。

　一通り子どもに跳ばせた後、子どもたちの様子を診断。助走に問題があることを指摘し、助走が、踏み切り板の「一歩前の入り」のためのものであり、それが「踏切」につながっている。だから、踵からドタドタ走っていては、踏み切り板の「一歩前の入り」が成立せず、よって、踏み切れないことにつながることを子どもにも教師にも教えていただいた。

　助走に入る際のスタートも気持ちを落ち着け、ねらいを定めるた

82

めの呼吸も指示された。

　また、跳び箱の上でつき手が滑ってしまうのを見て、「手のつかみ」も指導していただいた。指摘の一つ一つが基本であり、一番勉強になったのは私だった。

　たくさんの子どもをただやみくもに跳ばせるのではなく、数人を試技させ、その都度、子どもたちに評価させる箱石先生の指導の仕方に子どもたちは集中し、「誰か跳んでくれますか」の言葉に、次から次に子どもたちの手が挙がった。参観していた教頭も後で「ああいう指導なら子どもたちは全員跳べるようになりますね」と感心していた。また、教務主任も「回数だけを跳ばせる普段の指導は考え直さなくてはならない」と言っていた。

　運動会の準備で参観できなかった教師がほとんどであったが、参観したら箱石先生の指導に納得することになるだろう。また、ＫＵＮ・ＦＫＪ両先生の学級のように、素直に指導を受け入れる子どもたちにすることがいかに大切なことかもわかるだろう。

　４時間目の音楽は、５年生に「みんなで行こう」をお願いして指導してもらったが、メトロノームでリズムを刻みながら早すぎるテンポでの指導で、観ている方が疲れてしまった。休む間がなくどんどん進むのを子どもたちは精いっぱいついていったのを「子どもたちは健気だねえ」と評された。

　なぜ、「みんなで行こう」にしたのかを尋ねられた。「明るく元気な曲を歌わせたかった」と答えたが、呼吸や体の使わせ方もできていない現状からすると、選曲を誤った。体育のように基本に立ち戻ってできるようなもっとゆっくりとした歌をお願いすればよかっ

たと反省した。

　次回は、７月12・13日の２日間である。　今年度初めての全校研究授業も国語で用意したい。また、体育や音楽、表現を指導していただけるよう、それぞれの基礎を中心にある程度準備しておこうと思う。私も教材研究や指導の仕方を勉強して、実際に教室に入って指導してみたいと思う。

　本当に強い子どもをつくるには時間がかかる。「そんなに時間はかけられない」を理由に、結局は授業を流してしまっている。
　鉛筆の持ち方一つも指導されていない学級がある。文字が乱雑になるのは道理である。ノートやカードや作文やテストに書かれた文字一つひとつに注意を払わなければならない。
　ＫＵＮ学級もＦＫＪ学級の子どもたちの字は一変した。丁寧で美しい。自信もふつふつと湧き上がってきているのを子ども自身が感じ取っているように思える。
　国語の教科書をすらすらと澱みなく読めるようにしているだろうか。繰り上がりや繰り下がりの仕組みを理解しているだろうか。
　教師は、子どもたちの抱えている問題や悩みを克服できるよう、ちょっとした配慮をしているだろうか。

「小さなことの積み重ねです。」
　今回箱石先生が言われたことである。

国語の学習方法の指導（組織的学習へ）

今年度、早くも１学期が終了した。

４月の入学式、学級づくり。５月の運動会、６月の修学旅行と学校は毎月毎月いろいろな行事があって、それなりに子どもを育てるチャンスがある。しかしながら、何といっても一番は、日常の授業でいかに子どもを育てるかである。

６月16日の職員会議で、これから北海道は、暑くもなく寒くもなく、一番良い季節を迎える。運動会を終え、落ち着くこの時期、日々の授業づくりに力を入れてほしいと先生たちに話した。

しかし、驚くことに、今年の６月はかつて経験したことのない暑さが続いた。全国で今年初の猛暑日となったのは何と北海道北見であった。

授業時間各教室を見て歩くと、流石に、ＦＫＪ先生、ＫＵＮ先生の授業は質が違っている。

子どもたちが集中し、その時間の課題がはっきりしている。子どもたちをつなげる教師の働きかけも見事である。

二人とも授業の主体が子どもたちにあるという強固な考えがしっかりしている。子どもたちに投げかけ、考えを引き出し、広げている。

そういう授業ができる教師が２人のほかに３人いる。ＳＮＰ先生、ＭＴＭ先生、ＯＫＴ先生である。

まだ、確固としたものにはなっていないが、その方向で頑張ろう

としているものもKUR先生、TKM先生、MTK先生、OKB先生と4人いる。12学級中、9学級である。校長としては頼もしく思う。

さて、今年度の学校研究は国語を中心に、低・中・高の各学年ブロック（1ブロック当たり4人）共同で授業づくりをすることになった。研究推進体制も各学年から1人、12名の学担の半分を研究部として配置するなど組織的にも研究に重点を置く体制をとった。（そうした関係で、例えば、昨年は教務部が3人であったが、今年度は教務主任1人である。）

また、全員が研究授業を公開することとし、なるべく、研究講師の箱石先生の来校に合わせて全校研究授業（全校研）の実施をお願いした。

ちなみに、7月の先生の来校の折には5年生の「千年の釘に挑む」と2年生の「スイミー」の授業を参観していただき、研究協議にも参加していただいた。

研究協議の中では、先生は難しい言葉を使わず、言葉を選んで、みんなにわかりやすく質問に答えたり、説明されたり、授業評価されたり、気を遣って、懇切丁寧に指導していただいた。

研究の方向や体制は一応できたが、子どもの課題把握や深い教材解釈、授業展開、4人での共同研究など実践的にはまだまだ研究にはなりえていない。だから、先生が本腰を入れて指導できる対象となるような授業づくりはできていない。

しかし、昨年の今頃はやっと、前年までの「共に学ぶ」「他から学ぶ」という地域の教材化などを中心とした継続研究を改め、今年度へつながる授業づくりの方向が決まったばかりであり、実際の全

校研は11月が最初であったことを考えると比較にならないほど、取り組みは進んでいる。

　ところで、私は今年度の研究授業が始まる前の6月の校内研修の講師をかってでて「国語の学習の仕方」をテーマに先生方に話をすることができた。以下、その資料を掲載する。

〈校内研修資料　2010.06.29〉

国語の学習の仕方（学習方法）について

1　はじめに

　どの学習でも学習の主体者は子どもです。子ども自身が学習に取り組めるように指導・助言するのが教師の役目です。時々、どの授業も教師が常に話している学級を見受けますが、教師はあまり話し過ぎない方がよいでしょう。

　学校は公文式の学習塾のような個別指導を中心とせず、集団での学習を前提にしています。みんなで知恵を出し合って、みんなで学習して、みんなでかしこくなっていくところです。そのため、「聴く・話す・話し合う」が最も基本に据えられます。

　どの教科でも話を聴き、文章を読み、自分の考えを人に伝えるために話をしたり、文（章）を書かなければなりません。それらの力をつけていくのが国語です。だから、国語は、学習の基本教科です。

2 国語の学習方法の指導

1、繰り返し繰り返し音読して、すらすら読めるようにします。

　読めて初めて内容が理解できます。理解できて初めて考えることができます。考えることができて初めて発表することができます。読むことの第一歩は音読です。

　　○先生の範読の後に、続けて声を出して読みます。
　　○独りで読みます。（基本）
　　○１文ずつ、交互に読みます。
　　○グループや列で読みます。
　　○男女で交互に読みます。
　　○全員で一斉に声を合わせて読みます。（速さ、間、声量をそろえて）
　　○回数や聞き取りやすさなどを目標とする「音読カード」を利用しながら読みます。
　　○家庭の人にも聴いてもらって読み、評価もしてもらいます。
　　（宿題とします）

　暗唱できるくらい読めるようになると、文章の内容が自然と理解できるようになっています。昔から、「読書百遍（ひゃっぺん）義（ぎ）、自ずから見（あらわ）る」＝「意味のよくわからないところのある書物も、百回も繰り返して熟読すれば、自然と明らかになる」と言われるところです。

　また、「どういうことだろうか、なぜだろうか」などの疑問も生まれてきます。

　疑問を考えながら読み、自己解決を図りながら読むことで、授業での話し合いの質が飛躍的に向上します。

2、わからない言葉の意味を予想したり、調べたりします。

　小学生の子どもにとって生まれて初めて接する言葉も多いことでしょう。

　　○「多分こんな意味なんじゃないかな」と自分で予想してみます。

　　○正確に把握するために、国語辞典で調べます。また、国語辞典で調べることを習慣化させてください。最近は、電子辞書も普及してきましたが「自分の国語辞典」を持たせたいものです。私は、「正月のお年玉で買ってください」と指導しました。

　　・同じ言葉でもたくさんの意味があります。その言葉の使われ方はその文脈の中でどれがいちばん近いかを選択させます。
　　「取る」①手にもつ②自分のものにする③盗む④書く⑤感じる⑥定める⑦採用する

　　・同音異義語にも注意を払います。
　　「取る」「撮る」「採る」「捕る」「執る」「摂る」「獲る」「盗る」「録る」

　○漢字の場合は「訓読み」で意味をつかめることを伝えます。

　○国語の時間は常に国語辞典を用意し、すぐに調べられる態勢が必要です。引いたところに付箋をはさむのも効果的です。（時には漢和辞典も必要です）

3、正確に読み取ります。

　クラス全員で課題を追究する一斉学習には、全員を同じ土俵に上げなければなりません。どの子も、すらすら読めて、わからない言葉の意味をつかみ、書かれている内容をある程度正確に理解する必要があります。

　○上記2のとおり言葉の意味や、新出の漢字は調べればわかることです。

　○また、物語文でも説明文でも叙述を丁寧に読めば、正確にわかることはたくさんあります。

　○ワークシートやプリントなどを使用する方法があります。

　○子どもたちに疑問点をノートに整理させる方法もあります。

　　「不意を打たれて、さすがのハヤブサも、空中でふらふらとよろめきました。が、ハヤブサも、さるものです。」（「大造じいさんとガン」）

　　ここを「去るもの」と読み違える子がいます。「さるもの」はここでは、「相当なもの」「ぬけめのないもの、したたかなもの」の意味です。

　　「松井さんは、あわててアクセルをふみました。やなぎのなみ木が、みるみる後ろに流れていきます。」（「白いぼうし」）

　　ここを「道路に沿って流れている川に柳が流されている」と読む子もいます。

　子どもは、いろいろ読み間違えます。子どもたちのもつ疑問を事前につかむことや読み間違えそうなところを教師が事前に予想することが大切です。

　その上で、クラス全員で課題を追究する一斉学習が始まります。

4、疑問に思ったり、みんなで学習したいこと（課題）を明確にします。

　書かれている内容を正確に理解したうえで、なかなかわからないような骨のある疑問やみんなで知恵を出し合わなければ解決できないような問題をグループで解決し、最後に一斉学習での課題として設定し、子どもたちに確認し、意欲的に追究します。

　　○子どもたちに考える時間を保証します。

　　・同じ疑問をもった子どもたち同士２人で、または少人数で話し合うこともあります。（グループ学習）

　　・範囲を限定して「書き込み」をさせる方法もあります。（広範囲にやると飽きてしまいます）

　　○そう考えるにいたった根拠や理由を記述や叙述の中から発見しながら、解決の方向に絞り込むように話し合います。

5、上記の１〜４を子どもに「国語の学習の仕方」として定着させましょう。

　はじめは時間がかかりますが、そのうちに子どもたちがこの学習の仕方を身につけると、だんだん早くできるようになってきます。

　「３の正確な読み取り」だけでも授業が成立することがあります。徐々に、３→４と進めていってください。一つの課題でみんなが考え、話し合いができる質の高い授業が成立することでしょう。

6、文字は丁寧に、形を確かめながら練習しましょう。

　ノートやプリント、テストや新聞づくり、作文やレポートなど、子どもたちには毎日書く場面がたくさんあります。ひらがな・カタ

カナはもちろん、漢字もどんどん出てきます。漢字は正しく丁寧に書くこと。漢字練習は正しい字の形、筆順を覚えるためのものです。

○雑に書いた字を書き直させましょう。

　ノート、ワークブック、テストなど子どもたちの書いたものを常に点検し、誤字脱字はもちろん、丁寧さを子どもに要求します。学習への態度、姿勢がよくなります。

○鉛筆の持ち方は大丈夫でしょうか。筆順は大丈夫でしょうか。

　小学校で教わったものは、これからの長い人生に書く文字にかなり影響します。ぜひ、丁寧に教え、指導してください。

○板書をノートさせる時間を工夫します。

　授業中、板書をノートに写すのに躍起になっている子どもがいます。その時は思考が止まっている状態です。ノートをとる時間を確保して授業に集中させるとともに、文字の乱雑さを防止します。

　また、板書をノートに写す時は、まとまった言葉の単位で、意味ある言葉として書きとるよう指導します。こうすると、言葉の意味や文章の内容がよくわかります。「見る、読む、書く」の一連の動作で、集中して書き写す作業を早く進めることができます。

3、その他

○教材・教具の工夫をします。参考資料や写真やグラフ、時には音楽なども入れることがあります。

○読書の習慣化。紹介。

○語彙の拡大：熟語、同義語、反対語、派生語。短文づくり。

○新聞、本で、印象に残った言葉や文章の書き写し。

○学級通信の有効利用。

　　授業の経過や授業中の子どもの発言などを紹介しながら、授業のポイントを整理したり課題を明確にしたり、子どもたちに発言を促したりするよう利用する方法があります。

４、研究授業への提言

実は、教師も同じような学習の営みが必要です。

1　何回も読む。＝教材のよさや価値をつかむ。＝教材解釈

2　意味を調べる。＝教材研究

3　子どもが理解しずらいところ、読み間違えると思われるところを探す。＝子ども研究

4　学習課題を絞り込む。＝授業展開計画

5　何を手がかりにその課題を追求したり、克服したりできるのかを探す。＝授業展開計画

一変する子どもたち

　今年度3回目の先生の来校の主眼は5・6年生4クラス合同で行う「子どもの四季」の合唱指導をお願いすることであった。

　ほとんど初対面の高学年の子ども111名を前に、たった3時間の指導時間である。

　学校の準備は、少なくとも楽譜を見ないで歌えるようにしておくことであった。

　6月下旬には練習に入っていたが、6年生の修学旅行や5年生の宿泊学習などがあり、5・6年生の担任の先生たちにはかなり精力的に指導してもらった。

　徐々に歌えるようになってきたが、問題があった。それは、十分に身体を使った呼吸ができないため、高音になると、裏声にひっくり返って、弱々しい小さな声になってしまうことだった。何度やってもなかなか直らない。教師たちもこれはこれまでの歌の指導で身についてきたものだから、簡単には直せないと半ばあきらめていた。特に女子が3分の2を占める6年生は顕著であった。美しく歌おうとするのか、音量がなく、迫力に欠けていた。

　それが劇的に一変した。

　どういう指導過程を通ってそうなったか、箱石先生の子どもたちに対する言葉かけを中心にかなりの部分を省略して、簡潔に記す。
（　）はその際の様子や説明

9月13日　5校時　基礎を入れる

（息を吸わせて、子どもを観察して）

　皆さんは肩が上がって、おなかがへっ込んじゃってる。肩の力を抜いてね。

（子どもは胸で吸っているため肩が上がっている）

　風船を膨らませると、ぷーっと膨らむでしょ。

　おなかを風船だと思って、肩に力を入れちゃだめですよ。こうして、おなかに空気を入れてやる。

（先生の手は自然に両手が広がっている）

　何度か子どもにやらせる。

（子どもたち、少しずつできるようになってくる。息を吸う際も、出す際も、子どもたちに聞こえるように、ハアーと音を出すようにしている）

　皆さん、アコーディオンを知ってるでしょ。

（アコーディオンの原理を説明）

　声も同じで、その出た空気に音を乗っけてやる。だから、空気が入らなかったら出ませんよ。皆さんの身体もアコーディオンと同じ楽器のようにしてください。

　身体をよい楽器にするためには姿勢をよくします。腰を伸ばします。肩の力を抜きます。

　よい姿勢だと1時間でも2時間でも立っていることができます。

　口を開けて、喉を開けて。あくびをする時のように。胸を広げて、たっぷり息を吸ってください。ゆっくり、大事に大事にはいてください。

これが基本です。肩に力を入れません。

（このあと、子どもたちを３つに分けて、ド・ミ・ソの和音を使って、指揮にしたがって、呼吸と発声の練習）

　吸って、指揮に合わせて、よく見てて。

（指揮に合わせて、声を遠くまで出させる）

　吸って。遅い。

　自分の声をずっと向こうの方へ。自分の出した音を見ててください。

（体育館を子どもの声に合わせて、反対側まで歩く）

　身体を使って音を出すこと。

　遠くの人を呼ぶ時、「オーイ」とやるでしょ。どなったらダメ。がんばったらダメ。

　「オーーーイ」喉に力を入れないで。

　この時間の指導は、身体の使い方を中心に行った。本当は、各クラスでそれぞれ３時間ぐらいほしいところである。４クラスだから、基本を入れるだけでも合計12時間は必要であるところを、たったの１時間でお願いした。

９月14日　３校時　変わる兆候

（まず最初に、春から冬まで一通り、合唱を聞かれたあと）

　昨日よりよくなっていますね、高い音が出ています。

　もっと気持ちをリラックスして、肩の力を抜いちゃって、春風に身体が揺れるように。リラックスできれば身体がいい楽器になります。

　10月6日は40周年記念式典ですか。大変だなって思うと緊張するけど、どれだけ自分たちが楽しめるかっていうのがいいですよ。そうすると結果としていいものが出てくる。力を抜くことです。お客さんのためにかっこいいとこ見せようなんてあんまり考えないで。考えると緊張します。せっかくのいいものを出せません。どうしても聴衆の前でいいものを見せたい、人間だからみんなそういうものをもっていて、これはしょうがないことですが、力を抜いて楽しむ。プロの人でも力を抜くことを訓練しています。

　がんばろう、がんばろうとしないで、がんばらない。がんばろうとするとどうしても力が入ってしまう。がんばらないで、身体をいい楽器にすることで、いい声が出てくる。だから、そういう身体の使い方、息の吸い方、声の出し方を覚える。自分の一番いい楽器を創る。自分は声が出ない。音楽は下手だと、自分はだめだと思わないで、それぞれが一番いいのもを出す。

　大事なことは、自分として最高のものを出すことです。どんな人でも自分の最高のものを出す。そして、自分の最高のものレベルをだんだんと上げていく。

　勉強も同じことですよ。自分のベストを出していく。合理的に身体を使う。合理的に息を吸い、合理的に声を出す。難しいけれどね。ともかくリラックスして自分を楽しんで、音楽を味わう。

（最初の呼びかけの子を出す。最初の呼びかけは、①「季節は、どこから来るんだろう」②「手稲の峰から来るのかな」③「発寒の街まで来るのかな」の3人である。3人やってみる。②の子を指導する）

手稲の峰はどこ？（子どもは本当にある方向を探して戸惑っている）

　本当の手稲じゃなくていいんだよ。あなたが言う時、どっかに手稲の峰を見ながら言えばいい。（手を大きく振りかざして、遠くをさすように）手稲を指さしてください。

　「手稲の峰から」（出ていた足を自分に引き戻しながら）「来るのかなあ」

（わざとにロボットのように身体を固くして、早口に）「手稲の峰から来るのかな」こうじゃなくて、（小走りに前に出て、一旦止まり、片足を前に腰を伸ばして、手稲を見上げるように）「手稲の峰から、来るのかなあ」。

　こうやった方が普通は声が出るんです。普段皆さんが会話する時は身体を動かしてやってますよ。身体を使うことによって声が出る。こんな風に身体が動くのが自然なんだよ。だからそういう練習を少しして、それができるようになったら、頭の中で少し整理してみる。

　頭の中に手稲の峰が見える。プロの人もそういう練習をしています。もう一度やってください。

（①子が出てくる。「季節は〜どこから来るんだろう」）

　もう一回やってごらん。息を吸ってから。

（「季節は〜どこから来るんだろう。」声は大きいが「季節は〜」と変に間延びしている）

　「季節は」（自分の方にためをつくるように）「どこから来るんだろう」（腰を伸ばし、一歩踏み出して、両手を拡げて）

　やりかたはどうだっていいんだけど、身体を開いて、どこから来るのか探せばいい。そうやって楽しむ。みんな違っていい。あなたの一番いいやり方でね。私はこうやる。僕はこうやるよ。そういう

のは決まりがないわけだから。

しかし、大事なことは、声が届くということだね。見ているみんなに届くということだね。

それから大切なことは、自分にイメージがあることだね。

（もう一度）「季節は」（自分の方に立って）「どこから来るんだろう」（腰を伸ばし、一歩踏み出して、両手を拡げて）季節を探しているんだね。気持の上で探しているんです。

そうしたら、次の人が、「手稲の峰から来るんだよ」って教えている。こういうことが楽しむってことなんだね。自分なりのやり方を探して、そして、それぞれが自分の最高のものを出す。それを集める。それがこういう表現をみんなでやることの意味なんだね。

それで、それを見て、お客さんが楽しそうだな。いいな。発寒南小学校の子はすごいな。と、いうことになる。

みんなの前で1人でやることはとっても難しいことなんだ。大人だってできない。先生方だって難しいよ。

しかし、それをやると強くなる。自分のものをもってないと。自分の中にイメージをもって、みんなの前で1人で表現する強さがないと。恥ずかしいな、いやだなと思ってやると絶対にできない。

しかし、そういうことができるようになると人間として成長していく。なんでもできるようになる。上手下手は関係ない。

はい、もう一回やってごらん。

（最初の子、バタバタバタと、無造作に出てくる）

出て来る時も大事だよ。どういうタイミングで出てくるかね。（前を向いて、凛として）カッツ、カッツカと、こんな風に出てこないとね。そうすると、お客さんが「アー」っていうことになるね。

もう1回やってごらん。下を見ないでね。腰を伸ばして。

（さっきより無造作ではなくなったが、動きながらセリフを言いだす）
　止まってから言うんだよ。焦りすぎだね。
　止まって、息を吸って、準備して「季節は、どこから来るんだろう」ってね。
　はい、もう一回。でもね、これは難しいんです。いっぺんでやるってのは本当に難しいんです。すぐにはできなくていいんです。
（もう一回やる。止まって、息を吸って「季節は」までは良かったが、「どこから来るんだろう」のところの手が申し訳程度にしか開かれていない）
　まだ、曖昧です。
（もう一度やるが、早口になっている）
　「季節は」一寸の間があって、「どこから来るんだろう」
（子ども、もう一度やる。）
　はい、いいです。
（教師に向かって、）
　こういうことは難しいことなんです。こういうことを子どもたちにきちっと教えていなければならない。
　ハイ、次の人。
（これまでの指導を見ていたので、声も表現も大きくできた）
　「手稲の峰から来るのかな」
　いいねえ。こうやってほしいんだよ。
　あまり間をおいたら変だよね。いいタイミングで答える。いいタイミングで出て来る。

　それで、そういう感覚を自分で養っていく。

　磨いていく。そういうことが一番大事なことなんです。感覚を研ぎ澄ましていく。

（子どもたち全員に向かって、）

　この2人には、皆さんを代表してやってもらっているけど、同じことなんです。

　それじゃ、そこまではじめからやってください。

（①②③の子がやる。①の子堂々と柔らかくしなやかにやる。）

①「季節は、どこから来るんだろう」

　いいですね。

②「手稲の峰から来るのかな」

③「発寒の街まで来るのかな」

　いいじゃない。どうですか。とってもいいですね。こんな短い間にできるなんて、力があるんです。明日はもっと良くなる。明後日はもっともっと良くなる。発表会ではすごくなる。こんなに力があるんだから、もっともっと自分で工夫して、僕が一番だ。私が一番よっていうようにやってください。はい。いいですよ。ありがとう。

　ここまでで25分。これ以降、独唱の子の指導になる。

　箱石先生の指導を目の当たりにして、「表現　いのち輝くとき　瑞穂三小の子どもたち」（一莖書房　ＶＨＳビデオ）に出てくる子どもたちが、どのような指導の基にああいう子どもたちになったのか、その一端を垣間見ることができたような気がした。

そして何よりも自然で無理のない合理的な指導を基本とした斎藤喜博先生からの教育哲学や原則を引き継ぐ箱石先生にそれを見た思いである。

9月14日　6校時　一変した子どもたち

「子どもの四季」秋と冬の指導。
（子どもたちの合唱を聞いていて、やっぱり高音になると、裏声になってしまう。先生はそれを直そうとしている）

　皆さんは、大体は全身に息を吸い込み、歌っているのですが、高い音になると、胸までしか息を吸っていない。もったいない。せっかくいい身体をもっていて、いい声をもっているのに胸から出しているから声が出ていない。これは癖ですかね。そうじゃなくて、たっぷり吸って「オーーーイ」（ずっと体育館の後ろまで声を出しながら歩く）
　ここには百人くらいいるんだからもっと出ていいはずです。そこを変えてもらいたい。そうしたらもっとよくなる。それが全体の共通点です。高い音の声がひっくり返って逃げちゃう。胸から上だけが楽器になってしまってる。そうじゃなくて、足のつま先から、ずうーっと頭まで、自分の声が、「オーーーイ」と、おでこのあたりから線になって、ずっと向こうまで飛んで行くイメージをつくって、その音を見ながら声を出す。それを皆さんできるんじゃない。ね。さっきの春の独唱の人たちはそれができるようになってきたから、出るようになってきたんだね。身体全体から。

　最初の「風に向かって駆けていく」はいいんですが、最後の「駆けていく」がひっくり返る。一度やってみましょうか。
（先生の指揮で、子どもたち歌う。呼吸するところと、声を伸ばすところに焦点を当てながら。声が変わる。）
　出たでしょ。さっきよりずっといいものが出た。どうですか。今のように出せばいいんです。
（教師とのやり取りの後）
　どうやって身体を使ったかを覚えておいて、その原理さえ覚えてしまってね。身体を柔らかくして、全身を使うってことです。
（このあと、独唱の子のパート練習）
（そのあと、「ほー、ほー、ほーたるこい」のところを練習する。子どもたちの声が一変する。裏声が消えて、地の声で高音が出てくる。見ていた教師たちから拍手や感嘆の声が飛ぶ。ピアノを弾いていた先生も驚く。「変ったね。みんなわかった？」子どもたちも「わかった」と返事する。）

　箱石先生はワルツを踊るようにパンパンパンと歌に合わせてステップしながら指揮をされていた。往年の姿のようだった。
　すでに限界を超えていたようで、汗だくでくたくたになっておられたが、子どもたちも先生も同時にエネルギーを受けとった。素晴らしい一時だった。

　身体を使う基礎・基本が何と重要なことか改めて思い知ることとなった。

開校40周年記念式典

　10月6日（水）に開校40周年記念式典が体育館で行われた。教育委員会指導担当部長や元校長、学校評議員などの来賓、西区内の校長を中心に市内の校長、ＰＴＡ関係者、各町内会長などの地域、旧職員、保護者など約200名の参会者と児童、教職員を含め、540名を超える式典となった。

　2学期の始業式の際、私は子どもたちに次のような話をした。

　「10月には開校40周年記念式典があります。学校の40歳の誕生日をお祝いする会です。のびのびと楽しく歌ったり、息を合わせて演奏したり、自信をもって堂々と表現したりすることを通して、私たち発寒南小学校の子どもは、一人ひとりが、明るく元気で、少しも恥ずかしがらない強い子で、また友達と仲良く協力できる子どもたちですという姿を表すことが、みなさんのお祝いの気持ちを伝えることだと思います。」

　これは、もちろん教師に対してでもあった。

　子どもたちは、実にその通り、のびのびと楽しく歌ったり、息を合わせて演奏したり、自信をもってどうどうと表現したりすることができた。全校合唱「みんなで行こう」は圧倒的な迫力で体育館に響き渡った。

　式が終わり、来賓の教育委員会指導担当部長を送る際、「先生の学校では、合唱で学校づくりをしているのですか？」と尋ねられた

ほどであった。「いいえ、表現活動の教育的意味を問い直して、学校づくりをしています。」と答えた。

　学校内外からの反響も大きく、参加した白石区の校長からは、「ピリッとしていた。とても立派だった。低学年の子も１時間半、崩れることなく参加していた。式典のためだけに育ててきたのではなく、日常の子どもを育てることが根底にある。子どもたちの声がはっきりしていて素晴らしい。市内でもこんな合唱をする学校はないと思うが、西区は水準が高いのか」と問われた。

　滅多なことでは褒めることのない辛口で評判の西区のある女性校長は「表情豊かで、子どもたちの一生懸命さにウルウル来てしまいました。」と電話をくれた。

　隣の発寒小学校の校長は「来年本校は開校90周年だが、発南がこんなに素晴らしくやってしまうから、いったいどんなことをすればよいか、頭が痛い。」と、真面目に言っていた。

　本校の旧職員で「劇の会」を主宰していた元校長は、「これはやらせではない。高学年の男子がこれだけ歌うことはすごいことだ。座っている姿からこれはやるなと思っていたが、その通りだった。この学校には教育がある。」と、指導の中心になった５年生のＭＴＭ先生の教室へわざわざ出かけて、話したそうである。

　また、「今は列席できたこと、感動の時間に浸れた幸せに感謝するばかりです。お招きくださりありがとうございました。忘れえぬ

記憶になりました。子どもたちの清々しさに泣けました。帰り際、年配の女の先生が来賓に「いかがでした？」と声をかけられました。すると、「いや～素敵でしたよ。幸せですね、ここの子どもたちは・・・」と答えていました。同感です。」というようなメールも入った。

　式典が終わり、2時半に臨時の集会をもった。
　ここで私は、その時間までに寄せられた前述したような評価も先生方に伝え、さらに、「一昨日、4日、月曜日、ある保護者が、9月30日に配布された通知表のことで校長室を訪れ、成績のことで話があるといわれました。なぜ、「大変良い」がこれほど少ないのか。この学校の評価基準はどうなっているのか。こんなに頑張っている娘はやる気がないと言っている。校長先生はどう思うのかと抗議口調で問いただされました。私は、本校の真ん中の評定は「よい」のであって、「ふつう」ではありません。「よい」は到達目標に達していることを意味します。「大変良い」は優れて、「どこの学校に出しても大丈夫。エクセレントです」と答えましたが、なかなか納得してもらえませんでした。担任の先生を呼んで、説明しました。担任の先生は各教科多くの部分で「大変良い」につけようとしたのですが、絶対的な自信をもってつけることができなかったので、「よい」にしました。あと少しで「大変良い」になるところなのです。と、説明し、やっと1時間半後に帰っていきました。
　その保護者が、式典が終わるや否や校長室を訪れ、一昨日はいろいろ聞いてくださりありがとうございました。今日の子どもたちを見ていて、子どもをこの学校にお任せします。担任の先生が姿が見

えないので、校長先生からよろしくお伝えください。と、言われました。事実をもって表現活動のもつ教育的意味を理解していただけたと思います。先生方のこれまでの指導に深く感謝します。ありがとうございました。」と、話した。

　5・6年生の表現を指導したOKT先生が高学年の表現が終わった直後、ピアノの陰で泣いていた。どの先生方も熱心に指導にあたってくれた。

　しかしながら、私が一番心打たれたのは、子どもたちの率直な感想であった。

　「3か月前から始まった式典の歌練習。あの時はここまでりっぱな歌声になるとは思いませんでした。箱石先生の指導の時からできるだけ裏声を出さないようにがんばりました。・・・・」（O君）

　「最初に春の楽ふが配られた時は、「とんでくる」という歌詞が多いし、長いし、おぼえられるかとても心配でした。けれど、音楽室で練習していると、いつの間にか覚えていて、15分間ある歌は9月ごろには全部覚えてました。練習をしていると、「もっと口を開けて」とか、「遠くにとばして」などいろいろ注文が入ってきて、とても大変でした。声が出ないところは、箱石先生が教えてくれたおなかに空気を入れると、とても声が出て、遠くまでとばせました。なので、教えてもらってよかったなと思いました。式典のリハーサルの時は、とてもきんちょうして、ちゃんと前を見て歌うことはできませんでした。けれど、本番は、きんちょうせず、前を見て歌え

たし、声も練習よりとてもよかったと思います。練習してきたこと
が全部出し切れた一番良い式典だったと思います。」（Yさん）

　「40周年記念式典では、いつもより大きな声で元気よく歌えまし
た。3ヶ月間練習して、発表があっという間に終わったように思え
ました。短い時間で3ヶ月の練習を思いっきり歌って自分でもすご
いと思いました。始めは、「めんどくさい」と思っていたけど、だ
んだん歌うと、「40周年記念だから、がんばろう」と思えるように
なりました。自分は音楽の歌とかがきらいだったけど、今は大好き
になりました。下級生に喜ばれてよかったと思いました。」（Sさん）

　「3ヶ月の長い練習が今日終わった。私はこの3ヶ月間で歌はも
ちろん、人前に立つことも普通にできるようになった。「子どもの
四季」はとても長い歌で、歌い終わると疲れていて声が大変なこと
になるぐらい今までにはないすごい歌だ。式典が始まる時は「早く
始まらないかなあ」とずっと思っていた。低学年、中学年が終わり、
ついに私たち高学年5・6年生の番になった」歌が終わり、拍手が
聞こえた。うれしかった。そして、「もうこの歌は歌わないんだ」
と思うとさみしくもなった。席に戻った。先生も泣いていた。また、
思い出ができた。」（Kさん）

　「・・・・・私はこの40周年記念式典をやれてよかったと思いま
した。そして、歌が苦手だった私が歌を好きになれてよかった。6
年間の中でも一番大きいかなあと思いました。」（Tさん）

　子どもを変えた事実。何と価値あることか。

　校長として赴任して1年半、今回の取り組みで先生たちに校長は
どんなことで子どもを育てていきたいのか、一定の事実で示すこと
ができたのことが大きいと思う。
　子どもと子どもを結び付ける「聴く・話す・話し合う」の基本の
徹底。授業を中心とした日常実践の誠実な取り組み。さらに、表現
活動を通した子ども同士をつなぐ試み。
　輪郭のくっきりした強い子どもを育てると同時に、「みんなでつ
なぎ、みんながつながる学校の創造」が言葉だけではなく、明確な
イメージで教師にも子どもたちにも少しずつ理解を促すことができ
た。
　その点で、箱石先生の指導と役割は決定的であった。
　今回の取り組みはゴールではなく新たな挑戦へのスタートである。
これからが何十倍も難しい取り組みになるだろうと覚悟している。
　しかし、悲壮な決意でやっても駄目であろう。子ども発見と創造
の楽しみで進めたい。

　以下、当日読んだ「式辞」を（資料1）。
　10月22日の職員会議で配布した「40周年記念式典を終えて」の
校長としての見解を（資料2）として掲載。

（資料１）開校40周年記念式典　式辞

　今日は、発寒南小学校が誕生してから、40歳になったことをお祝いする日です。児童の皆さんは、毎日通うこの「発寒南小学校40歳、おめでとう」という喜びの気持ちでいっぱいだと思います。

　この式典に、たくさんのお客様がお見えになっています。学校を造った札幌市から札幌市教育委員会指導担当部長○○様、皆さんのお父さんお母さんを代表してＰＴＡ会長○○様、発寒連合町内会会長○○様、発南の子を守る会会長○○様をはじめ、学校評議員の皆様、歴代の校長先生や市内の校長先生、各町内会長さん、そして、児童の皆さんの健やかな成長をいつも見守ってくださる保護者の方々や地域の方々など、たくさんの方がお祝いに駆けつけてくださいました。とてもうれしいことですね。心の中で、「ありがとうございます」と、お礼を言いましょう。

　皆さんの通うこの発寒南小学校は、昭和45年（1970年）お隣の発寒小学校から329名、発寒西小学校から91名を迎えて児童数420名、12学級で出発しました。

　開校当時は体育館もグラウンドもありませんでした。その後、5回の増築を重ねて現在の校舎になり、今は落ち着いて学習や生活ができる学校になりました。

　このあと、5・6年生が歌う合唱組曲「子どもの四季」にも出てくるムクドリが桜鳥だと言われています。その桜鳥を意味するアイヌ語の「ハチャム」からとられたここ発寒も、学校ができてから

40年の間に街並みも大きく変わりました。

　昭和47年（1972年）には札幌市が政令指定都市となり、ここ発寒は札幌市西区となりました。校区内には、昭和62年（1987年）にＪＲ発寒中央駅、平成11年（1999年）には地下鉄東西線発寒南駅が誕生し、私たちの生活も快適・便利になってきました。

　さて、児童数が少なく、大きな通りからは見えない、目立たない学校ですが、この発寒南小学校では児童の皆さんが毎日楽しく学校生活を送り、心も身体もすくすくと成長しています。

　先生方は日々、あなた方を愛情深く心血を注いで指導しています。お父さんお母さんや地域の方も学校を精一杯応援してくださいます。

　皆さんはそれに応え、授業時間に一生懸命学び、休み時間にグラウンドで汗だくになって遊んでいる素朴で素直な子どもたちです。

　素朴で素直な子どもたちが育つというのが、40年という長い年月の間に培われてきた発寒南小学校の確かな伝統だと思います。

　ところで、7月の全校朝会で皆さんに小惑星探査機ハヤブサの話をしました。ハヤブサは、20億キロメートルを飛行して、大きさ約500メートルの小惑星イトカワに到着しました。それだけで「東京からブラジル上空の5ミリメートルの虫に命中させるようなもの」と例えられるほど難しいものでした。

　小惑星着陸に成功の後、燃料漏れが発生して姿勢が大きく乱れ、通信アンテナの向きが地球から外れて通信ができなくなりました。ところが、通信が奇跡的にできるようになり、3年遅れで地球に帰ることをめざしました。ところが、ゴールを目の前にした昨年11

月、最後の頼みの綱の電気推進エンジンが寿命で止まってしまいました。それでもなんとか、非常用の方法を使って、今年6月に、7年ぶりに地球に帰ってきたのです。

　もちろん地球からたくさん知恵や技術の助けを受けました。しかし、実際に宇宙空間を7年間、強くたくましく飛んでいたのは小さな惑星探査機ハヤブサでした。

　終わりに、皆さんにお願いがあります。校長先生からのお願いであるばかりでなく、きっと皆さんのお父さんお母さん、先生方や地域の方々もそう思っていると思いますが、どうぞ、周りの大人から遠慮なく助けを受け、人の話をしっかり聞き、よく考え、確かに判断し、自分の考えをはっきり話し、堂々と自分を表現できる、一人ひとりがハヤブサのように、強くたくましい子どもになってください。

　そして、それが素朴で素直な子どもが育つという確かな伝統の上に、強くたくましい子どもも育つことが次の10年での新しい伝統になっていくのだと確信しています。

　最後になりましたが、子どもたちを、そして、学校をいつも温かく見守り、力強く応援してくださる保護者の皆様、地域の皆様にこの場をお借りし、心よりお礼申し上げます。本当にありがとうございます。

　この発寒南小学校が、地域と共にますます発展することを願い、私の式辞とします。

　　平成22年10月6日　　　札幌市立発寒南小学校　校長　佐藤　毅

2010年10月22日

（資料２） 40周年記念式典を終えて
（参会者などの感想に重複する部分あり）

　子どもたちのがんばりと先生方の指導のおかげで、とても素晴らしい式典にすることができました。

　内部にいるとなかなか自分たちの実践を客観視できないことがあります。学校の外部からたくさんの感想・評価をいただきました。いくつか紹介します。

　たくさんの高い評価をいただき、うれしい限りです。子どもたちが本気になって頑張り、また、先生方も真剣に指導した結果の事実だと受け止めています。

＜外部からの感想・評価＞

　式が終わり、来賓の教育委員会指導担当部長を送る際、「先生の学校は、素晴らしい合唱でしたが、合唱で学校づくりをしているのですか？」と尋ねられました。

　参加した白石区の校長先生からは、「ピリッとしていました。とても立派です。低学年の子が１時間半、崩れることなく参加していました。式典のためだけに育ててきたのではなく、日常の子どもを育てることが根底にありますね。子どもたちの声がはっきりしていて素晴らしい。市内でもこんな合唱をする学校はないと思います。」

　厚別区の校長先生は、「うちの学校の子どもたちも元気なんだが、

発寒南小の子どもは元気な上に、一本、筋がはいっていますね。」

　西区のある校長先生からは「表情豊かで、子どもたちの一生懸命さにウルウル来てしまいました。」と電話。

　隣の発寒小学校の校長先生は「来年本校は開校90周年ですが、発南がこんなに素晴らしくやってしまうから、いったいどんなことをすればよいか、頭が痛いです。」と話していました。

　旧職員の方から、「子どもたちの表現活動・・・それぞれに心のこもった響きがあり満喫しました。低学年の懸命な努力、中学年のハーモニー、高学年には表現に創造性が伺えて感動いっぱいでした。日頃の指導の賜物にほかなりません。」

　本校の旧職員で「劇の会」を主宰している元校長先生は、「これはやらせではない。高学年の男子がこれだけ歌うことはすごいことだ。座っている姿からこれはやるなと思っていたが、その通りだった。この学校には教育がある。」

　また、地域の方からは、「今は列席できたこと、感動の時間に浸れた幸せに感謝するばかりです。お招きくださりありがとうございました。忘れえぬ記憶になりました。子どもたちの清々しさに泣けました。帰り際、年配の女の先生が来賓に「いかがでした？」と声をかけられました。すると、「いや〜素敵でしたよ。幸せですね、ここの子どもたちは・・・」と答えていました。同感です。」と、手

紙をいただきました。

　ある保護者は、「家で、「みんなで行こう」を姉妹で歌っているのですが、それぞれが別々のところを歌っているので、どんな曲なのかわかりませんでした。でも、式典で聞いて、なるほど、こういう曲だったのか、素晴らしい歌だなあと思いました。」と伝えてくれました。

　たくさんの高い評価をいただき、うれしい限りです。子どもたちが本気になって頑張り、また、先生方も真剣に指導した結果の事実だと受け止めています。

＜私の感想＞
　「低学年の表現は、学校ができたころに歌っていた歌「とんぼのめがね」。今年の記念植樹にちなんだ「どんぐりころころ」。そして未来は「ロケットバビューン」。実に小気味よいテンポで40周年をお祝いする構成になっていました。歌そのものも大きな口を開け、元気いっぱい、呼びかけも大きな声ではっきりとしていました。無理なく無駄なく自然な流れの中に子どもたちが素直に自分を表現していたと思います。

　中学年は、リコーダー1本で堂々と演奏していました。それが2人になり、3人になり徐々に増えていく。ある時は固まりになり、またある時は1人になり、追いかけていく。500名以上の参加者の前で一人ひとりが演奏する強さがありました。また、全員でそろえ

ていく難しさも乗り越えました。歌とはまた違った難しさを全員の力でやり遂げたと思います。

　高学年は15分以上に及ぶ合唱組曲を季節の曲想の変化を感じながら、朗々と歌い上げました。裏声になりかける高音部も身体全部を使って発声するよう努力しながら、表情豊かに歌い上げました。独唱あり3重唱あり、朗読あり、ハミングあり、身体表現あり、個を集団が支え、集団が個を励ましながらつながりを生んで歌いきりました。」

　どのブロックの表現も記念式典のためだけの「やらせ」や「つくりもの」ではなく日常の教育実践から出てきた事実です。これは教職員全体で確かめてよいことだと思います。

　たった2回の式典リハーサルでできてしまうことも、子どもたちの力を証明しています。学校評議員から、国歌「君が代」をこれだけ歌う子どもたちを初めて見て、感動したが、たくさん練習したのか尋ねられました。他の歌を精いっぱい歌っているので自然に歌えるのだと思いますと答えましたが、これも子どもたちの力を証明していることの一つだと思います。

＜子どもたちは・・・＞
　以下は、6年生の学級だよりに出ていた最高学年の6年生の子どもの一部の感想です。

　「40周年記念式典では、いつもより大きな声で元気よく歌えました。３ヶ月間練習して、発表があっという間に終わったように思えました。短い時間で３か月の練習を思いっきり歌って自分でもすごいと思いました。始めは、「めんどくさい」と思っていたけど、だんだん歌うと、「40周年記念だから、がんばろう」と思えるようになりました。自分は音楽の歌とかがきらいだったけど、今は大好きになりました。下級生に喜ばれてよかったと思いました。」（Ｓさん）

　「３か月の長い練習が今日終わった。私はこの３ヶ月間で歌はもちろん、人前に立つことも普通にできるようになった。「子どもの四季」はとても長い歌で、歌い終わると疲れていて声が大変なことになるぐらい今までにはないすごい歌だ。式典が始まる時は「早く始まらないかなあ」とずっと思っていた。低学年、中学年が終わり、ついに私たち高学年５・６年生の番になった」歌が終わり、拍手が聞こえた。うれしかった。そして、「もうこの歌は歌わないんだ」と思うとさみしくもなった。席に戻った。先生も泣いていた。また、思い出ができた。」（Ｋさん）

　「・・・・・私はこの40周年記念式典をやれてよかったと思いました。そして、歌が苦手だった私が歌を好きになれてよかった。６年間の中でも一番大きいかなあと思いました。」（Ｔさん）

　「私が式典で一番がんばったのは「子どもの四季」です。夏の暑い日からずっと練習をしてきたからです。最初はとても６年生の声

が小さくて、歌の練習でねてしまいそうになることもありました。5年生に支えられ、助けられていました。けれども、歌っていくうちに楽しくなり、笑顔になり、練習でねむくなることも減ってきました。最初はとなりの人の声も聞こえなかったのに、だんだんとなりの人の楽しそうな声が聞こえてくるようになってきた時はとてもうれしかったです。

　歌のテストをした時は、みんなの声に気持ちがこもっていて式典では絶対成功すると思いました。

　いよいよ式典の前の日。1人ずつ反省を言った時はたくさんの反省が出ていて明日本当に全部直して歌えるか心配でした。

　本番。とても緊張していて朝に1人ずつ意気込みを言った時には本当にうれしかったです。なぜかというと、みんな確かな目標を持っていたからです。

　5・6年生の発表の時は、みんなでくいのないよう楽しく歌えました。みんなが1人1人やりきった瞬間は特別なものでした。」（Oさん）

　・・・・ここには、嫌いだった音楽や歌の呪縛や苦手意識からの解放。人前に立つ恥ずかしさからの解放と子どもが自分自身を解放していく姿があります。下級生への配慮や下級生からの励ましなど学年をも超える学校の一体感が表れています。

　5年生のノートには、

「今の式典は歌いすぎて、もうおなかペコペコです。一番いいのはまさしくんとかソロの人はあんないっぱい人のいる中で、1人で

歌うのはすごいと思います。あと、みんな１つになったらすごい大きな声を出せることが今日わかりました。」（Ｓくん）

　・・・・・友達への率直な驚きと新しい発見。友達に対する評価の変更があります。一つになった時の凄さが表わされています。

　また、４年生の学級だよりには
「今日は、式典でリコーダーで少しまちがえてしまったけど、楽しくできてよかったと思います。５・６年生の表現がじょうずで、５・６年生になったら、それぐらいやりたいです。」（Ｍさん）

「今日は40周年きねん式典でリコーダーをやって、○○（名前）てきには、ちょっとうまくいったと思います。５時間目に算数をやっておもしろかったです。」（Ｊさん）

　・・・・・高学年へのあこがれ、目標となる事実を高学年が示すことができたことが書かれています。また、算数が苦手なＪさんが、「算数がおもしろかった」というのにも、変化の兆しが表わされていると思います。

＜これからのこと＞
　夏休み前後から、学校のあちこちから元気で楽しげな歌声が聞こえてきます。生気に満ち溢れた楽しさとエネルギーを感じました。
　夕方までグラウンドで遊んでいた６年生の女子が４・５人で帰りの道すがら「ムクドリムクドリ飛んで来い。ムクがなければカネ落

とせ、カネ落とせ」とハーモニーを笑いながら口ずさんでいました。なんの衒いもない純粋で素朴な美しい姿に出会ったと思いました。

　ある一定の水準になると子どもたちは「動きが素早く」なったり、「反応できる」ようになったり、「的確」になったり、「集中」できるようになったり、「場面を状況をつかむ」ようになってきます。一般的な意味での学校教育での「学力」のレベルを超えて人間の資質形成にかかわる内容となってくることがあると指摘する教育学者がいますが、私も同感です。

　今回40周年記念式典の取り組みの後、それぞれの学年で子どもたちに変化が出ていると思われます。例えば、学習発表会の練習などで以前に比べ、歌の声が大きくなったり、堂々と演技するようになったり、何か「動きが素早く」なったり、「場面を状況を的確につかむ」ようになったりしてきたのではないでしょうか。

　大きな経験や試練を乗り越えた子どもたちは、今より一歩高い次のステップを要求します。子どもたちはエネルギーを蓄えた分そのようになります。教師の側に次に打つ手がなければ、停滞するどころか、逆にマイナスの方向に進むことさえあります。

　今回得た力を間近に迫った学習発表会へぜひつなげていきたいものです。毎年定期的に繰り返される催しとしてではなく、教育の営みとしての意味をもつものとなるよう、子どもに感動を与え、その心を解放し、成長のための糧となるような指導をまたよろしくお願いします。

　下にあるのは、今年度「学校経営方針」の中の「推進の重点＝実

現のための具体的手立て」です。

2) 質の高い授業成立のための学級の耕しを合唱や表現活動で行います。

○「表現すること自体」が人間にとっては喜びです。生き生きと豊かに表現することは、「私はだめだ、どうせ無理」「間違えたら恥ずかしい」などいじけや自信をもてない心から子どもたちを解放し、自主的で強い子どもたちにします。また、表現は教師にとって「子どもと子どもをつなげ、結び付ける」有効な教育活動であり、子どもにとってはおたがいに呼吸を合わせ、反応しあえる素晴らしい教材となります。それは、質の高い授業ができる学級になるための耕しになります。今年度から、合唱や表現活動を学級学年づくりに位置づけ、日常的に行っていきましょう。その交流を通して、全校の子どもたちが刺激し合えることになります。教師も他の学年の子どもの育ちが見えます。また、学習発表会や卒業式、開校を祝う会などの行事にも結びついていきます。

　上記の「推進の重点　2)」は前期を終わった現時点で、子どもたちのがんばりと先生方の指導のおかげで順調に進んでいます。

　引き続き、後期の指導もよろしくお願いします。

学校づくりの経過

1　はじめに

　今年、札幌市立発寒南小学校に校長と赴任して3年目を迎えた。

　1年目は、雑草を取り、土地改良を断行し、耕し、土づくりの年であった。2年目は、いろいろな種を植えた。そして、今年3年目。ようやく芽が出かかっている。それを大切に育て行こうと思う。

　しっかりと根付き、茎や葉が大きくなるのは、たぶん4年目の来年の話である。そしてようやく花が咲くのは、また次の年であり、実をつけるのは、さらにまた次の年になるだろう。

　このように、学校づくりは時間のかかるものである。そうそう簡単にはできない。それゆえ、一般的にほぼ3年で職場を変えられる札幌市の校長は「大過なく、無難に務める」習性にさせられてしまっている。

　子どもの力を引き出すのは担任の仕事であり、担任の力を引き出すのは校長の仕事である。そして、校長の力を引き出すのは教育委員会であるはずだが、残念ながらそうなっていない。

　当面、私の最大の関心事は、来年も発寒南小にいられるようにすることである。

2 変わってきた学校

□共通の実践方向を探る

私が赴任する前の年まで行っていた校内研究の全面的な見直しをして、研究・研修の方向を変えた。先に**「発寒南小学校の実践の方向」**で述べた実践の骨格を次々と打ち出していった。

箱石先生から、「指導主事の提案するような文句のつけようがない正しい提案」で教職員の心に届くかどうかは疑問であることをたびたび指摘されたが、校長としては、年度当初の「学校経営案」という形で示さざるを得ず、「旗振り」はある程度仕方がないと思う。しかし、教職員にとってはこれまで見たこともないような学校経営案で驚きと共に、その明確さを肯定的に受け入れられたと感じる。

1年目終了間際の2010年3月5日に初めて箱石先生に来校していただく。岡山から新免校長も一緒だった。OKT先生の「春」の授業を参観していただいた。

教職員には、来年度から箱石先生を本校の研究講師に招くことを伝えた。

□歌声が響く学校

2年目は10月にある「開校40周年記念式典」を学校づくりの契機にすることが当面の課題であった。

あまり歌声の響かなかった学校から、教室のあちこちから式典で歌う「子どもの四季」や全校合唱で歌う「みんなで行こう」などが聞こえてくる学校に変わっていった。子どもたちが歌が好きになり、そして上手になっていった。

箱石先生には、5・6年生が歌う「子どもの四季」の指導をお願

いした。

　1980年代の東京都の瑞穂第三小学校の実践・公開研での表現方法や質と四半世紀を経た現在の発寒南小でのそれとは少し違ったものになっているかも知れない。低・中・高学年、それぞれに見合った自然な発表であった。「開校40周年記念式典」は成功裏のうちに、教職員にも変化を促していった。

□全校研究授業

　担任全員による校内研究授業の公開は2年目より定式化した。教科は国語。昨年度の校内研修・研究には大きな成果があった。

　第1に、個々の担任一人ひとり全員が研究授業を共通した国語科で公開することができた点。一昨年度は学年共同で授業をしたり、いろいろな教科で授業をしたが、昨年度はブロック研究を基盤としながらも、個々の担任が自分の学級の子どもたちと授業するという日常最も基本的な形態で、しかも国語という一番授業時数の多い教科で研究授業を公開し、授業づくりの原則を学習ことができた。

　特に、ＦＫＪ先生の昨年度の「ちいちゃんのかげおくり」、今年度の「白いぼうし」は授業づくりのモデルとなった。心ある若い教師は、ＦＫＪ先生の実践を手本に実践を進めるようにしている。

　第2に、公開の全校研究授業後の研究協議が充実していた点。教材解釈や事前に子どもの疑問や考えをつかむこと、さらに一斉授業の前に一人ひとりの子どもの個人学習の重要性が共通理解された。

　さらに、研究協議での話が教材解釈や子どものとらえ方、これからの研究をどうしていくのか、本質的な話し合いがされている。

　第3に、今年度の実践発表会に向け、その方向性を研修を通して

理解が深まった点。マット運動や合唱指導、表現活動など幾度かの研修会をもつことができ、最後は箱石先生のお力を借りながら、公開の教育実践発表会の共通のイメージをもつことができた。

　しかしながら、最も大切なことはこの取り組みの底に流れている思想や願いの把握にあった。子ども一人ひとりが一人学習ができること、マットや跳び箱運動で技ができることや人前で堂々と自分を表現できることは確かに大切なことだ。しかし、それは最終的な目標やねらいではなく、極端にいえば、たとえそれをできなくともよい。一番大切なことは、それができることではなく、それを通して子どもが自立していくことだ。自立させる手立てが一人学習であり、マットや跳び箱運動や表現活動なのだ。子どもの力・子どもの可能性を信じ、自立していく手助けをするという思想であり、願いが共通理解できたということ。

　次に、校内研修・研究を通して、これからの課題も見えてきた。

　1つは、教材解釈のとらえ方がまだ充分に共通のものとなっていない。必要なのは、指導書にあるような一般的な解釈ではなく、個々の担任の先生が自分をかけた独自の解釈をすることだ。それを基に授業の構築ができるような質の教材解釈が必要である。

　2つ目は、子どもの一人学習をどのように進めていくのかという点。特に低学年での実践はいかにあるべきなのかこれから模索しなければならない。

　3つ目は、音楽での歌唱指導、体育でのマットや跳び箱指導、表現活動の指導での教師の指導力向上。試行錯誤しながら、子どもたちの最も本質的な美しさや強さを引き出したいものだ。

□校内研修の充実

　箱石先生が研究講師として来校するようになって、経験したことのない研修が始まった。

　「利根川」は教職員で、すでに何度も行った。マットや跳び箱の研修も複数回行った。ＦＫＪ先生やＫＵＮ先生、私自身も講師となった。しかし、何といっても、箱石先生の研修がこれから本校が進む方向を先生たちに明確に示すことができたと思う。

□悩みだす教師たち

　これは、箱石先生が予想してきたことであるが、今まで、他の学校で指導力のある熱心な教師と言われてきた先生も、全校研究授業後の研究協議ではいろいろと厳しい指摘を受けるようになってきた。今まで経験してきたことが、本校では通用しなくなってきている。

　授業づくりもマットや跳び箱の指導、合唱指導など具体的な形で教師一人ひとりの実践が問われている。

　指導に熱意をもってやってきた教師、その中で自信をもった教師ほど悩むかもしれない。授業観や子ども観の転換ぬきに先へは進めなくなる。

□私自身の変化
○子どもの自立につながるか

　自分が担任教師の時は、自分が勉強して学んだことを基に、かなり無理をしてでも子どもを自分の意図する方向に引っ張ってきた感じがする。教師の企てや企みのない授業などありはしない。子どものために良かれと思ってやってきたことであるし、それなりに子ど

もたちも力が付いた。

しかし、今、箱石先生が直接子どもたちを指導する姿を見て、当時の指導が子どもの自立につながっていた指導だったか言えば、それは疑問である。

国語で言葉に依拠した読み取る力、算数で論理的に考える力、社会や理科で社会科学や自然科学の認識の獲得、体育・音楽・図工ではいろいろな技能の獲得をめざしてきた。しかも、教育内容の獲得にとどまらず、授業を通して、子どもの集中力だとか計画性、忍耐力や持続力、社会性や集団性の獲得までも考えていた。

微妙なニュアンスの違いを説明するのはかなり難しいが、「授業＝学習の主体者があくまでも子どもである」「子ども自身が自分の力で獲得する」ことを教師が深く認識できるかが最も大切なことであることがようやくわかってきた。

教育の最終目標は自立した人間にすることである。

○無理のない自然さ

どこかに力みが入ると、どうしても無理な力がかかる。そうすると教師も子どもも疲れてしまう。何をするにも面白みがなく、楽しくない。何かが違うと感じながら、どんどん子どもとかけ離れてしまう。例えば、喋りまくる教師がいる。自分では一生懸命に教えているつもりだろうが、子どもはあくびばかりしている。ふと見る余裕さえない。

子どもの出す事実に対応した指導が必要である。相手があることなのだ。一人芝居ではない。子どもと一緒に楽しみ、悩めばよい。

127

授業づくりの実際　感想1-1　4月

　今年度初めての箱石先生の来校が4月21（木）・22日（金）の両日あった。

　年度当初2週間しか経っておらず、慌ただしい中での来校となったが、学校の実践の方向性をはっきりさせることができた点で非常に有効であった。

　2日間の日程は以下の通りであった。

4月21日（木）

　2校時　4年生　　音楽「さくらさくら」

　3校時　5の1　　音楽「春」「河原」

　4校時　4年生　　体育「前回り」

　5校時　3の2　　音楽「春の小川」　体育「ゆりかご」

　6校時　6の1　　体育「行進」　音楽「ふるさと」

　放課後　「利根川」実技演習

4月22日（金）

　2校時　1年生を除く全学級学習参観

　3校時　2の2　　音楽「やまびこごっこ」「かくれんぼ」

　4校時　3の1　　音楽「春の小川」　体育「ゆりかご」

　5校時　2の1　　体育「前回り」「腕立て開脚飛び上がり下り」

　放課後　マット・跳び箱実技演習（内容と系統）瑞穂三小体育のビデオ

　箱石先生の指導の中で、私が勉強になり、重要ととらえた点を紹介したい。

4月21日（木）2校時　4年生　音楽「さくら」

　4年生は学級解体がなく、しかも担任は2人とも持ち上がりである。

　昨年1年間、ＦＫＪ先生のねばり強く丁寧な指導で子どもたちは一変した。2組のＴＫＭＴ先生もＦＫＪ先生の指導を手本によく指導していた。

　「さくらさくら」の歌声も柔らかなで丁寧であった。しかし、そのよさを認めた上で、箱石先生はその歌い方にうねりがなく平板であると指摘された。それは、教師に曲に対するイメージがないためであるとし、遠くの桜に呼び掛けるように指導された。特に、最後の「はなざぁか〜り〜」を取り上げて、1音1音、身体に対応させるようなゆったりとした情感あふれる指揮をされた。「指揮は舞踊表現である」とも話された。力が抜け脱力した指揮であった。

3校時　5の1　音楽「春」「河原」

　ＯＫＴ先生は、箱石先生から貪欲に学ぼうとする誠実さがある。昨年まで先生から学んだことを音楽「春」（滝廉太郎）で見てもらおうと意欲的・積極的な指導をした。呼吸の仕方、発声の仕方の基

本を押さえ、声を遠くまで出させようと身振り手振りを交え体育館中を動き回り頑張っていた。しかし、先生が頑張る程に子どもの声は出ていない。どうも子どもとの対応ができていない。箱石先生はそれを見て、正攻法でやり過ぎであるといわれた。また、子どもの様子を見て、子どもたちが重い。弾みがないと言われた。

　実は、始業式以来、５年生はいじめたのいじめられたのと、はるか低学年の頃から引きずっていたことまでもちだして親が火をつけ、親子３組を巻き込んだごたごたがあった。子どもの成績のことで教育委員会まで電話した親もいる。学級編制された５年生を受け持った２人の担任は始業式からの10日間ほど親からの理不尽な電話や懇談で、ほとんど疲弊していた。

　子どもたちは真面目であるが、何かすっきりと解放されていない。誰かがやり始めるまでじっとしていて、評価を気にしながら、牽制し合っているようでもある。昨年担任したＫＵＮ先生も折につけ「どうも子どもが変だ」と言っていた。箱石先生はそんな子どもたちを敏感に感じとっていたのかもしれない。

　ＯＫＴ先生の指揮は柔らかで良いのだが、子どもたちは呼吸もできないし、声を前に出せないでいた。ＯＫＴ先生は困り果てて箱石先生に助けを求めた。

　「はるのうららのすみだがわ・・楽しい曲ですね。歩かせてはどうでしょう。もっとリラックスさせてね。」そういうと、子どもたちを歩かせながら歌わせようとした。しかし、始めのうち子どもたちは団子のように固まってしまったり、ピアノが前奏を奏でても足踏みさえできない。歩きだしても足取りが重い。しかも逃げるように壁に向かって歩き始め、くっついて団子のようになる。「ちっと

も楽しそうじゃない。もっと広く使って。軽やかに。さあ、もう一度。」次々と注文が飛ぶ。「この子たちはまだ解放されていないんですよ。こんな遊びはすぐにできるはずなんですが・・・。」

　２組の子どもも同じように指導した後、再度１組の子を呼んで、もう一度指導した。

　このあと、子どもたちのステップがだんだん軽くなってきて、それに伴って、喉で歌っている子も多かったが、声も出るようになってきた。

　しかしながら、子どもたちを解放するのには時間がかかりそうである。けれども、担任の先生は２人とも一生懸命なので大丈夫だと思う。

４校時　４年生　体育「前回り」

　子どもたちが次から次へと出て来て一人ひとり前回りをする。「手の付き方がよかったね」など子どもたちの様子を見て時折コメントを入れる。

　一人ひとりの子どもに対するコメントは以下、次のようなものであった。

　「最初から首を下げないでやるといいです」「うん。もう少しつま先で立つようにして、そこで支えて、我慢するようにして」「膝が伸びないのかな？　手と足の距離が短いんじゃない」「いろんな子がいるからみんな同じじゃなくていいんですよ。そのうちに伸びてくるかもしれない」「肩を出して行って」「けらないで、つま先で

グーッと立つようにして行って。先生がもっていってやって感覚を覚えさせて」「流れがいいね。よかったね」「惜しかったね、もう少し早く頭を入れるとよかったね」「1回チキンと立ってごらん。そして深呼吸してごらん。それから準備する。すると余計な力が抜けて、落ち着くから」「うん、腕を上手に使ったね」「深呼吸して、心を落ち着かせて、準備ができたら始める」「きれいだったね。いい流れだね」「この子は腕に撓みができてない」「けってしまっている」「流れが大切なんです。多少形が崩れてもいいから、流れが大切なんです。その子その子の流れがあれば、同じ形でなくていいんです」「いい姿勢だね。肩を前にずーっと出してくる」「ああ、最後ね。膝を折らないと回れないんではないかという観念があるのではないかな。力を抜いてやるといいんですがね。自然に足がくっついていくわけですね。腰の回転に合わせて、足も付いていく。その感覚になればいいんです」「あんまり頑張りすぎると崩れっちゃうから。あんまり頑張らないで、すぐに回ってしまう。腕の使い方を学んでね。そのうちに回れるようになるから」「もう少しマットをつかむようにすると、腕が使えるようになる」「この子もそうです。もう少し腕立てができるようになればいい。もっときれいになるから」「そうだ。深呼吸がいいね」「前回りが基本だからね。どの学年もやった方がいい」

このあと、2組の子どもたちが行った。

そばで見ていて気づいたことだが、できない子には無理をさせず、意欲をなくさないように優しい言葉を投げかけ、配慮されていた。一方、ある程度できる子には次の一歩への要求がなされていた。

　また、あくまでも自然の合理とその子のもっているリズムで快く回ることを基本にして指導されていた。

５校時　３の２　音楽「春の小川」

　一度歌ってみる。まだ、遠慮がちで歌に生気がない。

　「佐藤君やってみて。心も身体も解放させて、子どもたちの昆虫的本能を呼び覚ましてください」。そう言われ、この後、５・６分、曲に合わせてスキップさせたり、自由に表現させたりしながら歌わせた。子どもの地の声が出始めたところで子どもたちを座らせた。

　箱石先生は担任の先生を呼び、「子どもって、小さいうちは昆虫的な本能をもっていて、それを呼び覚まして、あんまり上手く歌わせようとしないで、別のものになってしまうから。お勉強しなければならないってね。自然に出させるようにね」

　続いて、私に、「ただ、動かせばいいって言うものじゃない。歩き方にリズムがあるか、スキップに軽やかなリズムがあるか。乱暴なスキップならかえってだめになってしまう。それを見分けて指導しないと、これをやってもだめですね」「つま先を使って柔らかく歩いてみましょうか。乱暴だとだめです」

　再び、私が半分の子どもでやってみる。

「今は、歩き方に力みが入ってるから、声が出ないんですよ。子どもたちが疲れてしまっているんですよ」

　その後、あとの半分を箱石先生が指導される。子どもたちの声が出てくる。

「後は、呼吸を入れる。歩き方と呼吸を入れる」「乱暴にならないようにね」

　柔らかなステップで、子どもたちに近づいたり、離れたりしながら、また、呼吸をさせるところでは軽く跳ねたりしながら子どもたちから声を引き出していく。さらに、子どもたちの声が出てくる。「これが基本なんです。子どもたちはもともともっているんです。気持ちを解放する。」

「今度は歩かないで、歌ってみるよ。心の中で、気持ちの中で歩るくんです。心の中で楽しく軽くんです。遠くの方の小川に呼び掛けてみてね」

　子どもたちが担任の指導で歌うが、息が吸えないためにやや音量が下がる。途中でとめて「たくさん息を吸うんです。オーーイ」体育館を声を出しながら歩く。子どもたちは笑って見ている。とても良い声になる。

「よかったじゃないですか。こんなに上品に上手になるんですね」

体育「ゆりかご」

　一人ひとりの子どもが行う。

　一人ひとりの技に掛けた指導の言葉は以下のようなものであった。「そう、頭を膝に入れてしまうと、背中が丸くなるから。それからね、手は足首のところをもってね。そうすると戻ってこれるから」「始める前に、もっと準備してから始められるといいね。準備できないうちに始めちゃってる」「頭が付くと、自然に戻ってくるから

134

ね。そうだ、上手になったね」「ああ、早すぎた。もっと準備をしてから」「なるべく足の下のほうをもって。その方が合理的に戻ってくる」「もっとお尻を上げる。ビューンと、戻ってくる時に膝と頭が開かないように」「おっ、すごい。上手だね」「姿勢が大事なんです。最初の姿勢がね。あせならいで」

「膝を割って頭を入れるくらいでもいいですよ。背中が丸くなるからね」「足の下のほうをもつと、背中が丸くなるんですよ。ちょっと早すぎるから、もっと準備してね」「はい、とっても上手だったね」「ターン、タンというリズム」

　担任の先生に、「始める前にうんと準備してから始めるといいですよ。無造作にふっと入るのではなく、ちゃんと気持ちを整えて、技の姿勢の準備をして丁寧にやらないと。それはいろんなことにつながっていきますからね。ぐちゃぐちゃってやってしまうんではなくて、形をなんとなくごまかしてやったことにしてしまうのではなくて、そういう集中や丁寧さを、こういう体育を通してつけていかなくてはならないんです。できたら、ただ万々歳ではなくて、体育のこういう技を通して子どもたちにつけていかなくてはならない。それを通して子どもを訓練していかなければならない。力をつけていかなくてはならない」

6校時　6の1　体育「行進」　音楽「ふるさと」

　前半に行進をした後、「ふるさと」の指導に入った。
　子どもたちを座らせ、歌の基本を縷々説明した後、歌わせた。指

揮を見ていると、息を吸わせるタイミングなどぴったりとしていたし、なにより6年生の子どもたちが音量豊かに元気に歌っていた。

「とってもいい声が出ていて、いいですよ。力が抜けると、もっと楽に歌えると思います」とおっしゃりながら、箱石先生の指導が始まった。

「肩の力を抜いて、自然に立ってね、息を吸う時に身体が開くように。この歌はあんまり頑張って歌わなくてもいいです」

子どもたちが歌いだして、顔や首筋に力が入っているのを見て、すぐに止めて、「あんまり力を入れない。あんまり頑張らないで歌ってください」子どもたちの身体が動かないのを見て、また止める。担任の先生に向かって、「子どもたちの身体が動かないですね。こぶなつりしで開けないでしょう。6年生の利根川はとても難しい曲だから、身体をうんと柔らかくリズミカルに使えないと声が出ないです」。子どもたちに向かって、「みなさん、とてもよく歌っているし、真面目だし、いいんだけど、これから中学生が歌うような歌に挑戦するんだけど、そのためには身体をリラックスして柔らかく使わないと挑戦できません。だから言ってるんだけど。もっと柔らかく歌ってください。」「ちょっと歩いてみましょうか。基本のリズムがないんです。タンタンタンタータタ」「みなさん歩いてみてください。足踏みして。軽くね」

徐々に声の質が変わってきたが、まだ重く感じられたのか、ピアノ伴奏のテンポを上げさせてまた歌った。

明らかに歌が柔らかくなった。「そうです。これが基本の自然なリズムです。それじゃ今度は、少し体をゆすって歌ってください。柔らかく」「最後に歌ってみましょう。柔らかく、軽やかに。歩い

てもいいですよ。歩かなくてもいい。でも、歩いているように軽やかに。はい。」

　前奏のところから先生は軽やかにステップしている。子どもたち歌い出すが、うさぎおいしの「う」が始めから力んでいるのを聞いて、また止める。「うっ〜さぎ」と、演歌歌手の出だしのように歌って、（周りで見ているものは笑っている）「それじゃだめです。それは演歌ですね。もっと軽やかに。力抜いて」。子どもたちが歌い終わる。「これでいいんです。自然に歌うことが基本です」

　実は、担任の先生の指導が始まってややしばらくして、私との会話の中で、「子どもを自分の手の内に入れている。教師は子どもの出す事実に方向づけることが必要なのであって、自分の思うがままに動かそうとするのはだめだ。善意でやっていても指導の思想と方向が違う。子どもを手なずけてはいけない」と話された。昨年の「子どもの四季」がああいう歌になったのも理解できたとのことだった。

　この話には、本当に驚いた。

　担任の先生自身も学生のころ、合唱団にいて歌っていた。だから耳が利く。音の外れやリズムやテンポなど音楽専科ではないが音楽の指導はうまい。だからこそ、そうしてしまう落とし穴があるものなのか。先生にとっても私にとっても極めて困難で厳しい課題である。力みをとって極自然に歌えることがまず何よりの基本であることがわかった。

放課後　「利根川」実技演習

　体育館で１時間ほど「利根川」の実技指導を受ける。新年度に入ってから、３回ほどＦＫＪ先生を中心に研修をしてきたものに手入れをしていただいた。

４月22日（金）２校時　１年生を除く全学級学習参観

　今年度転入してきた先生を中心に参観された。
　特別支援学級「わかば」では子どもたちから箱石先生に質問があった。「先生の一番好きな食べ物は何ですか？」に「お酒とお刺身」と即答されていた。
　教室に入った瞬間に、その雰囲気をつかみ、短いコメントをされていた。教師が大声で話し、言葉を大切にしていなかったり、子どもの発言に価値づけや評価がなかったりすることに敏感であった。

３校時　２の２　音楽「やまびこごっこ」「かくれんぼ」

　担任の先生は、今年度隣の小学校から初めて転勤されてきたまだ20代の若い女性教師である。２日目の放課後にあった体育実技研修では率先して技を行う積極性もある。音楽に長けていて、特に、リコーダーの指導で全道大会にまで出場させたとのことである。
　「やまびこごっこ」は、基本的には自然に歌っていたが、受けの

タイミングがぱっとできない印象であった。そこで、箱石先生は、歌のテンポを上げて指導された。子どもたちが乗ってきて大きな声で歌い出すとどなり声になってしまい、音がくるってしまう。身体のコントロールでの発声が必要であることをおっしゃっていた。

　その他、子どもたちの足音を気にされていた。

4校時　3の1　音楽「春の小川」　体育「ゆりかご」

　はじめに、子どもたちが歌ったが、ほとんど歌にならず。担任の指揮も機械的であった。

　自分をさらけ出して奮闘することはかっこよくないことだと思っているようだ。だからいつも子どもと距離がある。

　私が出て行って指導する。「みんなの身体はまだ冬のままだよ」と、言いながら伸びをしたり、ふきのとうが芽を出すように下からずんずんむくむく身体を揺らしながら、ジャンプしたりしてから歌った。2倍くらいの声になった。「みんなの口もまだ冬だね。もっと大きく開けよう」「それから、春だからちょっと身体を揺らしてみようか」子どもたちがにこにこしながら体を揺らし始める。「そんなに揺らしたら、それは夏のサーフィンだ。それは違う。春は優しい」軽く身体を揺らして、春の喜びを表現した。「そんなにどんどん足踏みをしない。もっと軽く優しんだ。できるかい？」子どもたちの声に伸びやかさが出てきた。

　そのあと、箱石先生にバトンタッチした。「春の小川は遠くにあるんだよ。あそこまで声が届くかな」子どもたちどなるように声を

出して「オーイ」とやる。先生は耳を押さえて、子どもにやめさせてから、たっぷり息を吸って、「オーーーーーーイ」とやる。「みなさんのはオーイだ。いいかい。やってみるよ」「ほっぺたや首に力を入れない」おでこのあたりを押さえながら「ここからオーーーーーーイ」。息を吸わせて、やってみる。だんだん出てきたところで、「先生の指揮に合わせて歌うんです。手をよく見て、声を出すんです」伴奏をゆっくりさせ、「難しいよ。できるかな？」子どもたちが先生の手の動きに合わせて歌い始める。ゆったりとして伸びやかでいい声である。どんどん子どもたちから離れて行って、両手で両耳を押さえながら、ここまで出すんだという合図を送る。

　子どもたちの声はそれに伴ってどんどん出てくる。「今の声は柔らかくていい声だ。もう一度歌ってみましょう」「上手だったね。みんないい声だね」

　この後は、体育マット「ゆりかご」の指導であった。

5校時　2の1　体育「前回り」「腕立て開脚飛び上がり下り」

◇『腕立て跳び上がり下り』

　基礎（助走・踏み切り）ができていなかった。基礎ができていないというより、そういう見方ができていないという方が正しい。「基礎」ということの意味が、どうも曖昧なのだ。

　「腕立て跳び上がり下り」なので、踏み切った後、腕で支えながら跳び箱にお尻を下ろす。そして腕で掻くように跳び箱を叩いて下

りる――。始めてからまだ一、二回しかやっていなかったから、ま
ずそういう流れでやってみようと思った。

　それでひと通り跳ばせてみたのだが、指摘は次のようなものだった。

――「助走が合っていない、膝が使えていないこと。そういう基礎
ができていない。まず、その指導が必要だ。跳び箱の上での腕の使
い方や動きまでやってしまうと、そこが中心になってしまって助走
の問題が曖昧になる。むしろ、跳び箱を外して助走だけを練習する
方がいい。」

　それで跳び箱を外して、三歩助走だけにしてみたのだが、それが
全然できないのだった。助走だけなので、できていないのがよくわ
かる。こんなに難しいことだったかと思うほどだ。
　「ポン、ポン、ポーン」という簡単なことのようなのに、それが
うまくできない。膝が固く踵からの助走になる子。両足を揃えて踏
み切り板に入れない子。踏み切る時に膝が使えない子……。こうい
う基礎ができていないまま、跳び箱を跳ばせようとしていたわけだ。
　そういう基礎になるところにパッと目がいくかどうか。そこを曖
昧にしたまま進んでいくから、ある段階で難しくなってしまう。
　基礎をきちんと入れるということ。ここでは何を入れていくか、
教えるかということ。

◇『前まわり』
　こちらの方を先に始めていた。やっと指導が入るようになってき
たところ。腕で体重を支えながら体重を前に移動して回っていくと

いうよりは、腕を使いながら身体を前にして回るという感じ。

　まだまだ腕は十分に使えていないけれど、前回りの基本は入ってきただろうか。子どもが手のつき方や腕に気をつけながらやり始めている。少しずつ腕も使えるようになっていくと思う。

　ひとつ指摘があったのは、「回る時に、頭を両手の間ではなく、もっと前の方につけて」と言ってきたこと。

　回る時に、どうしても肘を折ってしまう子が何人かいた。肘を折ってからその間に頭をついてしまうので、そうならないように頭を前にと言っていたのだが、それは難しいのではないかということ。

放課後　マット・跳び箱実技演習（内容と系統）瑞穂三小体育のビデオ

　箱石先生に用意していただいた「小学校体育科（マット・跳び箱）の内容と系統」に基づいて、本校の比較的若手の教師が実技しながら一つ一つの技について体育館で解説をしていただく。約1時間。

　易しいと思われる技でも実に難しいことがみなさんに伝わったと思う。

　後半は、3階の多目的室に移動して、瑞穂第三小の公開のビデオを見ながら、先ほど実技した内容について、子どもたちの技を見ながらさらに大切なところの解説をしていただく。この解説の中でポイントとなることがたくさんあった。

今回の指導を参観した先生方や担任の先生方の感想１－１

箱石先生の指導から　保健主事　ＯＫＢ教諭

　「ゆりかご」の指導の中では、その子にとって必要な助言を、丁寧に、具体的にわかりやすい言葉でしていらしたのが印象に残りました。

　マット運動の学習の時、私は何かと手を携え体で覚えさせようとしてしまいがちでしたが、具体的に言葉で伝えることで見ている子にも同じように伝えることができるのだなあと思いました。子どもたちが自分の番がきた時、前の子の受けた助言を十分意識してやろうという様子や、自分のできはどうだろう、先生にどんなことを言われるのかな、と期待する様子も見られました。一人ひとりの、一つ一つの動きをきちんと見取り、ここがよい、こうするとこんなによくなるねという先生の明確な評価が子どもたちの意欲につながっていました。

　運動量を増やしてとにかくやらせようとなりがちな体育でしたが、基本となることをしっかり身に付けさせる時間、一つひとつの動きを集中して丁寧に取り組ませる時間の大切さを改めて考えさせられました。

　「合唱」の指導では、詩をイメージし、歌で表現させる難しさを感じました。

　今まで教えていただいた呼吸を大切にした発声でのびのびと歌うだけでなく、歌の世界を表現するための、強弱やリズムの工夫、そ

してテンポを変える効果など様々な方法を示していただきました。

　実際に、どのように歌うかは、その子どもたちが詩の内容を理解し、こんな風に表現したいなあという自分のイメージや考えをもちながら練習すること、そしてよりよい表現にするために実際にやって試行錯誤していくことが大切ということがわかりました。

　ただ、今の子どもたちはたくさんの言葉にふれる機会が少なくなり、自分が興味のあるもの、身近なもの、経験したもの以外のことはなかなかわからないという面が見られ、取り上げる曲（教材）の難しさというもの感じます。

　そういう教材に向かわせる時、子どもにイメージをもたせるためにどのような手立てがあるのか教えていただきたいです。

　発声に関して・・

　変声期をむかえた子どもへ、どのような助言をしたらよいか、ぜひうかがいたいです。

　いつも言われていますが、「教材解釈の大切さ」は、どの授業をみせていただいても、本当に実感します。その気持ちは子どもたちのためによりよい授業をしたいという先生方の一生懸命な姿勢につながっているなあと思いました。

箱石先生のご指導を受けて　　５年２組　ＭＫＮ教諭

可能性を引き出す　教師のかかわり

　子どもには、もともと可能性があり、それを引き出すのが教師の

仕事である。とても、印象的な言葉でした。そして、箱石先生が子どもから可能性を引き出す様子を目の前に見ることができました。どんどん、子どもたちの歌声や動きが変わっていく。引き出す瞬間を感じられたことはわたしにとって貴重な経験でした。

可能性を引き出した後の教師のかかわり

　箱石先生は、しきりに「いいね。」「ほら、気持ちがいいでしょう。」と子どもたちに語りかけていました。この言葉は、可能性を引き出した後に子どもたちに投げかけられたものです。可能性を引き出したとしても、次の可能性を引き出せないと意味がありません。このようなかかわりは、次の可能性を引き出すきっかけになっていると思います。子どもが、可能性を引き出せてよかった。もっと、可能性を引き出してみたい。と思えるようなかかわりが大切であることを学びました。

今後の課題

　可能性の引き出す方法、内容、瞬間、意味付け、価値付け、次へのつながり…実際に自分でやってみないと意味がないと思っています。これは、本で読んでもできるようにならないのと同じように、見ているばかりではできるようになりません。実際に、実践を重ねて体で覚えていきたいと思います。そして、私自身も可能性の引き出し方について、探っていきたいと思います。

箱石先生のご指導を受けて　3年2組　TNK教諭

　今年から、発寒南小学校に赴任したばかりで、マット運動、とび箱、音楽の指導について本格的な研修を受けたのは初めてだったので、箱石先生のご指導はとても興味深く、学びの多いものでした。ありがとうございました。

　日々、子どもを指導する中で、こういう子どもにしたいという像をできているが、いざそこに近づくためにどんなふうに指導していったらよいのかという点について悩んでいました。

　箱石先生に指導していただいた「春の小川」を通して、子どもたちが声を出すためには、こちらがどれだけ声を出すようにと指導しても出せる程度には限りがあるということを改めてわかりました。

　子どもたちが声を出したい、歌いたい、自分で考えて動きたいと思えるようなこちらのかかわりなくしては、子どもの力は引き出せないのだと思いました。だとしたら、これからはその引き出し方をいかに豊かにしていくのかが私にとってとても大きな課題だなと思っています。

　具体的な技術として、今後、指揮の仕方、声の出し方のイメージの伝え方、子どもたちができたと感じられるためのマット、とび箱運動の段階的な指導法などをぜひ教えていただきたいと思っております。

箱石先生のご指導を受けて　2年2組　YAS教諭

○表現について

　2年生は「山びこごっこ」の指導を見ていただきました。

　教室で、曲に親しみ元気よく歌うことまではできていましたが、ご指導の中で、体育館の広さを生かしてのびのびと声を出させること、呼びかけるように歌うことを意識させることができました。子どもたちも楽しんで取り組んでいました。

＜課題と思われる点＞

・全体として、元気に楽しんで歌うことのできる子どもたちです。しかし、場所や状況に気持ちが左右されるのか、声量・歌い方にかなりムラがあるところもあります。「なんとなく、とにかく大きな声を出せばよい」ではなく、歌うこと・声を出すことそのものを少しずつ意識化させていきたいと思います。

○体育について

　2年生のマット・跳び箱の指導を参観しました。

　手のつき方、指導のポイントなどを実際に子どもの姿を通して教えていただき、とても勉強になりました。

　研修では、マットや跳び箱の系統を詳しく知ることができ、「ゆりかご」や「踏み越し」「跳び上がり下り」など、低学年で学習する技がどのように高度な技につながっていくのかを学ぶことができました。今までほとんど勉強したことがなく、受け持っていた高学年で「前転ができない」「跳び箱が全く飛べない」という子も少なくありませんでした。　また、低学年の「ゆりかご」「踏み越し」は

ただの準備運動、遊びの延長のように扱ってしまうことも多くあり
ました。ひとつひとつの動き、体の使い方を教師側がきちんと把握
し、子どもに指導していくことの重要性を今回学ぶことができたの
で、今後の指導に生かしていきたいと思います。

マット・跳び箱実技演習（内容と系統）

　体育館にはマットと跳び箱が用意してある。

　最初の1時間は、箱石先生に体育館で先生方に実技指導をしていただいた。先生方には箱石先生が用意してくださった「小学校体育科（マット・跳び箱）の内容と系統」のプリント（参考資料）が配られ、それに基づいて実技指導がされた。（以下、箱石先生の指導）

　だれか実験台になってくれる人が必要なんですが・・・・。

　（4年2組担任で本校で一番若いTKMT先生が手を挙げる。）

　大丈夫ですか？（笑い）できる範囲でいいですから。一通り、1年生から6年生までのマットと跳び箱の技の説明をします。先月は4年生以上のビデオを見てもらったんですが、今回はその前半の1年生から3年生までの内容を中心に行います。そういうのが基になっていて、そこにつながっていきます。

　さて、このプリントは私たちの研究会でだいぶ前につくったものですが、今でも大体は指導要領に近いと思います。最初にマットを行い、説明します。

マット
「ゆりかご」

　まずは、姿勢をつくる。ちょっとお尻を浮かせて、なるべく足の下の方を持つ。指を組んで押さえるといいです。それで、頭を膝に

くっつける。膝にくっつけることによって、背中が丸くなってくるんです。それでひっくり返ってください。

　すると、自然に反動で回っていく。これだけのことなんですけど、これもできない子がいます。もう1回やってください。

　（ＴＫＭＴ先生が行う。が、すぐとめて、）

　準備してから。準備ができてない。どんな場合でも準備してから技に入る。

　（ＴＫＭＴ先生がまたすぐに行う。）

　まだまだ、先生がいいと言ってから。（笑い）今日、子どもにもそう言ったね。どんな場合でも、ちゃんと準備してからやるという、そういう癖をつけた方がいい。そうでないと曖昧になってしまう。頭を膝につける。そして、自分で準備ができたと思ったら、スタートする。後頭部を叩きながら、ここまで付く。そうすると、お尻が上がりますから、その反動でまたグッとかえってきます。だからゆりかごって言うんです。

　（ＴＫＭＴ先生が行う。非常にうまくやる。）

　そのままの姿勢で。そのままの姿勢で。起き上がってくる時、ちょっと力を入れてやる。

　これができるようになったら、今度はお尻をマットに付けてやる。膝を割って頭を入れてやるくらいでもよい。

　（ＴＫＭＴ先生が行う。）

　こっちの方が難しいです。勢いがつかないですから。後ろに行く時に、足先が奇麗に伸びてるんです。

　（ＴＫＭＴ先生が言われたとおり行う。）

　そうです。それで、もう一度、繰り返しのリズムで。手を振りな

がらこういってこう、こういってこう。楽しいな。楽だなっていう
感じで。それで、これができたら、今度は立ってください。

　（ＴＫＭＴ先生マットを背にして立つ。）

　出て来て、しゃがむ前に、立ったままで、そこで深呼吸をする。
力を抜きます。

　（箱石先生自身が出て来て、やってみせる。軽く両腕が広がると
同時にかかとが上がる深呼吸をする。ハアーと吐く音も聞こえるよ
うに少し誇張してやる。両肩をなで、脱力する。）

　気持ちを落ち着かせます。

　座っているところから出て来てやってみてください。子どもたち
をマットの両側で見せるようにして、友達の技を見るようにさせる。
先生は一人の子を指導する。指導するのも子どもたちが見てる。そ
こから学んでいく。

　それじゃやってください。

　（ＴＫＭＴ先生マットを背にして立ち、深呼吸する。）

　深呼吸する時は、少し胸を広げるようにするといいです。歌の時
もそうだけど、必ず少し肩が上がって。そして、落ち着いたら座っ
て行います。

　（ＴＫＭＴ先生が行う。）

　はい、いいですね。それで、終わったら、また立って深呼吸する。

　多くの場合は、次の子が出て来ますが、ぶつからない。自分の判
断でぶつからないタイミングで出て行く。それも全部教育なの。だ
から、技がただできる、形ができるっていうんじゃなくて、そうい
う一連の他人との対応関係も自分の判断でできる、そういう自立的
な子どもに育てていかないと教育として意味がない。そうすると、

151

いろんな所で自分で判断してできる。積み重ねていってね。

「横まわり」

（TKMT先生がうつ伏せでマットで準備する。）

両腕を伸ばして、両手でパチンと打ち、両手を合わせる。足もつま先まで伸ばしてくっつける。そして、反（そ）る。これはすごく大変なんです。腕は耳につける。それで、そのまま回転する。身体をねじらないで、腰だけで回る。

（TKMT先生、なかなかできない。3年2組のTNK先生が出てきて行う。）

そのまま身体を1本の線にして回ってください。腰だけで、ゆっくり。

（TNK先生も足が割れたりして、なかなかできない。）

難しいでしょ。これを1年生や2年生にやらせるんです。

（TNK先生が回り始めたが、コロコロと勢いで回ってしまう。）

ゆっくりと、できるだけゆっくりと回ってください。これはものすごい集中力がいる。それから、身体の線を1本に統一して引き締める訓練になる。これをやると鉄棒なんかに応用できる。逆に鉄棒と一緒にやるとこれもやりやすくなる。

（マットを横に2枚並べ、2人組の横回りの実技に移る。）

手は、お互いの手首をつかんでください。

身体を反らせて、お互いに呼吸を合わせて一緒に回ってください。

（「せーの」と言って、TKMT先生とTNK先生が回るが、またしても、コロコロと回ってしまう）（大笑い）

そんなに速く回らない。慣性で回っちゃだめです。惰性で回っ

ちゃだめです。ゆっくり回る。腹筋をものすごく使います。腹筋の訓練な訳ですよ。特にひっくり返る時に速く回っちゃうから、そこをコントロールしながら回るんです。

「前まわり」

　（何度も研修をしているので、ＴＫＭＴ先生がうまく回る。）

　とてもいいですね。

　もう一度。深呼吸して。どこに手を付けばいいかな。自分の位置を決めて。手と足の位置・間隔が大切です。広すぎると、けっとばさなければ回れなくなります。狭すぎると、肩を出して体重移動ができなくなります。ちょうどいいところ。それは子どもによって違います。それを子どもが自分で見つけて調整していく。それで、マットをつかむ。

　（実際に先生自身がやっている。）

　マットをつかむということは非常に大事で、つかまなければ滑ってしまう。つかむことによって、腕のしなりが使える。このしなりで体重を支えていけます。それで、体重の移動をしますが、それを腕で支える。なるべく我慢する。腕を使って体重を支えて我慢する。

　ここがポイントなんです。それじゃやってください。

　（ＴＫＭＴ先生が位置を確かめて開始しようとしたところで、箱石先生が横に回って、ＴＫＭＴ先生の両肩を押しながら、）

　こんな風に押されたら、しなる。これが使えなかったら、ベタッとつぶれてしまいます。

　なるべく支えて、ぐっと頭を入れる。きれいに回れましたね。これが前回り。何人かやってみてください。

（ＴＮＫ先生が出てやるが、いろいろ注文が飛ぶ。ＴＮＫ先生は今年来たばかりで、初めての研修である。）

マットをつかんで。爪の先が白くなるまで。膝を伸ばして。顔を上げて。肩を出していく。

肩を出していく。もう駄目だという時に、頭を入れる。まだ早すぎる。腕で支える。これはいろんな所に出て来る。これが基本です。

肩を出して体重の移動が始まると、足のかかとが浮いてきます。そして、足の親指で立つんですよ。

（ＴＮＫ先生が耐えきれず、途中でつぶれる。）（笑い）

なかなか大変なんです。ただけって前転するのは、何の運動にもならないので意味が無いですね。後頭部を付けるんです。

（ＹＡＳ先生が出て来て試技する。）

手は少し内側に向けて。八の字に。それでないと腕のしなりができませんから。位置が決まったら、顔をあげて肩をズーッと前に出して行って、そう、きれいです。自然に回って行きます。一つの流れができます。

（「ちょっと怖いな」と言って、ＭＫＮ先生が出てきてやる。）

無理しないで。自分のできる範囲で。こんな感じかなっていう感覚でやってください。

膝を伸ばして。

（ＭＫＮ先生、腕で支え切れず、けって回ってしまう）

腕で支える訓練が必要ですね。

これをね、それぞれのクラスでみんなやってほしいです。これを通過しないと、いろいろな技ができない。倒立なんか、これを絶対にやっておかないとできない。

（ＯＤ先生が出て来てやる。）

　もっと指を開いて。つかまえなくちゃ。これは跳び箱でも同じです。つかまえなくては滑っちゃう。手のひらの付け根の方も付かなくちゃ。

（なかなか膝が伸びないが、何とか回る。）

「後まわり」

　今度は後回りです。ゆりかごの時のような姿勢です。手を肩のところに持ってきて準備をする。背中を丸めて。くるっと回って、腕をピュッと伸ばして立つ。

（ＴＫＭＴ先生が試技する。）

　初めから腰を付けてやるのは難しい。それから、立つ時に、足を開いて開脚後回りというのがあります。立つ時だけ足を開きます。

（ＴＫＭＴ先生が試技する。）

　そうです。開脚の前まわりもあります。ついでに、前まわりの連続もあります。次から次に発展します。３年生くらいかな。同じことをやっていてもだめですからね。子どもが力が付いたら、さらに上を目指していく。連続の時は、立った時に次の準備がされます。リズム的につなげていく。開脚の連続もある。

「うさぎとびからの前まわり」

　中腰からの前まわりです。

（ＭＴＫ先生が試技。）

　これが発展して、走って来て跳躍して回ります。大技になってきます。その前に、少し離れた所から「とび込み前まわり」があります。

（ＭＴＫ先生が試技。）

　その時に腕で身体を支えることが大切になってきます。「とび込み前まわり」も跳び箱の「台上前まわり」もこの腕の使い方ができないとできません。

「頭支持倒立前まわり」

　３点倒立からの前まわりです。両手を付いた所と頭が正三角形になるようにします。

　頂点におでこを付けます。

　（ＭＴＫ先生が試技。）

　頭を入れちゃってください。

　そうです。今度は、足を伸ばさないで頭支持倒立をしてください。その時に脇をしめてください。その姿勢を何回もできるようにすることです。胸と腕で土台をつくっていきます。

　土台をしっかりつくることが大切です。そういう訓練をしなければならないですね。

　（ＹＡＳ先生さんが試技。）

　脇をしめながら上がってください。そうです。おへそを出すようにして。つま先は天井を向くように。後はいいですか。４年生くらいがいいですね。

「倒立横まわり」

　（ＴＫＭＴ先生が試技する。両手をいっぺんに付く側転。）

　いいですね。片手ずつ、水車のようにやるのはさらに難しいです。

「倒立からの前まわり」

　補助しますから。こういう技があるということです。こうするまでには、いろんな手順があります。そこのところは省略しますからね。壁倒立などいろんなことがあります。

　（MTK先生が試技。）

　マットに手をついて、腰を上げて、ポーンと。はい。この時、腕を使わないと支えられないです。それから首を入れて、背中をつく。もう一度。顎（あご）入れて。首から肩から順々についていく。順に脱力していく。これをだんだん補助なしでできるようにやっていく。

「とび込み前まわり」

　（MTK先生が試技。）

　一歩の助走でいいですよ。

　これが発展すると、助走を伸ばして、踏切板で大きく踏み切ってポーンと跳び込みますが、腕が相当使えないと危険です。だから、簡単にやらない方がいいです。子どもたちに基礎からの積み上げがないとできないです。この間DVDでみた子どもたちは空中で泳いでいるようです。腕が使えるからできるんです。子どもの力の程度に応じてやれます。

跳び箱

　よくロイター板を使っているところを見かけますが、あれはだめです。あれはてきとうに踏み切ってもばねの力で跳べちゃうから、自分の身体を訓練するにはだめなんです。普通のこの様な踏切板を

使って、そこからつま先や膝のばねを使って、吸い上げて跳ぶとい
いです。

「ふみこし」

（跳び箱は１段だけ横向きにおいてある）

これは１年生の技で、このようにします。

（実際に先生自身がする。その後ＯＫＴ先生が試技する。）

今のは、着地が固かったです。膝を柔らかく使って、こういう風
にする。

（実際に先生自身がする。）

つま先から入って行って、柔らかく着地する。しかし、今の子ど
もたちはなかなかできないです。走る時も、踵（かかと）からドシ
ドシと走ってしまいます。単純で１年生の技ですが、こういう訓練
をします。

（再度、ＯＫＴ先生が試技する。

まだ、着地が固い。

箱石先生が何度かふわっと柔らかく着地する真似をして、）

もう一度やってください。

（再度、ＯＫＴ先生が試技する。）

その時に、踏切板の一番ばねのある所に足が着けるか、そのため
に、助走の最後をどこで踏み切るか、そのためにどんな助走をすれ
ばよいか身体で覚えなければなりません。そのように自分の身体を
調整できなければなりません。

（ＭＫＮ先生が試技。）

つま先で柔らかく。

（ＴＫＭＴ先生が試技する。）

今度はもっと助走を長くしてください。助走が長くなれば、助走のリズムの取り方が難しくなります。あんまり長く走らせる必要はありません。始めは短くして、自分で踏み切りがコントロールできるようになってから距離を伸ばしてやる。始めはゆっくり出てきてもいいですが、だんだん加速してきて、踏切板でドーンと力を吸いあげて踏み切ります。

（ＴＫＭＴ先生が試技する。助走は言われたとおりにできるが、踏み切った後、両足で跳び箱に乗ってしまう）（笑い）

難しいですね。リズム感が必要です。

（ＴＫＭＴ先生が試技する。助走に合わせて箱石先生が「トーン、トーン、トン、トン、トントントントン・・・」と掛け声を入れる。上手に跳べる。）

遠くに跳ぶというより、高く跳び、ふわっと降りる。

（ＹＡＳ先生が試技する。着地が乱れる。）

自分の身体をコントロールしてね。もう一度。子どもたちを見てると、始めはものすごいスピードで走ってきて、だんだん遅くなってね、そうすると、何の意味もない。だんだん加速していいタイミングで入るのです。減速するとエネルギーを置いてくる。貯めていくのではなく置いてくる。そういう子がものすごく多いです。トーン、トン、トン、トントントントン・・・トーン、フワッ。というリズムです。身体が流れないでフワッと着地できるといいですね。

「開脚腕立て跳び上がり下り」

いきなり、跳び越させることもできます。しかし、まずは、この

技で助走と踏み切り、腕の使い方の訓練に使います。跳び越さない
で、手でぐっと押さえて、お尻を高く上げてから、お座りします。
　（ＴＫＭＴ先生が試技する。）
　お尻を高く上げて、ゆっくりおろします。ゆっくりおろすことで
腕の訓練をするのです。さっき前まわりで使ったあの腕の使い方を
使う。この姿勢から、跳び箱をつかんでたたいて、体をグッと持ち
上げて着地をします。
　これができるようになったら、後は腕で身体をもっていければ跳
び越すことができますから、先を急ぐ必要はない訳です。しかし、
それ以前の助走や踏み切りを丁寧に指導して、それができたら、は
い、跳びこしていいよってボンボン跳び越せばいい。そうしないと、
馬力がある子だけが跳び越せて、できない子はいつまでもできない
ということになります。必ず合理で跳ばせる。

「閉脚腕立て跳び上がり下り」
　今度は、膝を揃（そろ）えて、ここにお座りをする。正座する。
　（ＴＫＭＴ先生が試技する。正座まで。）
　今度は立ってください。端まで行って、パーンと飛び降りてくだ
さい。柔らかく膝を使って。固いね。膝を痛めないように柔らかく。
　（再度、ＴＫＭＴ先生が試技する。）
　その時も、なるべくお尻を高く上げる。先までいって、うんと柔
らかく。

「開脚腕立て跳びこし」
　さっきの開脚腕立て跳びあがりおりで、座ったままで、ここを

パーンとたたいて、身体をグーッと前へ運んだでしょ。これが生きてくるんです。そういう感覚をつけておいて、その感覚で跳びこしていく。先を急がない。必ず過程、プロセスを積み上げていく。

　閉脚腕立て跳びこしもこのまま跳び箱を縦にしたままでやる。今はできないけれど、後でビデオを見てください。踏切板からパーンと力を吸い上げる。高く跳ぶことと、腕で身体を前にもっていく力がないとできません。

「台上前まわり」

　台上前まわりです。普通は「台上前転」と呼んでいます。前まわりというのは、背中を丸めてコロッと回るのを前まわりと呼んでいます。台上で前に進むというより、上に身体を持ち上げる。さっきはつま先で踏み切ったが、今度は足の裏全体を使って踏み切る。

　（ＴＫＭＴ先生が試技する。）

　いいですね。今度は、上にあがって、空中で倒立するぐらいにやってください。

「頭支持台上前転」

　今度は、跳び箱を横にして、この上で前転をする。

　（ＭＴＫ先生が試技する。海老が跳ねる時のように背中を反って回る。）

「腕立て台上前転」

　今度は、頭をつけないで腕だけで支えて前方転回する。あんまり無理しないで。転回技は難しいから、危険ですね。よほど基礎をつ

くっていかないと、危ないです。

（ＭＴＫ先生が試技するが、頭支持台上前転になってしまう。）

腕で、身体をグイッと持ち上げるようにするには、腕の使い方が全部生きてきます。だから、前回りから丁寧に指導しなければなりません。後は、ビデオを見てもらいます。

授業づくりの実際　感想1-2　4月

今回の指導を参観した先生方や担任の先生方の感想１－２

教務主任　ＳＧＴ教諭

「学んだこと」

　一通りやらせた後、子どもたちは何ができていないか（課題なのか）を押さえ、２回目は『トン（踏み切り板）・トン（跳び箱）・トン（着地)』と、助走しないで跳ぶ練習にしました。助走することによってリズムが乱れ、踏み切りから着地までがうまくいっていない子が多いことを見取り、その問題に対応する手を打たれたのだと思いました。先生に言われてみれば「なるほど」と思うのですが、私にはそのような分析や対策は思いつくことができませんでした。子どもの動きから課題を見取り、それに対応する手立てを打てる力を養いたいと思いました。

　助走を除いてもまだリズムをつかめない子には、手をつないで一緒に動いてあげることでリズムをつかませることが有効であることを学びました。

　また、誰ができていて誰ができていないか、みんなのお手本になる子は誰か、できていない子は何が課題なのか、・・・そのようなことを個別にしっかり把握することの大切さを学びました。

「考えたこと」
　マット運動や跳び箱運動は“美しい動き”をめざす学習にしたい
と思います。
　そのためにはどんな動きが“美しいか”という価値観を教師がも
たなければなりません。
　そしてそれを子どもたちに伝え、十分理解した上で真摯に追究す
る気持ちにさせなければなりません。
・しっかり深呼吸をして、心を技に集中してスタートする
・力強く踏み切る
・跳び箱上ではより高く跳ぶ
・膝を使って静かにつま先から着地し、静止する
　『踏み越し』について私が“美しい動き”と考えるのは、という
ことですが、どうでしょうか。
　“エネルギーをおいていかない”助走はその次の課題と考えます。
　“美しい動き”を十分理解した上で真摯に追求する気持ちにさせ
るためには、（例えば）これは忍者の修行です。というようなス
トーリーの中で一つ一つの動きに意味をもたせて練習に取り組ませ
ることが有効ではないかと考えましたがどうでしょうか。

　子どもは、“こける（転ぶ）”という動きが大好きです。劇などで
も、“こける”と見ている子は大喜びするし、やっている子もみん
なに喜んでもらえて満足します。
　しかし、これを着地で行うことは失敗と考えます。もちろん失敗
はあっても仕方がないのですが、“美しく（正しく）”着地すること
を価値付けるためには、膝を使って、つま先から静かに着地し、静

止する。ということができた子を大いにほめたいと思います。

　逆に、こけて、転がる子には、大いに顔をしかめて大きくため息をつくなどして"残念だった"ということを価値付けたいと思います。

　現在、学級をもたない私は、学級担任が授業や研究により専念できるように裏方に徹しようと思っています。でもこれは逃げでもあります。私も20数年間、いろいろな場面にやりがいを見つけながら学級担任の仕事をしてきましたが、いざ離れてみると直接子どもに指導する仕事の偉大さ、恐ろしさを強く感じるようになりました。

　しかし、箱石先生に指導を受けるたびに、「自分も授業者（実践者）でありたい」「学級担任の先生方と一緒に勉強していきたい」という気持ちが強くなります。今後ともご指導よろしくお願いいたします。

保健主事　ＯＫＢ教諭

　今回もたくさんご指導いただきましてありがとうございます。

　一番印象的だったのは、やはり指揮の研修です。

　学校で、子どもたちを生き生きと楽しく歌わせるための指揮のしかた、教師の気持ちのあり方というものを考えました。

　先生がよく言われている「解放するには、まず教師から」というのは、いろいろな学年を通して見させていただいていて、とてもよくわかりました。

教師の表情が硬く緊張していると、それを見て歌う子どもたちはますます固くなり、教師が楽しそうに、意図をもって指揮をするとその思いは子どもに伝わっていくのだなあということを実感しました。

　教師が余裕をもって、自分のクラスの子どもたちに、この歌はこういうふうに歌ってほしい、この歌詞を大切にしたい、このフレーズをゆったり歌わせたいなどという具体的なイメージをもってのぞむといいなあと思いました。

　また、それと同時に基本となるリズム（拍）をきちんととること、息をすうなどの必ず欠かせない指示を的確にださなくてはいけないということを再確認しました。

　行進では、学年によるめあて、できることをはっきりさせて練習することがわかりました。

　今までの行進練習は、学年問わず同じような指示で「いちに、いちに」とやっていましたが、低学年では、「音楽合わせて、乱暴に歩かないことから」というように、やはり段階を追って子どもの実態に合わせ高めていくということがわかりました。

　運動会では、１年生から順に入場しましたが、見ていても学年による違い、それぞれのよさをみることができました。

　このようにやってみてわかるとことがありましたが、しかし担任をもつ先生方にしてみると、時間的な余裕がなく、他の学年の様子や指導の違いをみることもできず、かなり大変だったと思います。

　今まで経験したことのない指導方法や教材にふれることで、今までとは違う子どもたちの変化や、教師同士がそれを見て、実際に

やってみて、いろいろと意見を交流しあう機会をいただいていることを生かし、「今ここにいる発南の子どもを、何を通して、どういう子にするのか」ということをより具体的に話し、共通理解しながらこれから進めていけるよう、自分でも意見をだしていきたいです。

1年2組　ＵＥＭＴ教諭

体育授業を通して

　1年生は校長先生が先生になり、跳び箱に挑戦しました。もちろん入学して初めての跳び箱です。「ふみこし」は見た目はそんなに難しいとは思われない種目でありますが、子どもたちにとっては至難の技でした。もともと体育指導がよくわかっていない私が驚かされたことがいくつかあります。

　模範演技をやってみて、口で説明しても理解ができない子どもたち。そこで箱石先生は「先生が子どもと一緒に跳びなさい」とご指導されました。跳び箱を一緒に跳ぶという発想がまったくなかったのでたいへん驚きました。わけがわからなかった子どもたちでしたが、先生と一緒にやってみることによってやり方がす〜と落ちていきました。

　そしてまた驚かされたのは、全員ができるように何度も挑戦させたこと。勉強だったら、根気よく指導していけばしだいに理解できると思っていましたが、体育は個人の運動神経の違いもあり、全員がマスターすることは不可能だと思いこんでいた私にとって大きな驚きでした。

指揮法の研修を通して

　箱石先生のご指導で特に印象に残ったのは、「脱力」という言葉です。今までずっと「力を抜け」と何度も言われ続けてきました。スポーツでも何でも。腕や肩に力が入っていたのでは全身の力がでないばかりでなく、ぎこちなく無理な力が入り体を痛めてしまいます。

　無駄な力を使わずに大きな力を出す「脱力」難しいですが、練習していきたいと思います。

2年2組　ＹＡＳ教諭

○授業について

　「たんぽぽ」を歌いました。扱ったのは1時間半程度で、歌詞もまだうろ覚え、という段階です。1時間目に初めてピアノ伴奏で歌いましたが、歌自体は多くの子が気に入っていたようで、休み時間には数名が「先生、伴奏弾いて」と頼みに来て歌っていました。

　体育館での歌の練習にはまだ慣れておらず、また、運動会前で背の順の並び方が変わってまだ定着していないところで非常に落ち着きのない状態でしたが、ＦＫＪ先生のご指導で、子どもたちは伸び伸びと声を出すことができました。「合唱の基本練習に」と出されていた「たんぽぽ」ですが、「基本練習」というには低学年にはやや難しいということがわかりました。「地声でとにかく大きな声で、ではなく…」の先に進めるような指導を学んでいきたいです。

○題材について

　箱石先生がいらっしゃる時の教材ですが、どのような曲を選定していけばいいでしょうか。今回は、時間割を変更し、正直付け焼刃の練習をしただけの状態でした。普段音楽の学習で扱っている歌（「こいぬのビンゴ」「おまつりワッショイ」など）でも良いのでしょうか。それとも、ある程度合唱指導を受けるのに相応しい曲を毎回選んでいく（あるいは継続していく）ほうがよいのでしょうか。

○進め方について

　集中力がもたなかったのは、日常の指導不足です。申し訳ありません。ただ、2年生の子どもにとって、1時間の流れの見通しもなく、歌う度に指導者がコロコロ変わり、ちょっと歌っては先生方の相談のために待たされ…という状態で、集中力を持続し指示をきちんと聞くというのは難しいように思います。研修としては大変勉強になりますが、1時間の「授業」としてはどうなのかな、と感じました。箱石先生から、「体育館で指導をする段階」についてお話がありましたが、今後も毎回「学年または学級で体育館での歌の指導」ということなら、そのタイミングで効果的な指導を受けられるよう、計画を立てて取り組んでいきたいと思います。その週になってからではなく、事前に日程や内容を知らせていただくことは難しいでしょうか。

○放課後の研修について

　手拍子というとてもシンプルな動きの、奥深さを感じました。「リズムにのって」「力を抜いて」とつい簡単に言ってしまいがちで

169

すが、それがどれだけ難しいことかを知ると共に、子どもと同じく
「できた」「楽しい」という感覚も味わうことができました。大変勉
強になりました。ありがとうございました。

3年2組　TNK教諭

　今回は、「手ぶくろを買いに」の指揮を見ていただき、子どもた
ちへの指導についてご指導いただきました。子どもたちの中にある
本当のすごい力を引き出すことが教師としてとても大切な役割であ
ることに改めて気づくことができました。

　わたしが教えていただいたのは、子どもたちのもともともっている
素晴らしい声を引き出すための指揮の方法です。
　しかし、箱石先生の指導から、指揮だけにとどまらない教師とし
てのありかたを学んだ気がします。
　子どもたちはもともと表現したい、歌いたい気持ちをもっている
もの。その力を引き出すかかわりをしていくことで、子どもたちが
ますます豊かになっていく。だとしたら、私自身が、子どもたちに
力をつけようという気持ちで関わるのではなく、子どもの中にある
良さを引き出すことが大切なのだとわかりました。
　また、「正しいことを教えることでは、型にはまったものしかで
きなくてそれ以上のものにならない。」という箱石先生の言葉は、
とてもインパクトのある言葉でした。
　経験を積んで、子どもたちをどのような姿にもっていきたいのか、

目指すところがはっきり見えるようになってきたことにより、そこまで子どもたちを引き上げようとするかかわりが多くなってきているなということを改めて反省しました。引き上げるのではなく、引き出して伸ばしていくことが大切なのですね。

　良いクラスをつくっていきたいと思います。そのための、エッセンスを今日学ぶことができました。目指すべき姿が見えるようになった。そこに至るために、いかに子どもたちの力を引き出すのかが今後の課題です。まずは、自分の中の表現力、言葉、感覚を豊かにしていきたいなと思います。

　放課後の研修は、とても楽しかったです。自分を解放して表現することがこんなにも楽しいことだと感じたことは久しぶりだった気がします。
　最近、しなければならないことや、忙しさにかまけて、楽しいとか、美しいとか、これが自分はすごく好きだとか、自分の心の動きを感じる瞬間が少なくなったなぁとふと思いました。そういう気持ちのフレキシブルさの無さが、自分の豊かさの喪失につながっている原因の一つのようにも思います。プライベートで、感情の豊かさを膨らます時間ももちたいなと思いました。

5年1組　OKT教諭

5年生の音楽・行進

- 4月に「表情が固い」「心を開いていない」「歌う以前の問題」と子どもたちの様子を指摘され、スキップや呼吸から自然に声を出させる方法を学びました。
- 1ヶ月間、担任2人で学級学年づくりに取り組みました。特に「反応する」ことを重点的に指導し、声を出し目と心をつないで話を聞くことを徹底しました。6年生との表現「ソーラン」でも歌でも身体を動かし声を出す楽しさを体験させ、今回、箱石先生に少しでも変わってきた子どもたちを見ていただこうと練習してきました。今回、子どもたちの柔らかな歌声や態度の変化を褒めていただき、励みになりました。次回は2部合唱→「子どもの四季」へと取り組みを進め、歌い方から身体表現をご指導いただきたいと思っています。
- 行進では教師の立ち位置（私はどうも近づきすぎ、個別指導し過ぎるきらいがあり反省です）や声掛け、手拍子による指示を学びました。運動会で堂々と清々しい行進をさせたいと思います。

指揮

- 息を吸わせるタイミング、子どもの心を開かせる指示、強弱、歌詞に合った表現のすべてが指揮で伝えられることを学びました。踊るように・・・・は、身体の固い私には難しかったです。課題です。

5年2組　MKN教諭

見ているのとやってみるのでは大違い

　指揮法を実際に指導していただきました。見ているのとは違い、自分でやってみるとリズムが合わなかったり、息を吸うタイミングの指示が遅れたりと難しかったです。

　実際にやってみて、

・体全体を使うことの難しさ。

・手拍子による強弱の付け方。

・体を使ってリズムをとる難しさ。

を実感しました。

　しかし、これらはすべて子どもから声やリズムを引き出すことにとても大切なことがわかりました。

　先生方で、指揮側、歌う側に分かれて実践することで、その大切さがよくわかりました。

繰り返し取り組むことでコツをつかむ

　行進の仕方を指導していただきました。

　子どもたちは、歩くたびに体の力が抜け、楽に美しい行進をすることができました。

　終わった後に、気持ちよかったと言っていたことが印象的でした。

　また、行進の指導法の中に

・離れて指導をする。

・声をかけながら指導をする。

ということを教えていただきました。

子どもに思わず近づきたくなりますが、全体を見て、個を見ることの大切さも教えていただきました。

　早速教室にかえり、教えていただいたことを実践しています。

　子どもが気持ちよくリズムにのって歌う姿を見ていると、こちらも気持ち良くなりました。

６年１組　ＭＴＭＴ教諭

６学年の合同音楽

　前回、４月の音楽の時には、声は大きいけれど、体に力が入っているね。もっと力を抜いて歌おうよ。と、ご指導いただきました。その後、運動会の練習が中心で、正直なところ、「たんぽぽ」は１週間ほどしか歌っていないという現状でした。でも、かけあいの面白さや短い曲であったことから、子どもたちはのって歌っていました。慣れてくるにつけ、大きな声もでるようになり、教室を出る前には、子どもたちが、「４月は緊張したんだよな〜（何に？）。今回は、もう慣れたから大丈夫」などと話していたので、どうかな？と思って学習に向かったのですが…。

　初めに歌った時には、やはり、のどに力が入った声になることが気になりました。教室で話してもうまく伝わらず、「だめなの？」と心配そうな顔になるので、大きな声が出ているからとりあえずこのまま…と思っていたのですが、前日の２組で教わった呼吸法や、先生の体育館をいっぱいに使った声の送り出し方などを学んでいくうちに、声が変わっていくのがわかりました。

　教室にもどった子どもたちも、「箱石先生と歌っていると、なんだか声がすんなり、気持ちよくでるんだよなぁ（男子）」と話していました。この「すんなり」がポイントかと。

　では、何が…と考えた時、私の指導の中で行っていなかったのは、体の使い方と呼吸の仕方なのかな？　と思いました。あれだけの声量をもつ子どもたちですので、音がとれた後では、音楽室では響きが耳に直接届いてしまい、体をどう使っているのかなど考えてはいないということもわかりました。広い場所で体をゆったりと保ち、声を遠くへ送り出すイメージをもった練習をしてみたいと思います。音楽室では呼吸法の復習と利根川の音取りをして。

　もう一つ。曲のイメージを体全体で表す指揮法。子どもたちの声を引き出していたもう一つの要因はここにあるかと思いました。ピアノを弾いている自分がもどかしい…。指揮をする先生の余裕の笑顔と確実な指揮によって、声が引き出され、より表現しやすくなるのだなと感じました。ピアノも一緒に引き込まれました。そういう指揮をしつつ、ピアノも…。精進します。

　最後に。体に力の入った固い声ではなく…ということかと理解しました。裏声⇔地声と今までは考えていましたが、どうもそうではないように思えてきました。力の入った体で高い音域を出そうとすると、響きが後ろに逃げ、声も出てこない。これはまずい。かといって、地声も、体に力が入っていると固い質の声になってしまう。きれい？　ではない。高い音域を出そうとすると、頭声的発声にはなる。頭声的発声と裏声の違いは？？　まずは体の力を抜く。そのあとの声については、体育館で、何度も後ろまで子どもの声を、手を高く上げて連れていった箱石先生の動きの中に、ヒントがあるの

ではないかと思っています。声の質、頭声的発声と裏声については、これからの指導の中で、もう少し考えていかなければならない課題です。今学期のめあては呼吸とリラックスした体から出る大きな声とします。

6年2組　MTK教諭

6－2の授業（行進・合唱）

　行進については昨年度のご指導をふまえ、リズムに乗って歩くことを意識させました。足を踏みならす行進ではなく、フワッと上がりながらリズムに乗る歩き方を目指すために、スキップで浮き上がる感覚を捉えさせてから行進に入りましたが、（スキップが功を奏したかどうかはわかりませんが）良い行進になったとの評価をいただきました。歩きながら、走りながら余計な力を抜く感覚は、自身の陸上競技の経験をもとにある程度はイメージできるつもりですが、それが適切かどうか、今後また別の機会に（例えば跳び箱の助走など）ご指導いただければと思います。

　合唱については、子どもも指導者も力が入っているとのご指摘を受けました。力を抜くのは非常に難しい、継続的に練習していかなければならない課題であるということは、昨年度から繰り返しご指摘を受けているところですが、自身の力を抜くというイメージもまだ十分に持てていません。（力が入っていることはわかります。でも力を抜く感覚というのがどうにもイメージできません。）力を抜いた指揮、力を抜かせる働きかけについてはまだまだ手探りである

というのが本音です。（全く同じことが放課後の指揮法の研修会でも言えます。）

6学年の合同音楽

　前日の音楽と重なる部分がほとんどですが、十分な音取りが終わらないままの状態だったこともあり、前日以上にとまどい、苦しい指導となってしまいました。徐々に子どもが自信をもてるようになるにつれ、声も大きくなっていくのがよくわかりましたが、そこに箱石先生が「力を抜く」という指導を加えてくださったこともあり、声量だけでなく声のとげとげしさが丸くなっていったような感じがしました。

　この中でなかなかすっきりしなかったのは、途中裏声になっている（と感じた）部分の指導法です。声量としては十分であると自分には思えたのですが、「もっと力が抜けたらもっと良い声になる」「体の使い方を日頃から練習していかないとクリアできない」というご指摘をどう実現させるのか、あくまで裏声ではない発声にこだわる理由とは何なのか。ここが自分の中でまだ飲み込めていません。

授業と行事が両輪であるならば…

　今回受けたご指導で、自分の指導方法に足りないものは何か、子どもたちのどこをどうすればよりよい歌になっていくのか、といった次への課題がはっきりしました。それを具体化するための手だてはこれからまた考えていきたいと思います。これらの取り組みにじっくり腰を据えて取り組むためには、今回のご指導のタイミングは非常に苦しかったです。子どもたちの気持ちは来週に迫った運動

会に向かっています。その中でこれまで歌ってきた「ふるさと」なら自信をもって歌え、子どもたちもご指導を受けた成果を実感できる良い機会となりましたが、正直なところ「たんぽぽ」についてはご指導を受けるレベルにあったのか…。疑問です。日常的に歌や表現に取り組み、子どもを解放していくという理念は十分にわかっているつもりですが、その時々でどこに重点をかけるかという見通しも必要なのではないでしょうか。特に今年度の本校の設定課題が「授業と行事を両輪として」ということであれば、今は運動会に集中させたかった（したかった）というのが本音です。

授業づくりの実際　感想2　5月

　今年度2度目の箱石先生の来校が5月19（木）・20日（金）の両日あった。

　前回4月の来校以降、ゴールデンウィークがあり、また運動会の練習が始まって、ほとんど実践らしい実践ができぬままでの来校となったが、先生方の意識向上につながった点で有意義であった。

　2日間の日程は以下の通りであった。

5月19日（木）

　2校時　5年生　　音楽「河原」

　3校時　1年生　　体育「行進」「ふみこし」

　4校時　3年生　　音楽「手ぶくろを買いに」

　5校時　2の2　　音楽「たんぽぽ」

　6校時　6の2　　体育「行進」　音楽「ふるさと」

　放課後　合唱実技演習

5月20日（金）

　2校時　4年生　　音楽「大きな石」

　3校時　6年生　　音楽「たんぽぽ」

　4校時　2の1　　国語　説明文「たんぽぽのちえ」

　5校時　4年生　　体育「跳び上がり下り」

　放課後　実践を中心とした研究協議

5月19日（木）　2校時　5年生　音楽「河原」

　（5年生2クラスが体育館のピアノのそばで座っている。教師の指示で素早くパッと立てなかったのでOKT先生が何度かやりなおしをさせる。OKT先生の指揮で「河原」を歌う。）

　（指揮は柔らかだが、リズムを刻む一般的な指揮で、息を吸わせるタイミングが1テンポ遅れる指揮であった。）

　柔らかくて、いい声になりましたね。

　（OKT先生、とても喜んで、先生に頭を下げる。）

　固さが取れてきて、基本的には、こういう声で、それを拡大させていく。それで、後はどういうことが考えられますか？

　ああ、身体を柔らかくして歌うっていうことですね。力が抜けてよかったんですが、少しだらっとしているんですね。もう少しリズムがあるといいんですね。行進から少しやってみましょうか。

　（OKT先生が子どもたちの前で、2・3の指示を出し、子どもたちを歩かせる。ピアノ伴奏は6年生のMTMT先生が「大きな石」を弾く。OKT先生は手拍子を打っている。箱石先生が5年生の先生に歩き方の基本が腰を伸ばして、腰を中心にしてスッスッと歩くようにすることを自分の腰を押さえて伝える。視線はやや高く、頭の上の方に手をかざして指示する。）

　前との間隔が狭いから、スッスッと歩けませんね。

　（子どもたちを座らせ、MKN先生が自分の腰に両手をあてて、子どもたちに腰を伸ばして、腰でリズムを取りながらスッスッと歩くように、手は自然に振るよう指示を出す。子どもたち2列になっ

て歩き出す。箱石先生が直接指導に入る。まだ、子どもが腰をかがめて歩いていることを指摘する。）

　そうではなくて、腰を伸ばして、やや上の方を見つめて、タン、タン、タン、タンと歩く。腰から前へスッ、スッ、スッ、スッと、実際に歩いてみせる。グイ、グイ、グイとね。もう1回やってごらん。

　（子どもたち歩き出す）

　下向かないよ。下向かないよ。手拍子に合わせてくださいよ。

　（歩幅が広すぎてぎこちない歩き方になっているのを見て、極普通に歩くよう指示を出す。）

　子どもたちの状況を見て、教師は指示を出さなければなりません。子どもたちは自分が見えないわけですから。

　（子どもたち、再び歩きだす。先頭の子どもを4人入れ替えて、テンポを速める。）

　良くなりましたね。はい、胸を張って、弾んで。

　（1組の子どもたちと2組の子どもたちが交代する。手拍子でテンポを刻みながら、「肩の力を抜いて」「間隔をあけて」「もっとぐんぐん前に」「気持ちを揃えて」「前、後、横と揃えて」など、子どもたちと一緒に回りながらいろいろ注文を出す。途中で再び1組も参加させる。

　また、子どもたちの様子を見てテンポを速めて歩かせた。隊列を止めて、その場での足踏み。）

　足音を柔らかく。

　よくなりましたね。それでは、また、歌ってみましょうか。疲れたかな。

ピアノ伴奏のテンポを落とさせて腰を伸ばして、肩の力を抜く。肩の力を抜くんですよ。そうしないとおなかに息が入らない。

　（子どもたち歌い出す。ゆったりとした出だしで「河原に」ススキでもない、ヨモギでもない「アシが」というように、右手を遠くのほうに声を出させるようにリズミカルに回して強調して歌わせる。「茂ってる」手拍子で「オオヨシキリも」「鳴いている」（強調）。片手をゆったり左右に振りながら「遠くでカッコウも鳴いている」「おれもいるよと」の「と」で弾みをつけて、どんどん子どもたちのほうに出て行って「鳴いている」）

　こういう風にしてメリハリをつけてやる。それがリズムになっていきます。

　（2回目を歌う。最後の「鳴いている」に伸びがない。）

　あれ？「鳴いている〜・」そうではなくて、

　「鳴いている〜〜〜」と、たっぷり。

　（子どもたち箱石先生の指揮に従って、最後まで声を出す。）

　そうすると音楽になるわけです。音楽って表現ですから、イメージが曲として表現されます。これだけ歌えれば十分じゃないですか。

　（ＯＫＴ先生が指揮する。出だしからとても良い。「茂ってる」と「オオヨシキリ」の間の呼吸のさせ方がぴったりである。傍で見ていた先生も「いい感じです」と思わず一言。「オオヨシキリが鳴いている〜」この「る〜」で次の「遠くで」の「と」のために吸わせることができなかったので、歌が止められた。）

　ここで吸わせるんです。

　（ＯＫＴ先生が再度指揮する。とてもよい。子どもたちもそれに伴って響きのある歌声になっている。今度はＭＫＮ先生が指揮をす

る。なかなか柔らかなよい指揮である。歌い出しの息の吸わせ方は
ピッタリのタイミングである。子どもたち歌い出す。「河原に葦が
茂ってる」。すぐに止められる。子どもたちが頑張りすぎて、力が
入っている。）

　もっと肩の力を抜いて。

　「河原に」の「に」で準備して、「アシが」強調するように振って
ください。こういうリズムです。

　（再度、ＭＫＮ先生が指揮をする。吸収が早く、とてもリズミカ
ルで切れのある指揮である。）

　とってもよくなったでしょ。座ったってこんなによく歌えます。
柔らかく出ますね。もう2部合唱ができますね。2部合唱したらき
れいになるから、子どもたちはうんと気持ちが良くなります。もう
これ以上この教材では指導ができないと思ったら、次の高い教材に
行けばいいんです。そうして、2人で指揮の研修をしてください。
最後に、2人の先生に指揮をしてもらって、歌ってみてください。
疲れない姿勢で立ってね。

　（この後、歌う前に、子どもたちに息の吸い方を指導する。）

　姿勢が大事です。踵をくっつけて、つま先を開きます。腰を伸ば
して、肩の力を抜いて立っていると、疲れないでしょ。何時間も立
てるでしょ。そういう立ち方をする。口はあくびするくらいに空け
ます。おなかに息が入るように吸い込みます。（おなかに手を置き
ながら）はい、やってみてください。音を出してみてください。胸
もおなかも広がるように。

　少し腕を開いてください。そうすると胸やおなかが広がってたく
さん吸えますから。口を大きく開けないと吸えませんよ。口を縦に

大きく開けて。肩の力を抜くんだよ。少し速くやってみましょう。
その時、少し踵を上げます。その都度、実際にやって子どもたちに
やって見せている　ハア、ハア、ハア、ハア、今度はゆっくりと、
ハア〜、ハア〜、ハア〜〜、

　こういうことをやってください。それでは歌ってください。

　（OKT先生・MKN先生の2人の先生が子どもたちの前で指揮
をする。柔らかで伸びやかな声である。）

　どうです。よくなったでしょ。とても良いですね。

3校時　1年生　体育「行進」「ふみこし」

　この時間は、「行進」も「ふみこし」も初めてというので、1年
生の担任の先生というより、私がほとんど指導した。

　行進の際に、いろいろ私から子どもたちに注文したが、箱石先生
から「今の1年生の子どもたちに必要なことは、音楽に合わせて歩
くことです。もう1つは、足音をどんどんさせないで膝を使って丁
寧に歩くことです。他のことは言わなくてもいいことです。どうし
ても型から入っていきますが、それはだめです。」と、言われた。
実際に子どもたちを歩かせて、それを診断して、指示を出さなけれ
ば、型はめになってしまうということだ。

　「ふみこし」では、なかなかできない子の手をとって一緒にやる
ことが、初めての1年生には大切であった。私の指導をずっとご覧
になっていた箱石先生からは、両足で着地できない子が多いのだか
ら、踏切板から一歩で跳び箱の上に、それから着地を両足でするよ

う、見ていて、何ができないかを分析的に診て、指導するよう言われた。その方法を使ってやると、「パン、パン、パーン」の手拍子にのって、子どもたちはリズミカルに次から次にできるようになっていった。

４校時　３年生　音楽「手ぶくろを買いに」

　ＴＮＫ先生の指揮で２クラスの子どもたちが歌う。あまり声が出ていない。呼吸のことなど指示する。少し声が出るようになる。次に、曲想が変わる「ひかれ、ひかれ、もりのゆき・・」から歌わせ、「ほらピョン、ほらピョン、ピョンピョンピョン」のところをジャンプしながら歌わせた。あまり子どもたちの声は変わらない。

　箱石先生が、この後、どうしていくか、どんな指導が必要なのか、３年生の先生に尋ねられた。なかなか答えられず。まずは、３年生のエネルギーを素直に出す必要があった。

　そこで、私　佐藤が指導することになった。

　子どもたちには、歌は上手であるが、ちょっとお上品に歌っていることを伝え、もっと大きくフワッと出すように指示して歌わせた。

　立ち方と身体全部を使った息の吸い方を子どもたちと練習し、遠くのほうに立って、ここまで声を届けてほしいと言った。呼吸するところだけ指揮をして、途中は手拍子のみにした。最後の「あしあとつけて、とんでいこう」のところに絞って、あしあとをつけるのだから、一歩一歩あしあとをつけるように大事に歌わせ、「どんでいこう」の「いこう」は伸ばすようにした。目を見開き、顔にも表

情をつけて歌うことを要求した。曲の出だしに8分休符があって、「さむいふゆがやってきた」の「さ」をしっかりつかむことも伝えた。かなり声が出るようになってきた。

担任のTNK先生にバトンタッチして指揮をした。途中で箱石先生が加わった。「ほらピョン、ほらピョン、ピョンピョンピョン」など下からの吸い上げの手拍子と共に、上げた手を振り下ろす際にも、連続して手拍子を打って、ぐいぐいと子どもたちから声を引き出した。

最後の歌を声を遠くへ飛ばすように、TNK先生に付きっきりで指揮の指導をされた。

5校時　2の2　音楽「たんぽぽ」

（子どもたちはまだよく歌を覚えていないので、YAS先生が歌詞を紙に書いて提示するが、それは使わず、まず歌わせた。4拍子のテンポを取るだけの一般的な指揮で、型はめになっている。傍で参観していたFKJ先生に交替する。

FKJ先生はその場で足踏みさせたり、スキップさせたり、回ってみたりして歌わせるが、途中で、箱石先生の指示で、遠くで手拍子で指揮をするようにする。何回か途中でとめて、子どもたちに声が届いてないことを伝える。子どもたちは「え～っ」といって、徐々に声を届けようとがんばる。「まだまだ」などと言って声を引き出していく。）

ずいぶんよくなりましたね。それで、最初の「たんぽぽ」が「た

186

なってきたが、それほど歌に変化がなかった。そのあと、担任の先生に、）

　これで精いっぱいだね。2年生のこの子たちにはまだ歌えないね。もっと易しい曲で練習する方がいいでしょう。

　歩いても、まだふざけちゃってるから、教師の指示通りできるように、簡単な曲から練習するといいでしょう。そのうちに歌えるようになりますから、この曲だけで押していくのは今は無理ですね。高い音を出す時、出ないでしょ。それは身体をうまく使えないからですね。歩いたり、スキップしながら体でリズムを取りながら声を出せる訓練が必要ですね。今は、歩いたり、スキップすると、かえってくずれて歌えなくなってしまっています。

　でも、みんなよくがんばったね。

5月20日（金）2校時　4年生　音楽「大きな石」

　（FKJ先生が指導。子どもたち柔らかな声で歌う。「たーった、たーった、かおあげて」のところがうまく歌えない。とめて、「たーった、に入る前に、息を吸ってください」と指示を出す。子どもたちの声がよく出る。）

　非常にいいですね。すごく上手だね。これでだけで十分いいね。4年生のよさが出ています。だけど、これから先に行けるように。

　これは行進曲だから、前進するリズムをつくって、で、ちょっとやってみますか。（子どもに向かって）皆さんすごいですね。95点ぐらいですね。百点というのはどんなことでも難しいですね。

（それでは、足踏みをしてみたいと思います」と言ったら、子どもたち、その場でドンドンとやる。）

　そうならないように指導しなくては。軽く。

　（そういって、箱石先生が出て来て、直接子どもに指導を始める。ほとんど踊るようなステップでの指導だった。子どもたちもよく声を出して歌っている。この後、運動会の行進曲がこの曲であることを先生に告げて、行進の練習に変更した。歌詞にあるように、腰からぐんぐん歩かせるようにＦＫＪ先生に指示される。腰を伸ばして歩くように指導する。）

　きれいだね、ぐんぐんぐんぐん。

　（２組と交代する。）

　もっと前へ、もっと前へ。ぐんぐんと。腰を伸ばして。背筋を伸ばして。ああ、きれいだね。（見ていた担任のＴＫＭＴ先生に）見ていて、どんどん注文出してください。

　そのあと、両クラス一度に体育館の中を回るように行進する。凛として爽やかな行進である。

　（１クラスの２列を４列にして、２クラスで８列にして止める。）

　教師の指示でどんどん隊形を変えていける、教師の指示が入るように訓練することです。みなさんとてもよかったです。98点ぐらいですね。

３校時　　６年生　　音楽「たんぽぽ」

　（ＭＴＭＴ先生のピアノ伴奏、ＭＴＫ先生の指揮で一度歌ってみ

る。子どもたちはまだ歌いこなしていない。低音部の音とりをする。音とりの後、高音部と合わせて歌う。ＭＴＫ先生は一生懸命に手拍子で指揮をしているが、テンポが遅く歌いずらい。その後、少し体操をして身体を柔らかくする。その後、昨日箱石先生に教わった息の仕方を1組の子どもたちにも入れる。全身を脱力し、全身で吸うことを強調する。

　そのあと歌う。ＭＴＫ先生の指揮は力が入っていて柔らかさに欠け、そのために子どもたちも十分に吸えない。箱石先生が見かねて指導する。）

　（ＭＴＫ先生に）指揮に力が入っていますね。

　ちょっとやってみましょう。

　（かかとが上がる手拍子で、テンポを上げて歌わせる。途中でとめて）

　風にたんぽぽが揺れて気持ちいいなあっていうように、みなさんたんぽぽになってください。肩の力を抜いて、大きく手を広げたらフッと息を吸ってください。「たんぽぽたんぽぽきいろにさくよ」でスッと吸ってください。

　（「たんぽぽたんぽぽきいろにさくよ」まで、子どもたちに歌わせる。子どもたち指揮のとおりに息が吸える。）

　今よかったでしょう。身体も柔らかくてね。

　（子どもたちに歌わせる。途中で子どもの様子を見て、力みが入っている姿を見て、肩を触って力を抜くように指揮をしながら指示を出す。子どもたちの歌声が柔らかく変わる。）

　（ＭＴＫ先生に）こういうリズムです。リズムがよくなってくると、声も出てきます。問題は、今度、「そろってさくよ」の高いと

ころがどうしても出ない。これからの課題です。

　（子どもたちに）さっきよりよくなりました。でも、「そろ〜って」（首筋や肩を押さえながら）この辺に力が入って、固いんです。（両手を広げて身体を柔らかくして）「そろ〜って」と、身体を柔らかく使って声を出す。

　そういう訓練をして声を出す。いつもそうして歌うのではなく、練習の時はそうしてみる。「そ」は準備、「ろ〜〜〜ってさくよ」柔らかく、それには身体を柔らかくしないと、身体が楽器だからね。そうしないと高い音が出ません。だから、身体の訓練をしないと、難しい曲になればなるほど、そういう訓練が必要です。皆さんはこれから、難しい曲に挑戦するわけですから。ですから、皆さんには身体の使い方を理解してほしいですね。

　皆さん立ってください。踵を揃えて、腰を伸ばして、肩の力を抜いて、上半身は楽に動けるようにして、「そろ〜〜ってさくよ」。やってみますか。

　（子どもたちに歌わせる。すぐに止めて）

　のどや首筋に力を入れない。手を使ってください。「ろ」のところで、一歩前に出てください。こういう身体の使い方なんです。

　（「むいてさくよ」の伴奏を聞いてから、「そろ〜〜ってさくよ」。途中でとめて）

　「ろ〜〜〜〜〜」と伸ばしてください。いいですね。だんだん柔らかくなってきたね。もっと身体を大げさに使って、

　（子どもたちに歌わせる。）

　きれいになってきたね、もうひと頑張り。

　先生は少し離れるからね。（体育館の真ん中より後ろに行く）

（子どもたち「そろ〜〜〜〜〜」と、箱石先生が体育館を後ろに歩いていくのに合わせて伸ばしていく。）

　肩の力を抜いて、柔らかく、柔らかくする。（上半身を柔らかく動かしながら）

　自分の出した声をずっと見ているように。

　今度は、「そろ〜〜ってさくよ」で。柔らかく、弾むように。軽く足踏みして「みちのそばにさくよ」

　（このあと、歌わずにピアノ伴奏に合わせて、その場でつま先から軽くステップするような足踏みをさせる。）

　肩の力を抜いて、腰を伸ばして、楽にね。

　（「びっくりした。ぜんぜん違う声になった」と伴奏していたMTMT先生の声。とてもよかったが、最後の低音の音とりがしっかりしていなかったので、もう一度音とりをする。最後のフレーズの「たんぽぽ　たんぽぽ　みちのはたの　たんぽぽ」を歌い、最後に初めから歌ってみる。足踏みした方がいい声が出ている。）

　足踏みしながら歌ってください。足踏みしても乱暴にしたら歌えません。

　（明らかに声が柔らかくなって伸びやかなとてもいい声になってきた。箱石先生はほとんどステップを踏んで踊っているような指揮であった。MTK先生が「そろ〜って」の「ろ〜」の声が裏返っているのではないかという疑問をもっていたので、それを訪ねると、そんなに簡単に直るものではないとの答だった。）

　こういう練習をして直すというのが課題なのであって、簡単にすぐには治りません。でも、相当よくなってきたでしょ。なかなか難しいですよ。

（子どもたちに）うんと柔らかくできるといいね。息を吸う時に肩に力を入れないで吸えるといいね。これだけ短い時間にこれだけできるようになったのは、皆さんすごいですね。すごい力をもっているということです。

　（最後に、初めから歌って終わる。昨日歌った2組の方が声がよく出ていた。）

　身体をほぐすような指揮にしないといけない。

　箱石先生の指導のビデオを見ながら、文章に起こすことが、その場で見ていても見落としていることや未だにわからなかったことがたくさんあることに気付く。

　また、先生の指導の根源にあるリズム感や指導の根本にある子どもの見方や思想といったようなものがおぼろげながら見えてくるような気がする。

　それは、子どもをあまり無理強いしない自然な流れで子どもに接していたり、合理により必然的にそこに帰着するような指導であったりする。子どもの様子を即座に診断しながら対応する指導なのかもしれない。

　こう書くと当たり前のことのようだが、現場の教師はそれがなかなかできない。どうしても教師根性を出して教え込んでしまう。

　また、記録を起こしたり、先生方の感想を読んだりしていると、本校教師のこともわかってくる。箱石先生の指導を理解している者、理解しようとしている者、まだ理解できない者と様々である。

　自分に力があると思い込んでいる教師はあまり伸びないだろう。

逆に、教師として力がないと自覚している教師は、教師として伸びていくに違いない。

　今回面白かったのは、前回やや批判的に取り上げたMTMT先生が、目の前の事実に驚き、方向を変えようとしていることだ。彼女はさらに伸びていけるだろう。

　私も箱石先生もすでに講師として研修が終わっているのだが、6月2日にKUN先生を講師にマットの研修を行った。最後にいろいろ質問が出た。いよいよ自分事として実践発表会を意識し始めたのだと思う。

箱石先生のご指導を受けて感想2

3年2組　TNK教諭

　指揮の仕方がとても勉強になりました。実際に指揮をする機会は多くあってもその方法について学ぶ機会は今まで一度もなかった気がします。

　息をどこで吸うのか、声をいかに引き出したり伸ばしたりしていくのかを子どもたちにわかりやすく示す方法を教えていただいたのはとっても貴重な学びでした。

子どもたちにマット運動を指導する中で…
　今までの体育の授業では、とにかくたくさん経験させることが大

195

切だと思い、グループごとで練習させたりするような形をとっていました。しかし、今年度、箱石先生に教わったようにマットは1枚、全員で全員の動きをみあう形をとりました。やってみてわかったことは、見ることによって学ぶということが子どもたちにはとても有効であるということでした。技の完成度が今までやってきたマット運動よりもうんと高いのです。

　また、箱石先生が来られる日を1つの目標地点として、クラスの子どもたちと体育の学習をしてきました。1人の動きを全員で見て、拍手をしてあげるとか、応援してあげるとか、技のレベルアップもさることながら、学級としての集団づくりというか仲間意識を育てることにもとても意味のある学習形態だなと強く感じています。互いを大切にしあう集団での学びの根底に共通する部分がマット運動の学習を通して培われてきた気がします。

　また、教師側が、ここまできなさいという指導の仕方ではなく、子どもたちのいいところをきっかけとして学びを波及させて育っていけるこの学習の形は、子どもたちの意欲的な成長を促すことができている気がします。子どもたちからは、もっと上手になりたいという内から出る強い気持ちが感じられます。技が完成するという結果は同じでも、こちらが引っ張り上げてそこまで至るのと、子どもたちが進んでそうなりたいと願い、完成に至るのとでは、学びの質が全然違うのだなということをひしひしと感じました。

　私たちの目指すべき姿は、完成したかたちではなく、完成した形まで至る子どもたちの前向きで学びに対する意欲的な姿なのではないかなぁと、最近思うようになりました。

5年2組　MKN教諭

やってみると発見がふえる

呼吸法を指導していただきました。わたしたちが児童役になり、箱石先生に実際に指導していただきました。

ただ、話を聞くのとは違い、自分でやってみると発見がたくさんありました。

・ひじを広げて、胸をあける。

・あけた場所に空気を入れる。

・音を出して、空気を吸ったり吐いたりすることでのどがひんやりする。

・かかとを上げ下げすることで、全身を使って空気を吸う。

実際にやってみて発見したことです。

歌詞の意味と歌い方の指導

歌の中で子どもの目線が変わってきます。

その変化に合わせた歌い方を指導することで、歌が生き生きとしてきます。

研修会では、太陽の位置について、教えていただきました。

遠くにある太陽。そこから、目線を目の前の雨だれに移すこと。

これを歌で表現するための指揮法は、空間を使った指揮法の応用でした。

指揮をする人の体だけでなく、その場の空間を使った指揮法は、歌をダイナミックにします。これを実感できたことは、とても貴重でした。

一人ひとりへの意味付け・価値付け

　体育「前まわり」の学習では、一人ひとりに声をかけていただきました。子どもたち一人ひとりが自分のやったことについての意味付け・価値付けをすぐに行うことは、次へのステップにつながります。そして、箱石先生が直接指導してくださることは、子どもたちにとっては自信につながりました。ありがとうございました。

6年2組　MTK教諭

ふんすい・えび

　技をきちんと理解していない状態で指導をし、箱石先生にご指摘を受けたことは大変恥ずかしく、勉強不足であることを痛感しました。ただその中でも、子どもが箱石先生のご指導で即座に変わる様子を見ることができました。6年生ともなると筋力・バランス感覚ともにそれなりに発達し、的確な指導さえあれば新しいことをどんどん吸収できるという事実を目の当たりにしました。

　校内での研修や、指導に長けている先生のアドバイスなどをふまえて、より子どもの力を引き出せる指導を進めていきたいと思います。

　今回ご指導いただいたポイントをふまえ、10月には倒立系の技から前回りにつなげるという技を公開しようかと考えています。

　次回ご来校いただく際には、これらの技の基礎となる腕の使い方についてご指導をいただきたいと思います。

指揮法の研修

　課題は「脱力」という点では前回ご指導いただいた時と変わりはなく、指揮ってやはり難しいものだと改めて感じました。しかし、腕の振り方にどんな意味があるのか、どのタイミングで子どもに息を吸わせればよいのか、といったことを理解するきっかけはつかめたような気がします。それが正しいのかどうかは、普段学級で子どもの前に立って確かめながら、課題の脱力を目指していきたいと思います。

授業づくりの実際と感想3　6月

　6月16日（木）17日（金）、箱石先生の今年度3回目の来校日。体育『踏み越し』と音楽『雨だれさん』（2年）を見ていただいた。

　今回のプログラムは以下の通り。
6月16日（木）
　　2校時　　2年生　　体育「ふみこし」
　　3校時　　3年生　　体育「ふんすいえび」
　　4校時　　5年生　　音楽「子どもの四季」
　　5校時　　4年生　　音楽「かさじぞう」
　　6校時　　5年生　　体育「前まわり」
　　放課後　　教職員　　指揮研修1

6月17日（金）
　　2校時　　1年生　　音楽「ひらいたひらいた」
　　3校時　　4年生　　体育「台上前まわり」
　　4校時　　6年生　　体育「前まわり」「ふんすいえび」
　　5校時　　2年生　　音楽「あまだれさん」
　　放課後　　教職員　　指揮研修2

1、体育「踏み越し」（文：ＫＵＮ教諭）

　4月末の最初の来校日の時に「腕立て跳び上がり下り」を見てもらっていた。いま思えば当たり前のことだが、助走の基礎ができていないという指摘を受けた。その時にも（跳び箱に上がらずに）3歩助走だけにしてやってみたのだが、まったくできなかった。

　それで、「踏み越し」の基礎からきちんとやっていこうと思った（隣の2組も合同でやってきた）。

　3歩助走。腰を落とさないように、つま先を使って「ポン、ポン、ポーン」と跳ぶ。膝を柔らかく使って跳ぶこと。3歩のリズム感というのか、踏み切りの合わせ方というのか、その辺りがどうかと思っていた。

　先生は、ひと通り順番に跳ぶのを見られてから、踏み切り板を置いて跳んでみるよう指示された。

　まだ踏み切り板は使っていなかった。跳び箱の上を踏み越していくので（そこが踏み切りにあたるので）、踏み切り板を置くと（子どもの歩幅の割りに踏み切り板が大きすぎて）、踏み切りを合わせにくいと思ったからだ。

　だが、助走の距離を短くして、踏み切り板を2歩目の目安にして跳び箱を踏み越して跳ぶように話された。歩幅を小さく、一歩目は踏み切り板のすぐ手前くらいに入っていく。初めの子はちょっと戸惑ったようだが、速く小さく合わせて踏み越していく。「ポン、ポン、ポーン」ではなくて「ト、ト、トン」という感じだ。

　本来の助走ならば、歩幅をやや大きくスタートして次第に速く小

さくなって踏み切り板に入っていく。3歩助走はその最後の部分ということになる。だから、そうなっていなければ助走の距離を戻した時に3歩助走が生きてこないことになる、ということだ。

　踏み切り板を置いてからの方が、流れ・リズムがよくなったと言われた。言われてみるとそう見えるのだが、自分で本当にそれがわかったかどうか──。どうも自信がない。助走・踏み切りのイメージがどうにも弱い、（前から言われていることなのだが）やっぱり曖昧だ。

2、音楽「雨だれさん」

　学年合同音楽になった。もう1人の担任Y先生は音楽が専門と言ってもいい。ピアノを弾くし、リコーダーの演奏にも詳しい。それなりの指導法をもっているようで生徒を全道大会に出場させたりもしている。
　4月と5月の来校日の時に、Y先生は音楽を見てもらっている。指導時間が足りなかったり、曲が難しかったりで不本意だったようだ。
　今回は、経緯があって、音楽は学年で見てもらうことにした。Y先生がピアノ伴奏をし、私が子どもの前に立つことになった。

　元気よく歌うことはできそうだが、柔らかい声にはならない。うまく息を吸わせられない。声を遠くにと言っても、力を入れて頑

張って声を出してしまう。

　おそらく、呼吸をはじめ、立ち方、身体の使い方など、基礎的な
いろいろな指導が入るだろう。それよりも、その指導が入る状態に
子どもがなっているかどうか、それも問題だった。まだまだ集中を
保てる状態にはなっていないし、学年合同だから人数も多い。指導
が入る状態になっていなければ、せっかくの指導が何にもならない
（4月の跳び箱の時はそういう状態だった）。

　体育館に並んだあと、ともかく歌わせてみた。私にできることは
ほとんど何もなかったから、そこからは指導していただくしかない
と思っていた。それで、まず一番だけ歌って止めた。どういう指
示・指摘になるか聞こうと思ったのだが、全部歌うようにとのこと
で、もう一度歌った。

　「楽しそうに歌っているから、これでいいのではないか」──と
いうような言葉だった。「まったく基礎ができていない」とか、
様々なことを覚悟していたから、まったく意外で、ちょっと拍子抜
けするほどだった。

　まず、子どもが楽しんで歌っているかどうか。それが第1。その
上で、呼吸だとか脱力だとかという問題になってくる。そういうこ
とだろうか──。歌うことが楽しいということを、表現としていか
に高めていけるかということ。

　それでも「お日さま　にこにこ」のところが高潮するところで、
そこで声を引き出したいということで先生が指揮をして下さった。

「お日さま」の直前に息を吸わせておいて、後ろに（遠くに）引っ張っていくような指揮。見ていると簡単そうなのだが、その溜めの部分がうまくできない。

　また、簡単な曲だがいろいろ使えるという話もあった。テンポをゆっくりしたり速くしたり、歩きながら歌ったりということもできる。そういう訓練にも使えるということだった。

　これからである。息を吸わせるということがやっぱり頭から離れない。身体を使って声を出すということだが、これが当面の課題だと思っている。

＜２学期最初の学校便り＞ （資料）

― ２学期のスタートに当たって ―

のびのびと楽しく自分を
そして、自分たちを表現しよう！

校長　佐藤　　毅

　今年は休みの最後に土日が入ったため、いつもより長い27日間の夏休みでした。

　今年も全国では、猛暑日が何日も続き、さらに節電を余儀なくされたためか、熱中症で倒れたり、亡くなられた人も出るなど、暑い日が続いた夏休みでした。今後もしばらくは暑い日が続くと思われます。子どもたちには一日も早く生活のリズムを回復し、体調管理

に注意して、順調に2学期のスタートを切ってほしいと思います。

さて、2学期は、暑い夏の8月から、雪が降り積もる寒い冬の12月まで4か月の長い学期となります。

9月には前期の終わりを迎え、前期（4月〜9月）の学習内容を身に付けたかどうか、友達と仲良く規則正しい校内生活ができたかどうか、子どもたち一人ひとりが、前期の学習や生活のふり返り、まとめをします。

10月には、昨年は開校40周年記念式典を実施しましたが、今年は10月20日（木）に教育実践発表会を実施します。札幌市内はもちろん、全国から教育関係者が本校の教育実践を見に来る予定です。

教育実践発表会では今年度の学校目標「自立したしなやかで強い子どもをはぐくむ学校」に沿って、国語、体育、音楽に焦点を当てて教育活動・教育実践が進めることができたかを検証することをねらいとしています。

国語では、全員での「一斉学習」に入るまでに、一人ひとりが教材文をすらすら声に出して音読できるようになっていること、わからない言葉の意味を調べること。さらに、わからないことを疑問としてもっていることやそれに対する自分なりの答をもつことなど「一人学習」で自力で教材文に立ち向かうことで「一斉学習」を交流のある実りの多いものにしていくことをねらっています。

体育では「マット運動」「跳び箱運動」での技を通し、一人ひとりの子どもがどのようにその技に向かっているか、どのように自分の力を出そうとしているか、そういう子どもの表現の場として位置付けています。その取り組みの過程で集中力や丁寧さ、緊張の中で

自分自身を表現していく力を養っていこうと考えています。

　音楽・表現では歌や身体表現そのものの楽しさを味わうとともに、友達と合唱やオペレッタを創造することで、友達のよさ、さらに自分のよさ、そして集団の素晴らしさを感じ取ってほしいと願っています。

　11月の学習発表会には保護者の皆様にも子どもたちの姿を公開する予定です。こうしてみてくると、長い2学期もあっという間に過ぎていくかもしれません。

　保護者の皆様には1学期同様、2学期も学校の教育活動に対するの温かなご理解とご協力を賜りますようお願い申し上げます。

第**3**部

学校現場で生まれた変化の証言

教育実践発表会

2011年（平成23年）10月20日、発寒南小学校教育実践発表会を実施した。

主題を「表現活動の教育的価値を問う」、副主題を～自立したしなやかで強い子どもをはぐくむ教育実践の創造～と設定した。

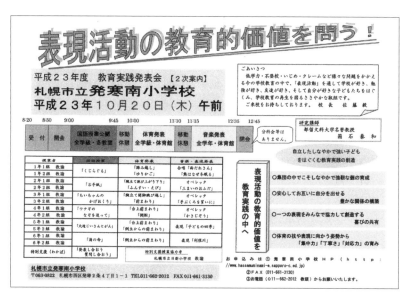

参加者は、札幌市内の校長や教頭、一般教諭、教育委員会関係者、私の所属する教授学研究の会の教師仲間、ＰＴＡや地域の方々、さらに、『事実と創造　364号』（一莖書房）でも宣伝していただいたので、遠く本州からの参加者など総勢200人を越える参会者があった。

当日、「研究紀要・指導案集」の冊子を配布した。

　冒頭に、「教育実践発表会にあたって」（資料1）を掲載した。以下、「研究の概要について」（資料2）「国語について」（資料3）「体育について」（資料4）「音楽・表現について」（資料5）「マット・跳び箱の指導について」（資料6）の6つの文章を掲載した。これは、今回の実践発表会の核心に当たる部分である。

（資料1）「教育実践発表会にあたって」

　「低学力・不登校・いじめ・クレームなど様々な問題をかかえる今の学校教育の中で、「表現活動」を通して、学校が好き、勉強が好き、友達が好き、そして自分が好きな子どもたちをはぐくみ、学校教育の再生を図るささやかな取り組みです。」（2次案内）にこう記しました。

　私たちは子ども一人ひとりが「いろいろなことがわかるようになりたい。できるようになりたい。がんばったら、友達や先生にほめられたい。」という、強い願いをもっている存在だととらえています。その純真で強い願いに依拠し、子どもが本来もっている豊かな可能性を具体的な形で引き出すことができたら、解放され、自信をもち、自らを愛し、自立した子どもたちを育てることができる、と考えてきました。

　「表現活動」を中心に据えた実践づくり、というわたしたちの

テーマもそのことと深く結び付いています。

　言語表現を中心とした国語科では、「一人学習」を充実させることで、読み、調べ、考える力をつけ、それをもとに自信をもってみんなで交流できる子どもに。身体表現である体育科では集中力や追求力を基礎に合理的なリズムを体得できる子どもに。歌やオペレッタなどの表現活動では、身体を柔らかく使って、朗読や合唱で豊かにイメージを表現できる子どもに。そんな子どもたちを育てることを目指して、この一年間、私たちはささやかながらも努力を積み重ねてきました。

　そうした実践づくりを通してこそ、１年生から６年生までの各学級・学年が「安心してお互いに自分を出せる豊かな関係が構築され」「一つの表現をみんなで協力して創造する喜びを共有でき」「体育の技や表現に向かう姿勢から集中力・丁寧さ・対応力のはぐくむ」ということが実現できるし、また、そうした営みによって「集団の中でこそしなやかで強靭な個の育成」という学校教育目標が達成できるのではないか、と考えてきました。

　この実践づくりは緒についたばかりです。しかしそうすることで、現在の学校教育を取り巻く様々な問題の解決につながっていくことはできないだろうか。学校が子どもを大切にし、豊かにはぐくむ学校教育本来の姿を再生していく道筋も、そこから拓けるのではないかと、いまだ遥か遠くにある高い理想を見つめながら、思い続けています。

終わりに、この教育実践発表会のために遠く山梨県より幾度も足をお運びいただき、指導・助言をいただいた都留文科大学名誉教授　箱石泰和先生、また、特別支援関係でご協力をいただいた日新小学校教諭　前田利久先生に心から感謝申し上げます。

（資料２）「研究の概要について」

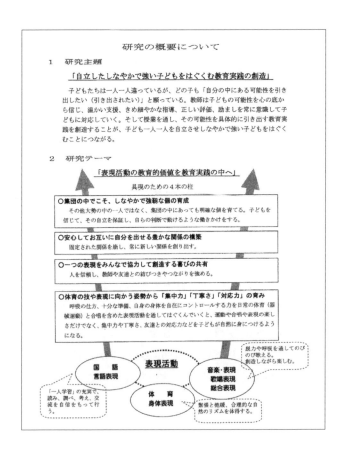

（資料３）「国語について」

（1） 教師による教材解釈

　子どもが教材文と出会った時、教材文からはっきり読み取ることもあれば、簡単には読み取れない内容を自らの経験や感覚で補いながら読み取っていくこともある。このような読み取りの段階では子どもによって様々な解釈が行われ、教師の発問に対しても多様な意見が出されるであろう。授業を通して読みを深めていくためには、教師自身が教材文の核となる部分をとらえ、そこに向かうための子どもの気付きを引き出したり、子どもからの様々な声を的確に価値づけたりする必要がある。教師自身が教材のもつ価値や、それに迫るための鍵を見極める教材解釈をしっかり行うことで、子どもの様々な気付きを整理し、核心に迫る授業の展開が可能となる。

（2） 一人学習

　教材文を声に出して読むことは、子ども一人ひとりが言葉や文節の区切りをとらえ、言葉と言葉のつながりを意識し、どこで区切りながら読むかを自分なりに考えながら、教材文とじっくり向き合うことにつながる。この中では読み方のわからない漢字、意味のわからない単語や言い回しなどにも出会うだろう。質問したり辞典を活用したりしながら解決できるとことはどんどん自分の力で解決していく姿勢と技術を身につけることも、学習を進める上で重要となる。

　音読がしっかりできるようになると、音読に抑揚をつけたり、スピードの変化をつけたりといった自分なりの変化をつけた朗読に向かう。変化のつけ方は、そこに描かれている情景や人物の心情をど

う読み取ったかによって変わるため、子どもが自分なりの解釈を行い、その解釈を最も効果的に表現する読み方を工夫する必要がある。つまり、その子の朗読の中には、その子なりの読解が含まれているのである。繰り返し朗読する場を設けることで、子どもの読みをより深めていくことができる。

　さらに読み込めるようになると、子どもたちは叙述の中から自分なりの思いや疑問を見出していく。その疑問に対する答を叙述の中に求め、根拠をもって自分なりの解釈を進める。それはたった一つの単語かもしれないし、前後のつながりから見えてくるかもしれない。自身の読みを自らの手で深めていけるようになると共に、熟考の上でまとまった考えに自信をもち、進んで交流していけるようになる。

（3）グループ学習・一斉学習

　その交流をまず少人数のグループで行う。そうすることで友達の意見を聞き、自分の意見を出し、話し合いを進め解決の糸口を自分たちの力で見つけていく。ある疑問に対する答が見つかることで、別の疑問も解決されることもあるだろう。自分の考えがまとまったら、その妥当性を問うというところまで子どもの思考が高まった時、子どもは進んで自分の考えを発表したくなる。

　そして、グループでの交流でもなかなか解決できなかった大きな疑問を全体の課題として、一斉学習でその課題を全員の力で解決しながら、さらに物語文でも説明文でもその教材の核心に迫る読みを実現していく。（一部修正した）

（資料４）「体育について」
―取り組みの意義―

　さまざまな運動を通して体力を向上させ技能を高めること、また健康や安全についての理解を深めることが体育という教科の目的である。私たちはまた、その体育という教科の教育的な側面を大事に考えてきた。つまり、体育に取り組むことによって子どもの何を育てるかという側面である。

　技ができるようなるのは一つの目標であるが、そのことだけを目的としてきたのではない。どの程度できたかという結果ではなく、むしろ、取り組みの過程にこそ意味があるのだと考えてきた。子どもがどのようにその技に向かっているか、どのように技に取り組んでいるか、その姿の中に意味を見い出してきたと言ってもよい。

　取り組むことによって培われていく集中力や丁寧さ、取り組みに向かう姿勢やそこまでの努力。そういったものが教育にとって重要なのだではないかということを、取り組みを続けながら考えてきた。

　マット運動で自分の力を精一杯に出そうとしている姿、気持ちを集中させて助走に向かう姿、跳び終えた時の表情。そういうなかに人間の誠実な美しさを見いだし、それらの価値を大事に考えてきたということである。

　それは、技ができたかどうか、あるいはどの程度できたかという見方ではない。だから、その技がまだ十分にできていなくても、また緊張のために十分に力を発揮できない場合でも、その取り組みの意味が低減するものではないと考えている。それまでにどのように技に取り組んできたか、どのように向き合い、努力してきたか、そ

ういうことこそが大事なのだと考えてきた。そういうことが、これ
から様々な課題に向かう時の力になると考えるからである。

　もう一つ私たちが気を付けてきたことは、運動の基礎や原則を大
事にすること、運動の基本や系統性を考慮しながら取り組んできた
ということである。

　教材としての技にはそれぞれの関連性や繋がりがある。また運動
としての難易度があり、一方では学年の発達段階に応じた子どもの
運動能力がある。そういうものを無視して取り組むことはできない。

　運動の基礎や合理を大切に考えてきたということは、例えば跳び
箱を力任せに跳び越えたり、運動能力の高い子だけが難しい技に取
り組むのではないということである。そうではなく、運動の基礎を
大事に考え、また基礎を積み重ねることによって難しい技にも取り
組んでいく。運動の合理にしたがって自分の身体を使うこと、そう
いう能力を身につけることを大事に考えてきた。

　ただ、私たちにとっての困難の一つに、長年にわたって続けてき
た研究ではないということがある。学年を追った基礎の積み重ねが
まだ不十分で、教材としての系統性や関連性をそのまま学年の子ど
もに当てはめることができないことがあった。その時その時の子ど
もの実態に合わせた取り組みが必要だったわけである。

　例えば、こういうことがあった。ある時期、６年生が『前まわ
り』に取り組んでいた。「前まわり」はマット・跳び箱運動でもっ
とも基礎となる技であり、低・中学年で取り組むことの多い技であ
る。その「前まわり」に６年生が取り組んでいるのである。一枚の
マットに一人ずつが演技をし、脇に座った友だちがそれをじっと見
ている。そして、その演技に対しての教師の助言や指摘をみなが聞

いているのである。じつに静かな集中した空気が流れていた。こういう中で子どもたちは集中力を高め、ていねいに取り組むことを身に付けていく。そして、それを基礎にしてより難しい技に進んでいくのである。そこでは「前まわり」という教材が必要であり、教育としての意味があると考えてきた。

そういう中で身につけた集中力とかていねいさとか追求力とかが、他の教科の学習や表現活動にも波及していく。そうしたことも実感として私たちは感じることがあった。こうしたことも含めて、跳び箱やマット運動に取り組むことの意味や価値を見出してきたし、これからも深めていきたいと考えている。

（資料５）「音楽・表現について」
——私たちが努力して試みたこと——

今回、私たちが表現活動に取り組むにあたって、努力し試みたことを以下に整理した。

１、よい教材を選ぶ

今回私たちが取り組んだ教材は以下の通りである。

1年生「雨だれさん」「熊はなぜ冬眠る」 2年生「三枚のおふだ」

3年生「手ぶくろを買いに」　　　　　4年生「かさじぞう」

5年生「子どもの四季」　　　　　　　6年生「利根川」

教材を選ぶにあたって私たちが考えたことは、以下の３点である。

①学年の発達段階に合っていて、その学年の子どもたちのよさが引き出せるものであること。

②歌だけでなく、朗読や身体表現を行うことが可能であること。

③子どもの力を引き出すために、教師が様々な課題をつくることが可能であること。

　上記の教材はこれらの条件を満たしているものとして選ばれた。

2、基礎を大切にする

　今回表現活動に取り組むにあたって私たちが大切にした基礎は、以下の6点である。

（1）身体を柔らかく使って息を吸ったり吐いたりする。

　かかとをつけてつま先を開き、口をしっかりと開けて、おなかに息を入れる。その時肩が上がってしまったり、肩に力が入ったりしてしまわないように気を付ける。余分な力を入れない。力まない。それが呼吸法や発声法の基礎だと考えた。

（2）遠くに届けるつもりで声を出す。

　大きな声を出そうとばかり考えるとどうしても力んでしまう。身体に余計な力が入ってしまい、自由な表現ができなくなってしまう。そこで、声は遠くに届けるつもりで出すように指導した。これも発声法の基礎だと考えた。

（3）一本調子にしないで変化をつける。

　朗読の場合、特にそうだが、一本調子にしないこと、強弱や緩急をつけて変化を付けること、それが表現活動の基礎だと考えた。

（4）音楽のリズムに合わせて動く。

　例えば歌いながら移動するような場合、その音楽のリズムを感じ取り、それに合わせて移動することが基本だと考えた。

（５）子どもが自分で判断する。

　どのタイミングで立ったらよいか、座ったらよいか、前に出ていったらよいか、せりふを言い始めたらよいか。それらのことを子どもに自分で状況を判断して決めさせるようにした。そうすることで、どの子どもが元々もっている、自分で状況を見て判断し決断する力が飛躍的に伸びてくると考えた。

（６）子ども同士が対応する。

　例えばＡさんがせりふを言った時、相手役のＢさんはそれをどう受けるのか。また、まわりの子どもたちはその二人のやり取りをどう受けとめるのか。そういうことを常に意識させ表現活動をつくりあげていこうと心がけた。そうすることで、子どもたちの中に、他者とうまく対応する力が育ってくると考えた。

（資料６）「マット・跳び箱の指導について」

マット・跳び箱の指導について

種目		教材解釈（技の意味・価値）	指導の視点とポイント	続くもの
マット	ゆりかご	・腰〜背中〜肩〜後頭部とマットに順についていき、足が頂点に達したとき、一度脱力する。もどってくるときにまた身体を締める。自然のリズムを体得する心地よさがある。	・ゆったり構えて準備ができているか。無駄な力が入っていないか。	後ろまわり
跳び箱	ふみこし	・助走から軽く加速して、踏切板と跳び箱を「と・とん」と踏み切り、柔らかく着地する心地よさが味わえる技。 ・跳び箱運動での助走、踏切、着地の基本となる技能を習得できる。	・助走でつま先と膝を柔らかく使っているか。 ・助走の足音がドタドタしていないか。 ・腰を落とさず、リズミカルで軽く弾みのある助走ができているか。 ・着地に柔らかさがあるか。 ・助走から着地まで、全体に流れがあるか。	開脚腕立て跳び上がり下り
跳び箱	開脚腕立て跳び上がり下り	・「ふみこし」同様、跳び箱運動での助走、踏切、着地の基本となる技能を習得できる技である。しかも、両足による踏切である点で「ふみこし」よりさらに重要である。 ・後半の「下り」の際、両腕で支え、身体を移動させる感覚は「開脚腕立て跳びこし」に必要である。 ・跳び箱のつかみ方、台上での腕の使い方、身体の支え方の基本となる技である。	・助走でつま先と膝を柔らかく使っているか。 ・助走の足音がドタドタしていないか。 ・腰が落ちず、リズミカルで軽く弾みのある助走ができているか。 ・踏切板への最後の一歩を膝を使って柔らかく高く大きく入っているか。 ・頭を下げ、腰が高くなるよう、手は跳び箱をつかんでいるか。 ・腕を使って身体を支え、ゆっくり腰を下ろすことができているか。 ・両手を高く上げ、跳び箱を強くたたき、身体を十分に持ち上げ、身体を移動させているか。 ・着地に柔らかさがあるか。 ・助走から着地まで、全体に流れがあるか。	開脚腕立て跳び越し

種目	教材解釈（技の意味・価値）	指導の視点とポイント	続くもの
マット ふんすい・えび	・身体の柔軟性と「締め」によるつま先にまで集中する肩倒立の両方が合わさって心地よい技である。 ・「ふんすい」から「えび」まではかなりの腹筋が必要である。 ・呼吸法と脱力で「えび」の姿勢をつくる。	・くの字に曲がる身体をまっすぐ（垂直）に肩に乗せるためには身体を支えることと腰を入れる（腰を肩に乗せる）手の支えが重要。 ・手で身体を支えるには、脇を締め、肘の引きつけがなければならない。 ・手で身体を支えながら、足の裏に繋が寄るように、足先は天を向くようにすることにより身体全体のバランスを取る。静止5秒。 ・首の柔軟さが求められる。	頭支持倒立（三点倒立）
跳び箱 開脚腕立て跳び越し	・「跳び箱」と言えば、この「開脚跳びこし」のことであると、言うように代表的な技である。	・助走でつま先と膝を柔らかく使っているか。 ・助走の足音がドタドタしていないか。 ・腰が落ちず、リズミカルで軽く弾みのある助走ができているか。 ・踏切板への最後の一歩を膝を使って柔らかく高く大きく入っているか。 ・踏切板からエネルギーを受け取るように強く踏み切っているか。 ・頭を下げ、腰が高くなるよう、手を跳び箱につかんでいるか。 ・手の位置は跳び越せる位置になっているか。 ・跳び箱を強くたたき、身体を十分に持ち上げ、身体を移動させているか。 ・着地に柔らかさがあるか。 ・助走から着地まで、全体に流れがあるか。	閉脚腕立て跳び 台上前回り
マット 前まわり	・マット運動の一番の基本となる技である。 ・腕によって支えられた身体が、体重の移動によって自然に身体が回っていく、「緊張と弛緩」「集中と緩和」の心地よさが味わえる技である。	・自分にあった手と足の位置を決めることができるか。 ・手を八の字にしてしっかりマットをつかんでいるか。 ・膝は曲がっていないか。 ・肩が前に出ることによって、ゆっくり体重が両腕に移動してきているか。 ・体重は両腕を突っ張ることによって骨格で支えることなく、車輪のように円となって支えているか。 ・腰が前方へ移動し、足の親指だけが残るまで腕で支えているか。 ・限界に達したとき、後頭部がマットに着くように、素早く頭を入れ、蹴ることなく自然に回っているか。	台上前まわり
跳び箱 台上前まわり	・跳び箱運動の一番の基本である踏み切りとマット運動の一番の基本となる前回りが組み合わさった技である。 ・「前まわり」同様、踏み切って腰が上がった段階からは、腕によって支えられた身体が、体重の移動によって自然に身体が回っていく、「緊張と弛緩」「集中と緩和」の心地よさが味わえる技である。	・助走でつま先を柔らかく使っているか。 ・助走の足音がドタドタしていないか。 ・腰が落ちず、リズミカルで軽く弾みのある助走ができているか。 ・踏切板への最後の一歩を膝を高く強く入っているか。 ・踏切板からエネルギーを受け取り、腰がすい上がるように強く踏み切っているか。 ・頭を下げ、腰が高くなるよう、手は指を開き、跳び箱をしっかりつかんでいるか。 ・膝に力が入り、曲げずに脱力できているか。（足の親指に意識をもって脱力する） ・体重を両腕を車輪のように円となって自在に支えているか。 ・手足が伸び、ゆっくり大きく回っているか。 ・着地に柔らかさがあるか。 ・助走から着地まで、全体に流れがあるか。	腕立て台上転回
マット 倒立前まわり	・倒立は全体重を両腕で支え、しかもバランスをとって静止しなければならない高度な技である。 ・そののち、ゆっくりと頭を入れながら前まわりをする、かなり難しい技である。 ・難しい技である分、やりとげた時の達成感がある。	・指を開き、手を八の字にしてしっかりマットをつかんでいるか。 ・振り上げ足の膝が伸びているか。 ・体重を骨格で支えることなく、両腕を車輪のように円にして自由自在に支えているか。 ・腰が乗っているか。 ・手の平と指先でバランスがとれ、静止できるか。3秒程度。 ・前方に倒れる時、腕をゆっくりたたみ、首に負担のかからないよう後頭部をつけ回っているか。	

教育実践発表会の実際
──担任教師の感想と証言──

＜公開した実践発表＞

国語　9：00─9：45
1の1　ＫＵＲ学級　「くじらぐも」
1の2　ＵＥＭ学級　「くじらぐも」
2の1　ＫＵＮ学級　「お手紙」
2の2　ＹＡＳ学級　「お手紙」
3の1　ＹＺＷ学級　「ちいちゃんのかげおくり」
3の2　ＴＮＫ学級　「ちいちゃんのかげおくり」
4の1　ＦＫＪ学級　「一つの花」
4の2　ＴＫＭ学級　「ウナギのなぞを追って」
5の1　ＯＫＴ学級　「大造じいさんとガン」
5の2　ＭＫＮ学級　「大造じいさんとガン」
6の1　ＭＴＭ学級　「海の命」
6の2　ＭＴＫ学級　「海の命」
特別支援　ＴＫＨ・ＯＤ学級　「思いを伝え合おう」

体育　10：00─11：45
1年生　「踏み越し」「ゆりかご」
2年生　「腕立て跳び上がり下り」「ふんすい・えび」
3年生　「腕立て開脚跳び越し」「前まわり」

4年生　「台上前まわり」「側転」
　5年生　「台上前まわり」「倒立からの前まわり」
　6年生　「倒立からの前まわり」

　音楽・表現　11：45—12：35
　1年生　合唱「雨だれさん」「熊はなぜ冬眠る」
　2年生　オペレッタ「三まいのおふだ」
　3年生　オペレッタ「手ぶくろを買いに」
　4年生　オペレッタ「かさじぞう」
　5年生　表現「子どもの四季」
　6年生　表現「利根川」

　次に、実践発表後のそれぞれの学級担任、教頭、教務主任、保健主事、養護教諭、ＴＴ担当教師、学びのサポーター、用務員、校務助手、栄養士、本校すべての教職員の感想を記述した。
　それで、「実践発表会を通しての学校づくり」の実際をさらに当日実践発表会参会者の感想を載せることで実際の様子の再現に替えたい。

以下の二次元バーコード（ＱＲコード）で、
　教育実践発表会での各学年の実際の音楽・表現
　および、体育のマット運動・跳び箱運動の全学年の一部を動画で見ることができます。

1年　歌2曲「雨だれさん」「熊はなぜ冬眠る」

2年オペレッタ「三まいのおふだ」

3年オペレッタ「手ぶくろを買いに」

4年オペレッタ「かさじぞう」

5年表現「子どもの四季」

6年表現「利根川」

体育：跳び箱運動

体育：マット運動

＜授業者＝担任の先生＞

実践発表会を終えて、つれづれなるままに…
1年1組　KURKT教諭

国語

　「一人学習をできるような子どもに近づける」ためには、一人で読むことができないとだめであるという考えから、まずは、音読を多く取り入れました。全員読みから始め、今は、役割読みや一人読みを多くしています。そうすることで、自信をもって読める子が増えてきました。また、くじらぐもの学習で、たけのこ読み（好きなところを読む）を行うと、声を思いっきり出す部分が好きな子が非常に多かったです。やはり1年生は、思いっきり声を出すのが好きなんだなあと感じました。

　また、今回中途半端に時間が余ってしまったため、くじらぐもがしたことや言ったこと、子どもたちがしたことや言ったことにラインを引かせてみました。しっかり全部を引ける子は少ないですが、どの子もいくつかは引くことができました。引かせてみると、予想以上に読み違えている子が多い台詞もあることがわかりました。そういった部分は、全体交流で扱ってみました。この程度であれば、低学年でも一人学習→全体交流ができるかなと思います。

　本時では、くじらは「おうい。」とまねをしたのか、まねではないのかということを考えさせましたが、まねをしたという方向に流れてしまい、教師の方から「先生はまねではないと思う。その理由は、この文の中にあるんだけど…。」と、やや強引にもっていって

224

しまいました。文章から「～だから、・・・。」と考えることができるように、もっと鍛えていかなければならないと反省しています。

　今までも、指導案をつくっている時に子どもの反応を考えてはいましたが、正直いまいち全体交流の様子を思い描くことができずにいました。しかし、子どもが読み違えそうな部分はどこかという視点で考えていくと、その場合はこんな投げかけをしたらどうか…など、具体的に教師の関わり方を考えることができるのでいいなあと思っています。ただ、低学年の国語は、深く掘り下げていくには手掛かりとなる言葉が少なく、そこに逆に難しさを感じています。

体育

　まず一番驚いているのは、ゆりかごばかりやっているのに、子どもたちが「え～、またぁ。」と嫌がらなかったことです…。

　さて、始めのうちは横にコロンと倒れて起き上がれなかった子がたくさんいたのに、ほとんどの子ができるようになりました。情けない歩き方をしていた子も、歩き方に気をつけながら歩けるようになりました。でも、一生懸命やっているのにどうしてもできない子がいて、どうしてあげたらいいのか…できるようにしてあげたいなあと切に思います。緩めるだけでなく、締める運動も必要だったようですが、鉄棒も、前回りもしないままだったので、今後はそういった運動も取り入れていく必要があるのでしょう。でも、鉄棒をするにはもう寒い…。

　1年生は技そのものの練習もたくさんしましたが、見せるとあって、本番と同じように通す練習もたくさんしました。流れがしっかり身につかないと、不安で技に集中することができず、通し練習で

は失敗する子や隣を気にする子がやはり多かったです。雛段も横に並べ、できるだけ本番と同じような形で何度も練習をして、技に集中できるようになりました。特に、先頭の子は教師の顔を見ながらじゃないとできないような子でしたが、順番を変えずに行いました。

　結果、自分で考え動けるようになり、全員終って立つ時など他の子よりもさっと立っており、感動しました。ですが、交流会のための通し練習、発表会のための通し練習、（土曜参観のための通し練習）、と見せるために必要な練習が多くなり、もったいない気がしました。

　それから、初めのうちは学年でマットも跳び箱もやりましたが、発表する技が決まってからは別々にそれぞれの技に取り組んできました。なので、１組は、跳び箱の方は全然できていません。当然、２組はゆりかごが全然できません。これは、１年生のうちにできるようにしなければならないのでしょうか。でも、マットも跳び箱もかなりの時数を割いています。どうなのでしょう。

　直接、体育とは関係ありませんが、技に入る前に気持ちの準備をするように、教室前に並ぶ時も、気持ちの準備ができてから並ばせています。深呼吸をする子もいれば、しずかに固まっている子もいますが、ただ並ばせるよりも、静かにさっと並べることができています。「やり直し！」と怒る必要もほとんどなくなり（たまにはありますが）、これはいいなと思っています。

やってみたこと１
　起き上がれない子
　１　お尻を上げ、勢いをつけさせた。

　2　ロックしている手を引っ張ったり、お尻を押したりした。

どしんとお尻をつく子

　1　足の近くに腰を下ろさせた。

頭がゴツンとなる子

　1　勢いをつけないように言った。

やってみたこと2（技術のレベルアップ）

　お尻が上を向くように

　1　膝がおでこに付くように意識させた。

表現

　いろいろな学年の練習を見たり、箱石先生の指導を受けたりした時に、無駄な力を抜くということが大切なのだと思い、1年生でも怒鳴らないように指導してきました。ところが、箱石先生に見ていただいた時に、楽しく歌っていれば、怒鳴ってもいいのだと言われ（怒鳴るのが良いというわけでは、もちろんありません。）「えっ、そうなの？」と、正直困惑しました。楽しくなると、つい大声を出して、しまいには怒鳴る子が多くなります。力んで声を出す子もいます。全部O.Kでいいのかな？　と、つい「冬の寒い日」と最後の言葉に力を入れないようにとか、たぶん余計だったに違いない指導も入れてきました。

　1年生は、2曲だけだったので、2学期に入ってから練習を始めました。歌を覚えたら、音楽の時間には、普通に教科書の曲もいろいろ歌いました。息をたっぷり吸うことだけは、できるだけ気をつけるようにし、あとは体を動かしたりしながら楽しく歌えるようにしました。自信がない時は、蚊の鳴くような声でしか話せなくなる

子も、とても大きな口を開けて歌うようになり、成長を感じています。

　昨年の１年生も元気よく歌っていましたが、最初から最後までひたすら元気よく歌っていたように思います（そういう指導しかしていなかったからでありますが…）。今年は、「おひさま　にこにこ」とか「もりじゅう　おおさわぎ」とか、歌のイメージに合わせて、盛り上げることができているように思っています。教科書の「ひのまる」でも、どこが盛り上がると思う？と聞いてみたら、「あ〜うつくしい」のところだと子どもたちから声が上がり、実際に歌ってみても、しっかり意識して歌えていました。１年生でも、そんな歌い方ができるんだなと新たな発見でした。

子どもの育ちと成果について　　１年２組　ＵＥＭＴ教諭

○国語について

　昨年は中学年ということで、子どもたちは、初発の感想で、おもしろいところや疑問に思うところを見つける一人学習を試みた。疑問に思うところも自分なりの解釈をしてみた。そうすることによって授業の課題が見つかり、自ら進んで学習する楽しさが味わえたように思える。

　今年は一年生ということで、ひらがなを覚えたばかりの子が、どう一人学習に取り組めるかと悩んだ。校内研究授業の前の単元で、説明文「くちばし」を学習した。子どもたちは文字を覚えたばかりで、しかも初めての説明文である。数は少ないが入学して初めてひらがなを習った子にとっては、いきなりの文章、それも説明文でか

なり抵抗があったにちがいない。

　この単元から音読を始めてみた。常に声に出して読むことを学校でも家庭でも習慣づけてきた。声に出すだけではなく、きちんと理解していかなくてはならない。その点で説明文は適していたかもしれない。「何ページ何行目にこう書いてある。」と常に根拠を基に読み進めていく。

　「おむすびころりん」や「おおきなかぶ」そして今回の「くじらぐも」のような物語文では、登場人物・中心人物を見つけて、やったことに線を引かせたり、誰が言ったことかをはっきりさせたりした。また、時や場所がわかる言葉にも注目させた。

　音読を進めるうちに、子どもたちは読むのが上手になり、全体読みはもちろん、一人読みを毎日喜んでするようになった。好きだからこそもっともっと文章を読む。読むことによって文章が記憶に残り、手がかりを探したり、内容を把握したりすることがすらすらできるようになってきている。

　また、声を出すことに慣れてきたせいか動作化も抵抗がなくなってきているように思える。個人差はあるが、読むことが好きな子たちに成長していって欲しい。

○体育について

　今回は跳び箱の「ふみこし」に挑戦した。　やさしそうに見えたが、やってみると結構むずかしい。コツがわからず四苦八苦していると、多くの先生が手を差しのべてくれた。少しずつ良くなっていき、子どもたちも夢中になってきた。深呼吸から助走。それもだんだんと速度をあげていく。高く跳び、ふんわりとひざを使って着地。

ここでは手の動きも体のバランスをとったりしなやかさを表現するために大きな働きをする。単純な動きではあるがこの一瞬の技に子どもたちが集中して、極めようとする姿に感動した。終わった後の感想から、どの子も達成感が味わえたと感じた。

○音楽について

声を張り上げて、力まかせに歌を歌っていた子どもたちが、いつの間にか楽しく子どもらしくやわらかい声で歌えるようになった。表情の硬い子ども達を校長先生の雨だれさんや熊さんの演技が子どもたちの心を捉え、表情を柔らかくしてくれた。また印象強かったのは、箱石先生のご指導による、歩きながら、走り回りながら歌ったこと。その後子どもの歌い方、声が大きく変わったように思える。口ばかりでなく、全身で歌うこによって表情豊かに大きな声が自然に出てきた。子どもたちは歌うことがますます好きになってきた。

教育実践発表会を終えて　　2年1組　KUN教諭

1、取り組みをふり返って
（1）国語『お手紙』

なにか足が地につかないまま授業が終わってしまった。教室がグッと集中することなく終わってしまった。教材解釈や授業案の問題かもしれない。とくに授業展開案は十分に詰めることができていなかった。どういう反応になるかわからず不安なところがかなりあった。そういう問題も考えなければならないけれど、それよりも

大きな問題は他にあったように思う。

・日常の弱さ

　学習に向かう子どもの態勢がまだまだできていなかった。ここまでの日常の学習の弱さということだろう。一人ひとりがまだまだ弱かったし、もっとよく見てここまでに手を入れておくことがたくさんあった。必要な手だてがいくつも残っていたように思う。不十分なことがいくつも残ったまま、先を急いでしまったようだ。一から出直しである。

・この教材の世界に入れなかった

　私自身がこの教材の世界から離れたところにいるまま授業に入ってしまった感じがする。このお話のがまくんやかえるくんの世界に入り損ねた感じ。おそらくそれも授業に影響していたのではないか。

　そういうなかでただ一つ救いと言えるのは、読むことについてだろう。例えば最初にひとりで読んだ子。読むのはあまり上手ではないし、いつもは手を挙げて読むことはなかった。そういう子があの場で手を挙げて読んだ。他にもそういう子がいた。それほど上手ではなかったが、あの場で自分で手を挙げて読んだ。それが嬉しかった。

（2）体育『腕立て跳び上がり下り』

　体育は『踏み越し』から始めて『腕立て跳び上がり下り』に取り組んだ。「ドン、ドン」というような助走から始まったが、跳び箱の基礎はやはり助走／踏み切りのようだ。それが決定的といっていいくらいなのではないか、そういう思いが強い。

◇助走・踏み切りについて

　膝を柔らかく使った助走・踏み切りができるかどうか。何回かの箱石先生の指導の中でもっとも指摘されたことは、やはり助走・踏み切りに関してだった。とにかく膝を柔らかく使うこと。膝が使えない子は、助走もかかとが目立つことが多い。ゴツゴツとかかとの音がする。そして踏み切り。踏切り板に入る時の膝がグッと沈むような感じから、上にスッと吸い上がるような踏み切り。なかなか難しいのだが、まずこの助走を／踏み切りを低学年のうちにきちんと入れるべきなのだろう。

◇腕の使い方

　跳び箱をつかむこと。ぐっとつかんでゆっくりお尻を下ろす。体重を支えてお尻を下ろすことができる子は指をまっすぐ伸ばしていない。関節を浮かすように指先に力を入れている。『前まわり』の時のつかみ方と同じだ。腕も同じように肘を湾曲させて力をためている。跳び箱に着いた瞬間にそうするわけだから結構難しい。『前まわり』をもう少していねいにやっておくべきだった。

　腰を上げること。腰は踏み切って高く上げるというより、手を着いたその反作用の力で上がっていくようだ。だから腕の使い方が大事になる。『台上前まわり』の腕の使い方も同じだろう。実際、練習の時に腰が上がりすぎて『台上前まわり』になってしまった子がいた。

◇下り方

　ここはよくわからなかったところ。跳び箱を叩くように腕を大きく掻いてその力で身体を浮かせて下りる。『開脚跳び越し』につな

がる腕の使い方だ。

　跳び箱にお尻を下ろしてから、大きく息を吸い腕を上げ、跳び箱を叩くように下りていくそのリズム感。このリズム感のある子は技がきれいに見えるのだが、どうも急いでしまう子が多い。一人ひとりがまだまだ弱い。

◇イメージということ

　こういう技だという具体的なイメージ。助走のイメージ、踏み切りのイメージ……、それがはっきりしないと、いろいろ言っても子どもにうまく伝わらない。

　膝を柔らかく使うというのは、跳び箱を跳ぶためなのではなくて、膝を柔らかく使うことが様々な運動に必要だったり、人間の身体的な動きに合理的だからなのだろう。

　「お財布拾い」という練習、ポンと跳んで膝を柔らかく使いながら着地し立ち上がる。そういう膝の使い方。縄跳びも足音が小さくなるように意識させるだけで、ずいぶん膝を使うようになる。駆け足も同じだろう。そういう日常的なところを意識すれば、時間はずいぶん省けたように思う。

（3）オペレッタ『三まいのおふだ』

　音程がとれない、テンポが刻めない私には、歌に取り組むことは結構大変なことだった。それも表現ということで、歌にするかオペレッタにするかずいぶん迷った上での選択になった。ほとんど冒険といっていいくらいだ。7月に入ってから歌の練習を始めたが、それでもこの教材を続けてよいのか不安だった。

◇「息を吸う／身体を使う」

　始めの頃、気にしていたことは身体が使えるかどうか、息を吸えるかどうかということだった。どうも身体が固い、息を吸ってもお腹の方に空気がスーッと入っていかないように見えた。だから声も固いし響かないのではないか、そんな気がした。他の学年では「息を吸う」ことが最も基本で、「身体を使ってやわらかく歌う」そういう指導が続き歌う声が響いていたから、いっそう息を吸わせられないことが気になっていた。

　ところが、来校日の箱石先生の指導でずっと言われたことは、「いいんじゃないですか。」「楽しそうに歌っているでしょう。」ということばかり。これは６月の『雨だれさん』の歌からそうだった。たしかに息を吸う練習もされたが、それよりもまず楽しむことだ、というふうだった。「身体が固い」とか「声が固い」とかいうことはほとんど言われなかった。表現ということの根本として、「そういうことではない」ということなのだろう。

　身体を固くしない、身体を使うということ。そのためにはまず気持ちを解放するということか。

◇「楽しみながら」ということ

　そしてずっと言われたことが、「楽しみながら」ということ。子どもが歌や表現を楽しむということ、そして教師も楽しみながらということ。

　「もっと教師が楽しめばいい。少しおどけてやったっていいくらいだ。」そう言われる。そして、実際に小僧やおばの真似をしながらおどけて指揮をされる。子どもが笑いながら歌っている。そも

そもこのオペレッタの歌詞は「ぺらんぺらんのぺらん／小僧の頭は
うまそうだ／ざらんざらんのざらん／小僧のお尻はうまそうだ」と
いうようなもの。もともと楽しいお話なのだ。「子どもと一緒に楽
しめばいい。」と言われる。

　それはわかるが実際となると、子どもの前でとてもそんなに無邪
気に動けなかった。身体が強ばってしまうし、顔が引きつりそうに
なる。これはできなかった。固さが邪魔をしている。自由になれな
い固さ。

◇「型はめをしない」「仕事をさせる」
　決まった型に当てはめて台詞を言ったり動いたりするのでは表現
にならない。それは初めから思っていた。だが自分に指導の経験が
なく、それで「型はめをしない」というのは難しく、どうしても何
だか型はめのようになりがちだ。それでもやり方を全部教えてその
通りにさせるのでは、表現でなくなってしまう。動きが単純であっ
さりしたものになったが、それは仕方がない。できることをするし
かなかった。

　ただ、「えっ」と思うことはあった。10月の来校日の指導の時。
10人ほどの子が小さな豆になって散らばる場面。くっついてしま
う子どもたちに、私は「もっと広がって」「もっと前に出て」と指
示を出していた。その時、言われた言葉──「位置を決めてやれば
いいんだ」。「えっ」と思った。位置まで決めていいんだ。そういう
ことを教師が決めてしまってはいけないのかと思っていた。子ども
はフロアーを広く使うということがまだよくわからない。だからそ
こは決めてやって、そこで自分の表現をさせるということ。

その後、そこからヒナ段に戻るのだが、今度はそこでストップが
かかった。「そこで無造作に戻らない。曲を聞きながらゆっくり
戻っていく。戻ることでも仕事をさせる」。それでやり直してみる
と、さっきは歌の邪魔になっていた戻る子どもが、今度は表現する
姿になっている。

　おばばが大きな包丁を研ぐ仕草の場面があるのだが、それが見て
いてもよくわからない。そこでの言葉――「大きな包丁と砥石をつ
くって、こういうふうに研ぐんだとやってやればいい。そういうイ
メージがないんだから」。なるほどと思う。実際に物をつくって、
というのは俗かなという先入観がある。<u>型はめをしないというのは、
何でも自由にさせる、何でも子どもに考えさせるというのではない
のだ。イメージをつくらせて、そこで自由に表現させるということ。</u>
限定して表現させること、しかし空白の時間をつくらない。意味の
ない動きをさせない、それはイメージがないということ。

　子どもにきちんと入れること。そして自由に表現させる。

◇「表現する」という意味

　オペレッタといっても、初めは表現というより歌と台詞を中心に
したものを考えていた。身体的な動きとなるとどうしてよいかわか
らないという不安があった。だから「大山」や「大川」「大火事」
の表現は、語りで済ませるつもりでいた。

　ところが歌を覚え台詞も入れていくと、次は「早く表現も入れて
いくといい」ということになった。表現で「大山」や「大川」をつ
くることを子どもはどう思うのだろうのだろうか……。

　動きを入れたのは10月になってからだった。時間はほとんどな

かった。10月の来校日にはそれを見ていただいた。決して上手な表現ではなく単純な動きだったが、その動きにもとくに指摘はなかった。ただ、ここでは「対応」ということを言われた。表現の基本として、相手と対応しながら動くということ。位置の対応、動きの対応。例えば、小僧とおばばの位置。おばばと大山の位置、動き。いつも相手を考えながら動く。そういうことを子どもにも意識させていく。また見る側からはどうかということも考えていく、それも教師の仕事だと。

　そして今回感じたのは、そういう動きを子どもが喜んでやっているということ。「大火事」の子など走り回っているだけに見えるのだが、それを楽しんでいる。「大入道」も単純な動きだが面白がっている。こういうことを面白がるんだ、それが私には発見だった。

2，学校研究／組織ということ
（1）体育の取り組みについて

　国語、表現、体育の三つを柱にして始まった学校研究だが、体育はスタートがもっとも遅かった。実質的には今年が1年目、それも一学期半ばになってようやく動き出したという状況。それから学級で取り組む技を決め、そして10月下旬には全部の学級が公開するというのは、今考えてもかなり大変なことだ。

　基礎や基本を大事にして積み上げていく、結果ではなく取り組みの過程を大事にしていくということは間違いではなかったと思う。それでも、実際に学級の全員が一人ずつ演技していくというのは大変なことだ、実感として感じたのではないだろうか。とくに積み上げのない高学年にとっては心理的にも技術的にも相当に大きな負担

だっただろう。体育の取り組みの窓口になっていたから、動き出すのが遅れたことと合わせて、そういうことも気になっていた。

　それでも、一人ひとりが集中して技に向かっているのを見るとやはり見事だという気がした。投げやりになったりいい加減になったりせずに一人ひとりが一生懸命に技に向かっている、そこに意味があるように思う。もちろん、時数の問題とか考えなければならない課題は残っているけれども、取り組み意味は十分にあったように思う。

（2）学校研究ということ

　実質的に学校という組織としての研究であったこと。実践発表会までの細かな計画や準備。さまざまな環境面での仕事。授業案の印刷や丁合までもがいつの間にか終わってしまっている。実践発表会前日、担任の先生方もほとんど帰り、もうすべての準備が終わったと思える頃に再び廊下をきれいにモップをかけている。準備の確認をして回っている。

　学校職員としてそれぞれの立場で研究に携わっている。そういう人たちすべての意見や感想が研究に生かされるべきだろう。学級担任を強力にバックアップしているということに留まらない有機的なつながりになる時、学校という組織としての研究になるのだろう。そういう研究に近かったと思う。そして、そうなるために大事なことが学校としての方針、どういうことを目指すかという方向なのだと思う。

教育実践発表会を終えて　　2年2組　YAS教諭

国語の学習に関わって

　今年度、研究全体会等での話を受けて、音読に力を入れて国語科の学習を進めてきた。なんとなく単元の最初に読むだけではなく、意識的に取り組んでみると、子どもたちの成長がとてもよくわかった。特に、国語の苦手な子たち（ひらがな・カタカナの読み書きが十分でない、言葉を正しいつながりで話すことがあまりできない）の読み方が、たどたどしい読みから、スムーズで気持ちのこもった読みに変化していく様子は、聞いている子どもたちも気づくほど顕著であった。5年研で行った「どうぶつ園のじゅうい」の公開授業でも、授業のはじめの音読に関して多くの質問・意見をいただいた。「声の大きさ、読む速さ、まとまりを意識したスムーズな読みが素晴らしかった」「どの子も自信をもって読んでいるところが良い」「どのように指導しているのか」というものである。各校で2年生を担任しており、「どうぶつ園のじゅうい」の単元も既に指導した先生方であるから、「自分の学級の子どもたちと比べて」ということであろう。子どもたちが、「声に出して読む」という点で、2年生という発達段階を考えても着実に力を伸ばしてきていることがわかる。

　表現で「こぞうさん」を演じた男子は、今だにひらがなの読み書きが十分でなく、今でも、単元の初めの頃に一文読みをするといつも彼のところで止まってしまう状態である。その時は、声も小さく弱々しい。しかし、繰り返し練習していくにつれ、だんだんと自信をもって力強く読めるようになってくる。どの文が当たっても、間

239

違えずに読めるようになる。そして、彼は音読の練習が楽しいと言う。自分の成長を、自分でも実感しているように思われる。

　「お手紙」では、台詞の読み方と登場人物の気持ちを行ったり来たりして考えながら学習を進めていった。ともすると、その場面や台詞を学習した時だけ小さな声で読んだり悲しそうに読んだりするけれど、日を置いて全体で読んでみるといつも通りの平坦な読み方になっていることがよくある。今回、それも少し危惧していたが、全場面の学習を終え、翌週あらためて音読をさせてみると、子どもたちはこちらから何も言わなくてもしっかりと場面の様子をとらえながら読むことができていた。単なる技術として「小さな声で」「大きな声で」「速く」「遅く」と読むのではなく、あくまでも、自分のとらえた登場人物の感情の表現として音読することができてきているのではないかと思う。それぞれの思う「悲しさ」「嬉しさ」を個々に表そうとする姿は、担任としてもとても嬉しいものであった。

　今回、音読に力を入れた学習の中で、「一人ひとりが自信をもって声を出す」「音読を通して文章の内容を自分の中に沁みこませる」という点で、子どもたちの成長や変化が見られたと思う。

体育（マット・跳び箱）に関わって

　そもそも、「ふんすいえび」がどういうものかわからないというところからスタートした取り組みであった。実際にやってみて、子どもたちがふんすいえびの練習をすることをとても楽しんでいたことに大変驚いた。家で練習した、という子もいた。台上前転（前回

り？）のような「できた！」という派手さがあるわけでもなく、素人にはできているのかできていないのかの判断さえ難しいような技だったが、子どもたちは不思議と喜んで取り組んでいた。おそらく、技のコツ・ポイントをしっかりと教えていただいたため、子どもたちにとっても明確な目標をもって取り組むことができたのでは、と思う。日記を書かせても、「足のしわができた」「スーッと立てた」「○○ちゃんの手の位置が良かった」など、「できた・できない」だけではなく体の部分部分の動きをよくとらえているな、と思うものが多かった。教師側が、ポイントを押さえて的確に指導していくことで、子どもたちの「自分を見る目」「お互いを見る目」が育っていくことがわかった。

　最初は、「だれができた」「だれが上手だった」という話だったが、練習を重ねてだんだんと周りが上達していくと、今度はできない子が目立ってきた。マットに寝た状態から、腰を上げることができない。足を上げてお尻を触っているだけ。ぐっと腰を上げてはみるものの、自分の体を支えられず転がってしまう。あるいは、腰が「く」の字に曲がり、「ふんすい」の形にならない。「えび」に入ろうとしても、ひざが体育座りのように曲がってしまう。そもそも、子どもとは思えないほど体が固く、足を伸ばして座ると体を前に屈めることもできないのだ。

　そこで、体育の最初に柔軟や前屈の練習をするところから始めた。技の練習では、教師が足を持ち上げてやり、背中を支え、形をつくってから「この形だよ！」と声をかけた。初めのうちは、こちらの手に重心がかかっており、手を離すと同時に崩れ落ちた。けれど、

繰り返し練習すると、少しずつ形をキープできるようになってきた。また、その様子を周りの子どもたちも見ていたため、私がついていない時も「○○くん、その形！」「もうちょっと上だよ！！」と的確なアドバイスを送っていた。「こうするんだよ」と足を支えてあげる子も多くいた。

　周りの支えや励ましを受けて、本人たちも一生懸命練習に取り組んだ。初めのころは「できなぁ〜い」と甘えていたり、できていないのに「できた」と思いこんでいたりするところもあったが、周りとのかかわりの中で少しずつレベルアップしていった。自分ではよくわからない姿も、周りの友だちが「前より足上がってるよ！」「もうちょっと！」「すごいすごい！！」とたくさん声をかけてくれたことが大きかったと思う。

　最終的には、ぴっとまっすぐに上に上がった「ふんすい」、ひざを伸ばした美しい「えび」とはいかなかったものの、全員が「ふんすいえび、できた！」と思える発表になった。たったひとつの技にこれだけの時間をかけて取り組んできた成果であると思う。

表現に関わって

　表現では、全身を使い、呼吸を意識しながら声を出させるように指導を行ってみた。指導法研修での内容を少しずつ取り入れてみたが、なかなか全員を集中させることが難しかった。練習の中では、高音域がか細くなってしまいがちで、のびのびと声を出させることに苦労した。また、日によって子どもたちの声の響きがガラッと変わり、声の出ない日・時間にどのように歌わせればよいかがわから

なかった。休み明けの月曜日に声が出ないのはともかく、音楽室で練習してとてもいい声が出たと思っても、次の時間に体育館に行くとまた「しゅん」としてしまったり、かと思うと、そういう時の指導法を教わろうと思っている時に限ってしっかり歌えたり。体育館でも、音楽室でも視聴覚室でも、月曜日でも、金曜日でも、ほんの少しの気持ちや体調の差が声に出てしまうようで、ムラがあるのが気になっていた。結果として、交流会や発表会などで100％の力を出し切ることが難しかったように思う。

　指導の中では、「リラックスさせて、のびのびと歌わせなさい」ということを何度も言われた。直前の練習の中で、発表の途中で自分の出番ではない時に子どもたちが余計なおしゃべりをしてふざけている様子が気になっていたが、「そのくらい楽しんでリラックスしているくらいが良い」とのことであった。ただ、学級では、「友達の発表もちゃんと見よう」と指導しているし、体育の時も、自分の番でなくても「しっかり友達を見ていなさい」と指導しているのに、表現の時に限っては発表中に「おしゃべりも良い」というのが自分の中であまり消化できなかった。どのようにリラックスとけじめのバランスをとっていけばいいのかを、子どもの実態をふまえながら考えていきたい。

今後について
　国語→引き続き、音読にも意識的に取り組みながら、教科としての学習を進めていきたい。
　体育→１組は跳び箱、２組はマット（ふんすいえび）の指導に重

点を置いてきたが、今後はもう一方の技にも取り組むべきか。ただ、実態として、既に20時間近い時数を費やしている。ボールゲーム（蹴る、投げる等）、リレー遊び、リズム遊び、体つくり運動などは、現実問題ほとんど行っていない。今回の取り組みは大変有意義であったとは思うが、他の内容はないがしろにしてもよいということではないと思う。今後の取り組み方を考えていきたい。

　表現→体育同様、時数的に音楽の他の内容をかなり圧迫していた。継続するなら取り組み方を考える必要があると思う。また、立川さんのピアノにかなり助けられて成り立っていたが、伴奏者の負担は軽くはない。生ピアノはもちろん良いが、継続的な取り組みにすることを考えた時に、人材的にどうかを考える必要があると思う。

研究会を終えて　　３年１組　ＹＺＷ教諭

国語

　一人学習に取り組んだ成果と課題

　上段は教師が感じていること。下段は子どもたちの声。

（成果）

・以前と比べて、発表に向けての姿勢が変わった。

　「自分がこんなに発表できるなんて思わなかった。」

・自信をもって発表する姿勢が見受けられる。

　「いきなり聞かれるんじゃなくて、いちおう考えてあるから安心して言える。」

・授業中に、家庭で、読む回数を多くしたことも関係してか、書き出す量が増えてきた。

「何度も読んでいると、書きたいことが頭の中にうかんでくる。」

「たくさん予想をするために、家でお話を読んできました。」

・その時間に学んだことのおさえと次への見通しが、少しずつ自分自身でもてるようになってきた。

「今日学習したことがはっきりすると、次に何を学習するのか予想できるようになってきた。」

・みんなで共通して調べた難語句以外も調べるようになってきた。

「よく意味のわからない言葉があると、自信をもって発表できないからです。」

・以前よりも発表をつなげられるようになってきた。

「友だちの意見（ノートに書いた一人学習）が気になるようになってきた。それでよく聞いていると、ノートに書いていないこともつけたして発表できた」

・書かされるノートでなく、自分のアイテムとなるノート

「あとでちゃんと読めるようにしないと発表できないから、ノートは気をつけて書いた。」

（課題）

・前単元「モチモチの木」で取り組んだ一人学習は、教師が提示したキーワードについて考えさせた。

　今回の一人学習のねらいは、子どもたち自身で設定したキーワードについて考えさせた。結果は、なかなかその時間の課題に迫るようなキーワードに辿り着くことはできなかった。今回で2回目の一

人学習ということもあると思うが、辿り着くための教師側の手立て
を工夫することが今後の課題と考えている。

体育

　開脚跳びこしに取り組んだ。

経緯

・幼稚園時…多くの子が開脚跳びこしを経験してきている。
・１年生　…ふみこしに取り組む
・２年生　…ゆりかご、ふんすいえびに取り組む

子どもたちの様子と指導の言葉

・３年生１学期…ゆりかご、ふんすいえびと、開脚跳び上がりおり
　に取り組む
・８月下旬…初めて開脚跳びこしに取り組む。跳びこせない子が
　13名。
・９月初旬〜中旬…箱石先生よりいくつかの具体的な指導の言葉を
　いただく。
　「助走はかかとをつかずにつま先で」「ふみきり板から力をもら
　う」また、跳びこせない子に再度跳び上がりおりを取り組ませた
　ところ跳びこせるようになった子がおり、有効だった。跳びこせ
　ない子が９名。
・〜実践発表会…この時期に跳べるようになった子、跳びこしはで
　きていたがさらによくなった子へ有効と思われる言葉「助走は始
　めはゆっくりでだんだん速くしていく」「手でしっかりぎゅっと
　つかむ」「肩が前にくるように跳ぶ」跳びこせない子が７名

・〜現在…特に、新たに跳べるようになった子たちが、跳びこせない子たちへ自分に響いた言葉を熱心に伝える姿が見られた。跳びこせない状況によって、言葉かけを使いわけていた。休み時間の練習も引き続き行っている。跳びこせないこともある子が5名。跳びこせない子は3名。

表現

「手ぶくろを買いに」に取り組んだ子どもたち

・1学期は歌を中心に行った。曲数が多かったが子どもたちは楽しみながらどんどんおぼえていった。

・8月下旬…全校の交流会に臨む。他の学年の表現におおいに刺激を受け、**このままの歌、表現ではいけない**と子どもたちなりにかなり感じたようだった。

・9月…箱石先生からいただい具体的な指導の言葉で、子どもたちは歌う時の「力をぬいた立ち方」「息の吸い方」「自然に体が動くこと」を体得していった。さらに、このことが全体に広がっていくにつれて、**それまで自分を表現して歌いきれなかった子たちの歌い方が変わってきた。**

・〜実践発表会…だんだんとでき上がっていく中で、表現全体が引き締まっていると感じる子どもたちの動きがあった。子ぎつねの「かあちゃんお星さまは〜落ちているのねえ」では、全員で子ぎつねを見つめ、母ぎつねの「あれは、お星さまじゃないのよ」で全員でサッと母ぎつねを見るという動きである。それまで、ソロの子がせりふを言っている時には、他人事のような顔をしていた子が少なくなり、**みんなで動くことを楽しむ**ようになっていた。

このような動きは他の場面にも取り入れてみた。

　学習発表会では、キャストを一新する。どちらかと言うと自分から出てこられないタイプの子にソロの役割を経験させたい。この取り組みで、「あまり得意ではないと思っていたこと」でも「できるようになった」という実感や、人前で自分を表現することの楽しさを味わわせていきたい。

研究会を終えてみて　　3年2組　TNK教諭

国語
これまでの取り組み

　もともと音読が好きな子たちではあった。全校研で取り組んだモチモチの木の単元では、自分の力で読み取りをすること、それを基に友達と話し合うことが楽しいと一人学習の面白さに気付いたのだと思う。

　しかし、本当に読み取りが楽しいと感じたのは奇しくもモチモチの木の次の物語教材「海をかっとばせ」だった気がする。モチモチの木のように一人学習をすることはしなかったのだが、読み取ったことを劇のように動作化する活動を柱として取り組んだ。その中で、動作化する子どもが「こういうことだろう。」と思って付けた動きが、文章に深く着目してみると、意外と細部の動きが違ったりして、見ている子どもたちから、「こうやって教科書に書いてあるから、もっとしりもちつくぐらい驚いたんじゃない？」などと、注文が

続々ついた。こうして文章に着目することが当たり前にできるようになったのは、モチモチの木の取り組みがあったからだと思う。毎時間の学習の最後には、完成した劇をみんなで笑いながら見合って、音読をした。すると、音読しながら頭に浮かぶ情景が動作化したことにより、以前よりもクリアになって音読の表現が授業の最初の読みとずいぶん変わったのだ。

　わたしは、「海をかっとばせ」に取り組んでみて、子どもが本当に読み取りができた時は、お話の読み方が変わるのだなぁと実感し、研究会で行うちいちゃんのかげおくりの授業では、読み取りすることで表現の仕方が深く考えられたものに変化していけば読み取れたということにするという前提で授業づくりをしてみたいと考えた。

成果

◎一人学習をすることで、深く考えることができるようになった。国語の読解力がついたように感じる。授業で取り扱う課題が、一歩踏み込んだものにできた。

◎本単元では読み取った内容を基に、それを音読につなげていった。「今日はこの場面でこういう心情があるということが一斉学習でわかった。だとしたら、どの部分の音読が工夫できるだろうか。」ということを子どもたちと考えながら一文読みを授業の最後に行うようにしていった。すると、子どもたちの読み方に劇的な変化が見られた。指導案をつくった段階で、３段落目の一文一文が短く表現されていることによって、作者はちいちゃんたち家族が急いで逃げた様子を表現していることに、一斉学習の話し合

いで気付かせたいと考えていた。これは、本筋ではないと考えたことから取り扱うことを断念したのだが、その該当する段落の学習を終えた後、子どもたちに「この部分は一つひとつの文章がみじかいよね？」と問うてみると、「これは急いでいるところだから、どんどん読んだらいいんじゃない？」という声が上がった。じゃあ、音読でやってみようかということになった。やってみると子どもたちは、非常に満足げなのである。本当に急いでいる感じが音読をとおして誰が聞いても明らかに伝わってくるのである。こうして、読み取ったことを表現につなげていくことで、子どもたちはますます音読を楽しみ、自信をもって取り組むようになった。深く読み取ったという足跡が音読の中に残っていったのである。これは実に３年生らしい学びなのではないかなと思う。

◎一人学習を経ての一斉学習…

・対立する考えがある時には、それを明らかにするための一斉学習

・一つの課題に対して、答が一つの時、そう考えられる理由をいくつも見つけるための一斉学習

・読み取りを深く行いたい部分について、子どもたちがさらっと流してしまいがちな時に、文章表現から読み取れる最低限の理解をつくっておくための一人学習をする。それをベースに一斉学習を行うことで、内容の深い読み取りまで至ることができる。

　→意味のある一斉学習を行うには、この３つの形態があると考えた。指導案をつくった段階では、子どもたちが教材文をどう読むかの想定はほとんどできない。（できるとしたら、前回の物語文の読み取り時を想定することのみ）だから、今回は初発の

感想から、全員分の各段落ごとの一人学習を集めてみて、それにどこまで読ませることができるか、また、どこまで読ませたいかという教材におけるねらいを照らし合わせて一斉学習の一時間一時間をつくっていった。

　教材トータルで見た時の子どもたちに気付かせたい価値は、ちいちゃんの生きた時代のせつなさ、家族のつながり、作品を通して見える作者の思いなどであった。それに迫るために、現状の表れとしての子どもたちの一人学習を踏まえた上で、指導案はどんどん変わっていく。見に来てくださる方には申し訳ないが、それが当然なのかなぁと初めて考えた。指導案通りというのは、要するにこちらの都合。ある程度の単元の想定は必要ではあるが、それに縛られることによって子どもたちの現状としての読みがないがしろにされ、教師の都合によってのみすすめられてしまうのは、やはり違うと思う。

本時のふり返り

　本時においては、気付かせたいポイントが３つあった。
①なぜお父さんの声が降ってきたのか。
②４段落目と、それ以前とのちいちゃんの様子の変化。
③死ぬことで家族に会えたちいちゃんは幸せだったのだろうか。
　という３点である。

　①については、前の場面との明るさや色が非常に対比的に描かれていることに気付いている前提が必要であると考えた。だから、３段落目を通してその場面をあらわす色は？　ということを問う一人

学習を組んで、暗く、彩の無い様子だったことまで学びを深めた。それを経ての4場面。4場面をあらわす色は"明るい、太陽"である。これは前の段落とは全く違う。しかし始めの段落で家族で影送りをした時の明るさを思い出させる表現である。お父さんの声が空から降ってきたのは、ちいちゃんが体の調子が悪く幻を見たからという理由が考えられるが、それと同時に、明るい光が顔にあたったことでちいちゃんは、楽しかった影送りを思い出したからお父さんの声が降ってきたのではないかという読みに至らせたかった。これは、一斉学習の3点目の読み方である。最低限の文章から読み取れるベースをつくっておいて、更なる高みに向かうための一斉学習。この課題については、気付いた時に「ほんとだ！」という子どもたちの納得に手ごたえを感じることができた。

　②ちいちゃんは"調子が悪かった"のである。しかし、どこからそう言えるのかということを子どもたちは、既習の中からどんどん探してくる。一斉学習の2点目の読み方である。どの子にも発言しやすい課題だった。だから、ちいちゃんが調子が悪い理由は、ほしいいを少ししか食べなかったとか、暑いような寒いような…とか様々見つけることができた。

　③これは、対立するかなぁと考えた課題だったが、あまり丁寧に扱うことができず、大勢に押し切られてしまった感がある。もっと大切に扱えばよかったと後悔する点である。一斉学習の1点目の意義に相当するはずだった。

　3つのポイントとも扱うことができ、最後には音読で工夫したいポイントを明らかにして一文読みを行った。流れとしてはよかった

のかもしれないが、

今後の課題…

○ノートを書いていない。一斉学習での学びの足跡を残す方法について考えていかなければならない。

○本時は、何とか３つともクリアしたいと思うあまり、学びの呼吸がとても浅くなってしまった気がする。これは私が急ぎすぎていたから。もっと子どもたちの思考のスピードに沿うべきだった。だいぶせかしてしまった。課題を自分の中に取り込めないまま話が進んでしまったと感じている子どもたちがいてもおかしくないなと反省。

体育

取り組んでみて大きく変化したこと

・手で体を支える感覚が身について、「蛙の足打ち」をしてみると逆立ちができそうだと感じる子どもがたくさんいた。技の連続性にこどもたち自身が気づいていった。

・自分の体をうまく使うという感覚が備わった

・自分のペースで自分で呼吸を整えながら、ひとつひとつ順番に行っていくことの大切さに気付いた。
それによって、忘れ物があったり、落ち着きのない子が生活面でも落ち着いて順序よく行えるようになった子がいる。気持ちを整えることのよさに気付き生活そのものまで変化をもたらしたのには驚いた。

・数をこなせばよいというものではなく、見て学ぶことがものすごく大切だということがわかった。

・最後の最後まで、体の体重移動で回れず勢いに任せて回っていた子がいた。周りの子どもたちは、友達の技を見て、体重移動ができているかどうかが見極められるようになっているからこそ、その子がチャレンジした時に「跳んでるよ」と言った。言われた子は悔しくて泣いていた。本番の4日前の出来事である。直前であるということから、できることの確認という意味で取り組んだ日だったこともあって、その子は相当悔しかったのだろう。周りの子たちが見守る中、もう一度大切なことを確認しながら何度か取り組んだ。その日のうちにその子は体重移動がきちんとできるようになった。それを見た周りの子たちが自分ごとのように喜んでいた姿がわたしにはとても印象的だった。みんなでできるようになりたいという仲間を思う気持ち、一緒になったり悔しがったり喜んだりできる気持ち…。そういった点で育ちが見えた瞬間だった。

発表会が終わって

　次は、土曜参観に体育の発表をする。2組の子どもたちは、マットがうまくできるようになることを目指し一生懸命練習していたが、一方でとび箱の練習をすることをものすごく渇望していた。土曜参観まであと2週間ほどしかない。わたしはやっぱり安心して取り組めるマットにしたほうがいいのでは？　と提案したが、とび箱にも取り組んでみた。しかし、実際ふたを開けてみると、跳べない子たちがクラスの3分の1。その時、子どもたちから返ってきた言葉にわたしは衝撃を受けた。「本番まで、僕は飛べないかもしれない。だけど、まだ2週間あるから、チャレンジしてみたい。」「跳べなく

たってもいい。本番に向けて一生懸命練習することが大事だと思う。」これはすべてまだとび箱がとべない子どもたちの言葉である。本番で、練習2週間だけのあの子たちが周囲と比べられたらかわいそうだと思った。しかし、これまた子どもたちから返ってきた言葉。「前回りの時に、自分に意識を集中することが大事だったでしょ？それと同じ。周りの人がどう思おうと関係ないよ。できなくてもがんばるもん。」わたしはこの日のことがとても印象的で忘れられない。周囲からの目にとらわれることなく、自分の価値を自分で決められる子どもたちのこの育ちこそが、わたしが子どもたちにかかわる中で望む姿である。むしろ周囲からの目に重きを置き、子どもたち自身の思いを汲みきれていない自分を反省した。これが、今回の研究で取り組んだ何よりの成果なのではないかと思う。深く呼吸をし、自分と向き合うこと。それは、技をやる時に限ったことではなく、もっと大きな物事に取り組む時にさえ、子どもたちは通じるものを感じ、自分のものとしていったのだと思う。

今までの取り組み

　年度当初、箱石先生に見ていただいたのがふんすいえび。体の硬い子が多く、つま先まで集中して、膝を伸ばすということがなかなかできなかったが、ゆっくりと行うことで、意識を全身にいきわたらせることができるようになってきた。

前回りに取り組んでから……

1　まずは、手のつき方、足の場所の感覚を覚えることから始めた。
　手は狭すぎてはいけないし、薬指が進行方向に向くように。足は

手との距離が近すぎると膝が伸びないので、適度に離す。あまり遠すぎると回り切れずに頭のてっぺんをついてしまうので、このちょうどのよさがものすごく大事。

2　マットをつかむ

　前回りで、手でマットをつかむ必要感を子どもたちは感じていなかった。普通の前回りであればその必要はないが、指先に力が入り白っぽくなるまで体重を移動する練習をした。

3　体重移動の結果、必然的に足の指先だけで立てるようになっているかの確認。

　体重移動をしても、かかとがあまり上がらないということは、手に力が移動しきっていない証拠。なので指先まで神経を使って感じることを大切にした。

4　深呼吸をしてから技に入る

　この時点でポイントがいくつか増えてきた。心の中で整理してから技に入る必要がある。そこで、技を始める前に深呼吸。

5　体重移動をしきっていないのに、回ってしまう。

　ここで非常に困った。どの子も、体重移動をしなきゃいけないということをわかっているのだけれど、どうしても回ってしまう。原因は、目線だった。目線がおへそを向いた状態だと体重移動中に思わず回ってしまう。目線をマットの進行方向に向けることで、頭がブレーキとなり十分に体重移動をすることができた。

6　肘のたわみ

　以前から、肘がピンと伸びた状態で体重移動をしてはいけないということを箱石先生に言われていた。なぜそうなのかがあまり実感できていなかったが、目線を前方にすることで、体重移動が十分できるようになり、その重みで簡単に回れるはずなのだが、どうしても頭のてっぺんをついてスムーズな回転ができない。その時に、ふたたび肘を張らずにたわませることの指導をいただいた。するとどうだろう。腕がたわむことで、体の重さを支える力が生まれ、後頭部をつくまで腕が頑張って体を支えることが可能になったのだ。また、肘のたわみが、マットを突き放すエネルギーとなり、さらに無理なくスムーズに回ることができるようになった。

7　蹴らないこと

　ここまで来るとだいぶ形ができ、体の使い方においてもそこそこ目指す部分がクリアできてきたように思った。そんな時に指導されたのが、回転に入る時に、足で床を蹴らないようにということだった。体重移動をして、足先しか残っていないのだが、最後の最後に子どもたちは、その足先で床を蹴って、回転する勢いを得ていたのだ。これでは本来の回転ではない。でも、なかなかこれが3年生には難しかった。練習を重ねたり、友達のを見るうちに、「今のは蹴ってるね。」とか言えるようになるほど子どもたちの目は肥えてきたのだが…。

8　ずずずずず

　蹴らずに回ることをどうやって指導したらよいのかは試行錯誤の

連続。ある時、数名のできる子の技を見せて、蹴らないで回った時には、足先がマットの上を引きずられているということがわかった。そこで、正しいのかどうかはわからないが、究極の目標は、「前回りをする時に、足先がずずずずずと音がなること」とした。すると３年生にはこれがすんなり子どもたちには受け入れられたようで、ずずずずずとできる子、そこまではいかないがそのイメージをもって回ることで、蹴らずに回れるようになった。

こうしてやっと技が完成（？）したのである。うちのクラスに４年２組に兄弟がいる子がいる。その子が、お兄ちゃんにもっと膝伸ばして回れって言われたと、実践発表会が終わったある日言っていた。きっと次の目標はそれかなぁと思う。立ち上がる時に手をついて立ち上がる子、膝がそろわないで立ち上がる子などがまだいる。きれいに立ち上がるためには、技の途中の回転の終盤で、ふんすいから脱力して膝を一気に曲げるエネルギーを利用することが必要なのだと思う。これから取り組むとしたらこの点に力を入れていきたいと思った。

音楽
成果
〇子どもたちが何より表現すること、人前で歌うことに抵抗がなくなったのがすごい。
〇表現する時に、周囲に意識が散ってしまいがちだが、子どもたちは自分に意識を集中していた。まわりの人にどう思われるかという不安にエネルギーを注ぐのではなく、自分の力がどれだけ出せ

るのかという己自身に意識が向き、大勢の前でも自分を見つめ自分との闘いの中で表現することができたから、妙な緊張をしなくなった。

○表現に身をゆだねる楽しさ、心地よさを味わうことができた。

○間であったり、相手に対応して自分の動きを考えることができた。２点目と相反するように感じるがちょっと違う。子どもたちは、自分のするべき行動を自分を基準にするのではなく、周囲との関係を考えながら、自分の行動を決定づけていくことができるようになった。規範意識というか何というか。自分にばかり意識が向くことによって、ひとつ行動が遅れてしまったりすることがあった子が、周囲の動きが見えるようになって、周りとの呼吸をつなぐようにきちんとなすべきことが自然とできるようになっていった。自己中心からの脱却。

○授業ではあまり脚光を浴びない子たちが、たくさん活躍できた。そういう長所を発見できたことも大きな意義がある。

これまでの取り組み

・５月の箱石先生の来校時の日記から…

　春の小川を通して、子どもたちが声を出すためには、こちらがどれだけ声を出すようにと指導しても出せる程度には限りがあるということを改めてわかりました。子どもたちが声を出したい、歌いたい、自分で考えて動きたいと思えるようなこちらのかかわりなくしては、子どもの力は引き出せないのだと思いました。

・一学期中ごろから

　手袋を買いにの練習。初めに、曲を覚えた。1学期中には、曲を覚えることを目標に取り組む。9曲とりあえず教える。

・箱石先生がこれらる時に教えていただくために

　曲1と曲9を中心に練習をした。呼吸の仕方、体を自由にして歌うことの大切さを曲1の曲調が明るく変化する部分を動きながら歩きながら歌うことで教えていただいた。子どもたちの体がかたいと何度も指摘を受けるもなかなかうまくいかない。教室での練習では、ひたすら、体を柔らかくする呼吸、それから、遠くまで届く声で歌うことの練習をした。

・一学期の音楽発表会

　練習時の半分ほどの声しか出せなかった。今思うと、楽しんで歌うというよりも、緊張と戦って頑張って歌うという意識が強かったため、緊張感に押されてしまい本当の力が出し切れなかったのだと思う。視聴覚室の練習だと十分な声に聞こえていたのだが、体育館での発生となるとパワーが半減してしまう。

・夏休み中

　本を読んだ。箱石先生の本を2冊ほど。これが、力を付けるのではなく、引き出すという子どもの指導に当たる心構えを、言葉から具体にしてくれた。どういうスタンスで関わりをもてばよいのかが理解できた。また、本物の舞台を3本見て研究。自分自身が表現の幅が狭く、このままでは生かしきれないと思ったから。セリフの無

い時の舞台上での表現が、ものすごく重要だということに気付いた。

・2学期になって

　2学期からは、歌を引き続き練習し、とにかく歌を自分たちのものにできるように練習した。体がまだ固く動けなかった児童も、研修で教えていただいた指揮法を行ったり、呼吸の仕方を指先まで、おなかにいっぱいすうなどのイメージを言葉にする指示をしたりした。それまで体が硬く硬直していた子どもたちも、楽しそうに体を自由に動かし歌を表現することができるようになってきた。2学期に入ってから、セリフと合わせながら練習を始めた。セリフはやりたい子にやってもらった。歌が少しずつ熟成してきたころを見計らって、舞台の構成を考えた。これには、1学期最後に見た4年生の表現がとても参考になった。

・視聴覚室での取り組み

　息を吸う時には、自分の体の前にある空気を全部吸い込む気持ちで、そのためには体がまっすぐのままでは吸えないという話をすると少し体が柔らかく使えるようになってきた。でもまたすぐに戻ってしまう。だから、何度もやった。そして、できる子の良い見本を見せ、良いイメージを持てるようにした。そうする中で少しずつ改善していったように思う。体を揺らしながら歌っていいということが、今度は心地よくなってきたのか、声もずいぶん出るようになってきた。

　歩きながら歌うことも何度も行った。初めのころは、自由に歩いていいよと言っても遠慮がちで歩けないのである。でも、もっと自

由に歩き回っていいことがわかると子どもたちはとっても楽しそうに歌うことができるようになってきた。そうする効果は、体が柔らかく使えることだけでなく、歌うことが楽しかったという経験の積み重ねができることもあるのだと思う。楽しかったことにはまたチャレンジしたいと思えたその気持ちが、声を出すことに前向きな子どもたちにしていったのだと思う。

・ソロ児童を決める時期
　どの子も歌がしっかり入ったころまでソロを決めなかった。ソロを決める時には、自分なりの動きをちょっと考えさせてみたりもした。

・ソロの動き、全体の動き
　ＹＺＷ先生と相談して、こうしていこうという方向性は事前につくっておいた。しかし、実際にやってみるとちょっと変だったり、うまくいかなかったりする部分も多分にあったので、必ずしも予定通りではく、やりながらその場で変えていったりもした。そういう変更に柔軟に対応できる子どもたちは本当にすごいと思う。この子たちの力あってこそだなぁとつくづく思った。

・動きを付ける
　動きをどうやって付けたらいいのかわからなかったが、これもきっと教師の読解力が大事なのだと思う。何度も台本を読んだ。そして、この部分はこうだから、こういうことを見ている人に気づいてほしいからそういう根拠をもって振り付けや、隊形を考えた。オペレッタの振り付けを子どもたちも経験したことがないので、最初

のは完全にこちら主導。しかし、子どもたちには、その動きにした
の意味を、「こういうことを表現したいから、こうしてみようか。」
と伝えることだけは忘れないようにした。

　そうして、♪なぁれなぁれなぁれの部分や、狐のお母さんとの
掛け合いの部分の振り付けは子どもたちに任せた。その際に、ど
ういう場面なのか、どういう意味の言葉なのかという子を確かめ
るとこまでは一緒にやったが、相当困った場合を除いて子どもたち
にゆだねた。

・今度は子どもたちから

　そうこうしてるうちに子どもたちから練習の後、「先生、こここ
うしたほうがいいよ。」とアドバイスを受けることもしばしば。子
どもたちが表現を自分のものとしてきた証拠かなと嬉しく思った。

☆**動きを付けるポイントとしたところ**

・舞台上の設置物がない分、身体であるいは、場所で表現しなけれ
　ばならない。配置を考える時には、その点をすごく考えた。場面
　が変わることを知らせるためには、違うところから声が聞こえる
　ようにし、見ている人の視線移動でもって場面の転換を感じ取れ
　るように。

・やっぱりセリフがない人たちの動きが大事かなと思った。しか
　し、3年生という発達段階だしなぁという思いとの葛藤から、ソ
　ロの役でない子たちの動きがあまり入れられなかったのは事実。
　もう少しやってもよかったかな。

・指先、目線、腕の動き一つそういう細かいところの表現がものす

ごく大事だよと。

・単調にならないように。立ち位置にしても、話の展開の緩急にしても、動きにしても。走って出て来る、ゆっくり歩きながら出て来る、そういうところも大事にしてきた。

教育実践発表会を終えて　　４年１組　ＦＫＪ教諭

１、こんな学校っていったいぜんたい全国にあるのだろうか

　公開を終えて早くも一週間がたった。今私の胸に去来しているのは、こんな学校って一体全体全国にあるのだろうか、という思いだ。ひょっとして私たちは知らず知らずのうちにとても画期的なことをやってしまったのではないか。そんな気持ちで今いる。

　１年生から６年生の全校児童が全員もれなく一人ひとり大勢の人たちの前で体育の実技を発表する。そんなことができる学校って、今全国を探してもどこにもないのではないだろうか。１年生から６年生の全校児童が全員もれなく一人ひとり大勢の人たちの前で歌を歌ったり、朗読をしたり、表現を行ったりする。そんなことができる学校だって、今全国を探してもどこにもないはずだ。職員室で先生方が教材解釈をめぐって喧々諤々議論を交わす。朝から晩までパソコンに向かうばかりでお互いに会話を交わすことがめっきり減ってしまった教育現場において、これは画期的なことなのではないか。担任外の教職員の方々が担任のバックアップを全面的にしてくださる。私たちは授業の準備に専念できる。こんな学校だって、今全国を探してもどこにもないはずだ。

　だから、私は今胸をはって言いたい。今回の私たちの取り組みは、全国の学校に対して一つの学校の可能性を提起したのだ。「こんな学校、どうでしょう？」と。

2、学校を公開することにどんな意味があったのか

　今回つくづく実感したのは、どこにも逃げ場がない、ということだ。教師も子どももどこにも逃げることができない。教師も子どももぎりぎりまで努力したありのままの自分の姿をさらすほかないのだ。そして、それでいいんだ、と思った。そういう状況に自分の身を置くことで、人間的にぐんと成長できるんだ、と思った。

3、なぜ「国語・体育・音楽」なのか

　この半年間の取り組みで、「自由」で「柔軟」でしかも「強く」、他とよく交わり他を意識し他の気持ちも考えることができる、「豊か」な心をもった人間を育てること、それが私たちの仕事なのかなあ、と思えてきた。

　「国語」はすべての基礎だと思った。国語は、いろいろな基礎的な力を養うのに適している。それから、みんなで追究するおもしろさを味わわせることもできる。また、深く追究していくことによって、子どもを豊かな気持ちにさせる。そういう効果もあると思った。

　「体育」にはとにかく逃げ場がない。ごまかしがきかない。なんといってもそれが体育のよさだと思った。自分で工夫したり、自分から挑んでいくほかない。自分で決断するほかない。そこが体育のよさだと思った。そのことによって、子どもがうんと強くなるのだ。それから、物事が展開していくリズムも自然と身につけることがで

265

きる。それも体育のよさだ、と今回の取り組みで実感することができた。

「音楽」にも逃げ場がない。しかし、音楽が体育と異なるのは、音楽は独創性を発揮できる、ということだ、と思った。自分たちで自由につくり上げることができる。それが音楽の最大のよさだ、と思った。

そういうことを考えていくと、子どもを「自立」させていく上で、「国語・体育・音楽」という教科はとても大切なのだろう、と今回の取り組みを通して思えてきた。

4、教育ってなんだ？

次から次へと課題を出して、子どもの力を引き出し続けること、それが教育なんじゃないかと思えてきた。まだ次がある、まだ次がある、とどれだけ思わせることができるか。それが教師の仕事なのかもしれないと思えてきた。

5、この半年間の取り組みをふり返って

（1）国語

『白いぼうし』の時は、子どもが読み間違っているところがたくさんあって、「一人学習」もとてもおもしろかったし、「一斉学習」で何をどのように扱ったらよいか、ということもわりと容易に決めることができた。

ところが『一つの花』はそうではなかった。子どもたちがわりと読み取ってしまっている、という感じだった。だから、「一斉学習」で何をどのように問題にしたらよいか、私は結局決め切れずに授業

当日を迎えてしまった。案の定、授業は散々なものであった。

　私の解釈が浅いものだった可能性はある。例えば、お父さんはなぜ「深いため息」をついて言ったのか。深くため息をつく時って、ほんとうはどんな気持ちになっている時なのだろう。その解釈があまりにも一般的で、弱いものだったのではないか。だから、子どもから出てくる一般的な解釈を自分が突き崩すことができなかったのではないか。そんなことを今考えている。しかし、この判断はまちがっている可能性もある。

（2）体育

①「前回り」に一度もどる

　一学期に「台上前回り」をやってみたが、その基礎となる「前回り」が十分にできていなかった。そこで、二学期は再び「前回り」の指導から始めることにした。8月末の時点で、前回りがきちんとできない子が4人もいた。これは公開には間に合わないのではないか、というのがその時の私の判断だった。

　先に上手にできるようになった子には、まだできない子に教えてあげるように言った。そのできる子ができない子に教えている姿がなんとも美しかった。子どもたちの教え方は、実に粘り強く、やさしく、的確だった。私が教える時よりもずっとていねいで愛情にあふれている感じがした。その姿を見ながら、こういうことでも子ども同士の人間関係をつくっていくことができるなあと思った。この子どもたち同士の教え合いで、できるようになった子が何人も出てきた。そのたびに、みんなで喜び合った。

②「ごつごつ」足音をさせない

　今回の取り組みで、「助走」のイメージが少しつかめた気がする。

　つま先を使って、無駄な力を抜いて、ひざをやわらかくして、はずむように走るとよいと思った。そこがポイントなのではないかと思った。「ごつごつ」と足音がしているようではだめなのだ。

　そして、助走を直すだけで跳べなかった子が跳べるようになった姿を私は何度も目の当たりにした。それくらい助走は大切なんだと思った。

③跳び箱をしっかりと「つかむ」

　「前回り」を指導する時に、マットをしっかりとつかむということをきちんと入れることがどれだけ大切か、今回の取り組みでよくわかった。きちんとつかむことができていないと、手が滑って危ないのだ。

④「腕を使って自分の体を持ち上げる」

　これはできている子とまだできていない子がいる。私自身のイメージもまだあいまいだ。今後の私自身の検討課題になる。

⑤「おなかに息を入れる」

　助走に入る前の深呼吸が、ただかかとを上げるだけのとても形式的なものになっていた。十月に研究講師の箱石先生に見ていただいた時に、そのことを指摘していただいた。そう言われるまで気がつかなかった。見逃していた。

⑥「おさいふひろい」

　同じく10月に見ていただいた時に、「おさいふひろい」という練習方法も教えていただいた。あたかも財布を拾うがごとくに、ひざをやわらかく曲げてかがんでから、またやわらかくひざを伸ばして伸び上る。それを何度も繰り返すのだ。踏み切った時のひざの使い方の練習になった。

⑦「子どもが弱い」

　今回のこの半年間の取り組みで一番私の心に突き刺さったのは、箱石先生の「子どもが弱い。」という一言だった。一学期も言われてしまったのだが、公開直前の最終手入れの時もそう言われてしまった。演技を終えた子どもたちが深く深呼吸することをせずそそくさとその場を立ち去ろうとする姿を見られて、先生はそのようにおっしゃった。まったくその通りだと思った。

　また、一学期の時は、「ふだんの生活から鍛えなくてはだめだ。」ともおっしゃっておられた。まだまだ鍛え方が弱いんだと思った。

⑧本番で目の当たりにした子どもの集中力

　子どもたちが一番どきどきしていたと思うが、私もとてもどきどきはらはらしていた。緊張に耐えて自分から挑んでいる姿が、人としてとても美しいと思った。

⑨体育に取り組ませる教育的な意味

　次の四点にあるのではと思った。

ア．逃げ場がなく、自分から挑まざるをえない。

そのことにより、集中力や勇気が養われる。決断力もつく。

イ．自分で自分を支配する力がつく。

　　自分の体や心をコントロールする力がつく。

ウ．やわらかさを意識するようになる。

　　乱暴にではなくやわらかく体や心を使うようになる。

エ．流れを意識するようになる。

　　物事が展開していく感覚を体にしみこませることができる。

（3）音楽

①今回の取り組みの問題点

　　今回の取り組みには、次のような問題点があったと私は思う。

ア．オペレッタ全体の演出プランがおおざっぱな形でもよいから、
　　やはりあらかじめ必要だった。

　　全体の演出プランが明確でなかったために、指導が場当たり的に
なってしまった。部分部分で試行錯誤しながら全体をつくっていく
という形になってしまった。そのため、指導のロスが多く、また全
体を通して結局前後に出たり戻ったりする動きの繰り返しになって
しまい、全体の流れが単調になってしまった。

　　このアのことがもとになって、さらに次のような問題が派生した。

イ．フロアにいる子どもたちの人数が多すぎた。

　　子どもたち全体をA・Bの二チームに分けることしかしなかった
ので、フロアにいる子どもの人数が常に多かった。そのため、全体

がごちゃごちゃした感じになり、主役の子や一人ひとりの子どもたちが目立たなくなってしまい、ずいぶんと苦労した。

ウ．どこを教師が決めてしまい、どこを子どもにゆだねるか、迷った。箱石先生はよく「これは遊びなんだから。」とおっしゃっていた。どこを子どもにゆだねるか、全体の演出プランが事前にもっとはっきりしていたら、もっといろいろなところで遊ばせることができたかもしれない。

②どういうことが基礎なのか
　次の三点がオペレッタなどの表現活動を行っていく上で基礎になる、と思った。
ア．朗読の声や合唱の声は遠くに届けるつもりで出す。
イ．歩く時は、音楽に合わせて歩く。
ウ．歩く時は、腰を伸ばして、体をやわらかく使って、音を立てずに歩く。

③演出する上での原則
　今回の取り組みで私に見えてきた演出の原則は、次の五点である。
ア．説明的にしない。
イ．ごちゃごちゃにしない。
ウ．主役や一人ひとりが目立つように。
エ．教師も子どももとことん楽しむ。これは遊びだ。最初から窮屈な枠にはめようとしてはいけない。いったん破綻してもよいから広げる方向に広げる方向に。

オ．どんどん難しい課題をあたえる。少しずつ複雑にしていく。

④表現活動に取り組ませる教育的な意味

　体育のところで述べたアからエがまずそのまま表現活動にもあてはまると思う。その上で、表現活動の場合、次の二点が付け加わる、と私は思う。

オ．独創性を養える。

　他の人とはちがうことをやろう、自分を目立たせよう、という気持ちを育てることができる。

カ．他と対応する力がつく。

6、子どもの作文から
（1）Ａ君・Ｂ君のこと

　Ａ君は、まったくの運動嫌いで、３年生になりたての頃は、体育の授業をいやがったぐらいだ。休み時間にはいつも教室でお絵描きをしていた。

　今回の「台上前回り」の取り組みでも、まず「前回り」からつまずいた。最初は回ることすらできなかった。多くの子どもたちの助けがあってなんとか回ることができるようになっても、体重移動をして肩を前に出しながら腕でぎりぎりまで自分の体を支えるということがなかなかできず、けって回ってしまうということがしばらく続いた。

　それでも「台上前回り」は一段から始めて三段まではできるよう

になっていた。

　彼がここでつまずいてしまった原因は、腕で自分の体を支えてぐっと持ち上げるということがまだ十分にできていないせいではないか、と私は考えている。そういう練習を積んだら彼もできそうなのだが、公開には間に合わなかった。

　私が感動したのは、まわりの子どもたちが、そんなA君のことをうんと気にかけてくれたことだ。特に、B君を中心としたやんちゃな男の子たちが、自分の練習は放っておいて彼の練習に熱心に付き添ってくれた。A君の様子を見ながら、跳び箱の段数を変えたり、一段と一段の跳び箱をくっつけて「回ってみな。」と言っていたり、それでもだめな時はマットを引っ張り出してきて「よし、もう一度前回りからやってみな。」と言っていたりした。

（2）Cさんのこと

　Cさんは、1・2年生の時は不登校で、3年生になった時もまっすぐ教室に来ることができずいったん保健室に登校していた子だ。泣き叫ぶ彼女を「よしよし、よく来たねえ。だいじょうぶだよ。」となだめてだっこをしながら教室まで連れてきた日々が、今では懐かしい。

　Cさんは、今回自分の実力で「おばあさん」役をとったことで、自信がついたのだろう。自分から積極的にいろいろな子に話しかけるようになり、今までとはちがう子と遊ぶようになった。

7、自分自身のこと

　この半年間は、自分自身と向き合わざるをえない日々でもあった。

自分自身の教師としての欠点もよく見えてきた。特に気になったのは、次の三点だ。

①教師がかたいのはだめ

それは、子どもをかたくしてしまうからだ。とにかく子どもをかたくしてしまってはだめなんだと思った。四角四面なのはだめ。まじめすぎるのはだめだと思った。

②もっと遊ばなくちゃ

パリのオペラ座に行ってバレエを観てきました。というぐらいでなければ、オペレッタの演出などとてもできないなと思った。

未知の分野に自分からどんどん飛び込んでいって、自分の世界を拡げる努力をしないといけないなあと思った。

③いちいちくよくよしない

これは自然にそうなった。いちいちくよくよしていたら身がもたなかったからだ。失敗していいんだと思った。というか、何か新しいこと・未知なことに挑戦している以上、失敗はつきものなんだと思った。少し私は強くなった気がする。

8、発表会後の展開
（1）体育　　学年で「台上前回り」に取り組む

発表会のことがあって、2学期は、1組は「台上前回り」に、2組は「前回り」にひたすら取り組んでいた。発表会が終わったので、今は学年で「台上前回り」に取り組んでいる。1組の子どもたちに

とっては、基礎をもう一度学び直すよい機会になっている。特に、2組の子どもたちの「前回り」がとてもよくなっていて、1組の子どもたちはよい刺激を受けている。また、発表会まではあまり時間を割くことのできなかった「腕で体を持ち上げる」練習にも今回力を入れて取り組んでみている。

　1組の子どもたちと2組の子どもたちが今お互いに学び合う関係になっている。そこが私はいいなあと思っている。1組の子どもたちはやはり助走と踏み切りがやわらかい。2組の子どもたちは腕の使い方がとてもよい。お互いうんと交流し、学び合って、お互いに高まっていければよいと私は考えている。

（2）音楽　　もう少しいろいろな合唱曲に挑戦してみる

　せっかく勢いがついているので、もうちょっといろいろな合唱曲に取り組むことにした。『大きな石』『河原』『シューベルトの子守歌』などだ。

　驚くのは、覚えが早いことだ。二部合唱曲なのに、あっという間に覚えてしまう。『シューベルトの子守歌』などは、まるで宗教曲のように響いて聞こえる。

9、今後についての私の勝手な妄想

　実際に行うかどうかはまったく別にして、私自身が今後の半年間や来年度以降のことについて、今勝手に妄想していることを忘れないように（忘れてもよいのだが、妄想があれこれふくらんで、妄想がこんなにふくらむのも初めての経験であり、またこのままただ忘れてしまうのもなんだかもったいない気がして）以下にしたためて

おきたい。

（1）お互いにもっと交流したらもっとおもしろいことがまた見え
　　てくるのではないか

　先生方同士・子ども同士でもっと交流したらもっとおもしろいこ
とが起こりそうだ。お互いに借りれるものはだれの知恵でも借りる
という関係が先生方や子どもたちの中にもっとできてくれば、もっ
と仕事や勉強が楽しくなるはずだ。

　例えば、体育のことで、もしわからないことが出てきたら、私
だったら、「ゆりかご」のことはKURKT先生に、「ふみこし」の
ことはUEMT先生に、「腕立て開脚跳び上がり下り」のことはK
UN先生に、「ふんすい・えび」のことはYAS先生に、「腕立て開
脚跳び越し」のことはYZW先生に、「前回り」のことはTNK先
生とTKMT先生に、「頭支持倒立からの前回り」のことはOKT
先生に、「台上前回り」のことはMKN先生に、「補助倒立からの前
回り」のことはMTMT先生とMTK先生に、聞こうと思う。

　「台上前回り」のことで私が今一番わからないことは、「腕の使い
方」だ。「腕で体を持ち上げる」という感覚がどうしてもまだ私自
身がわからない。しまった、5年2組が練習している時に、子ども
を連れて乗り込んでいくべきだった。

　「助走」のこともわかったような気になっているだけで、実はよ
くわかっていない可能性がある。「助走」のことは、今回「腕立て
開脚跳び越し」に取り組まれたYZW先生に詳しく聞いてみたい。
何がこつでしたか、と。

　KUN先生にも聞いてみたいことがある。それは腰が上がる子と

上がらない子とのちがいだ。何がちがうからそうなるのか。助走や踏み切りがちがうからか。それとも、腕の使い方か。それとも、単に腕力があるかないか、ということなのか。

OKT先生に聞いてみたいのは、「へそを出す」という感覚だ。なぜへそを出すとよいのか、私はまだよく理解していない。OKT先生の見解をうかがいたい。

MTMT先生・MTK先生に聞いてみたいのは、「指」の感覚だ。最後は、指で体を支えるという感じになる、ということなのだろうか。

とにかく今の私には他の先生方に聞いてみたいことが山のようにある。そういう教師同士・子ども同士の学び合いがもっともっと豊かになると、私たちの実践ももっともっと豊かなものになるような気が、私にはする。

音楽で私が楽しみにしているのは、12月に予定されている音楽交流会で行うことになるかもしれないブロックでの二部合唱だ。もしそれができたら、子ども同士の刺激になり、またおもしろいことが起こりそうだ、と今からわくわくしている。

（２）まだやっていない技に挑戦してみたい

今回の体育の取り組みでは、「横回り」「後回り」「開脚前回り」「側転」などはやっていない。「横回り」などは基礎的な技だと思うのだが、やってみたらどういうことがわかるのだろう。ぜひ、確かめてみたい。

（３）今年度積み上げたことが来年度どう生きるのだろうか

今年度こんなに苦労してやってみたことが来年度どうつながるの

か。積み上げたことが生きるのか生きないのか、ぜひ確かめてみたい。このまま一年で終わってしまうのはなんとももったいない気がしている。

（4）どうせなら発南独自のカリキュラムをつくってしまえばよいのではないか

　体育のマット・跳び箱運動や音楽の歌の分野については、いっそのこと、発南小独自のカリキュラムをつくってしまえばよいのではないか。毎年それをやってみて修正を加えていく。そういうやり方だってできそうな気がする。

（5）ピアノを弾く方をどう確保するか

　音楽に取り組むとしたら、やはりピアノが弾ける方が必要だ。今回４年生はＴＴＫＷさんにご迷惑をかけてしまうことになってしまい、本当に申し訳なく思っている。

　ボランティアさんにお願いする、レンタルして来てもらう、市教委に派遣してもらう、などの方法ぐらいしか、今は思いつかない。

（6）運動会・学習発表会のあり方も考えてみてもいいのかもしれない

　今年度土曜参観で行ったような体育発表会や、今年度行う学習発表会や今後行う予定の音楽発表会のような形で、運動会や学習発表会を行ってしまってもいいのではないか、という感じが今している。

　例えば、子どもを既成の枠にはめて踊らせることにそれほど教育的価値があるのだろうか。そんな疑念が今頭をもたげてきているの

だ。なぜなら、今回のオペレッタ「かさじぞう」の取り組みで、子どもって創造する機会をあたえられたら大人なんかおよびもつかないことをやってのけるものだ、ということを実感したからだ。例えば曲5の吹雪の野原の表現。あれは子どもたちが創造したものだ。実に美しいものであったと思う。もし、もともと子どもたちがそういう力をもっているのだとしたら、そういう力が発揮できる場を用意し、そういう力を引き出して思いっきり楽しませることが、私たちの仕事なのではないだろうか。その方がよっぽど教育的なのではないか。オペレッタを経験して、最近しきりにそう思うのだ。

（7）日常的に子どもを鍛える方法をあれやこれや探りたい

　わかば学級の先生方がずっと取り組まれているような、継続的に子どもを鍛える取り組みを、なんらかの形で無理のないやり方で普通学級でもやってみてもいいのかもしれない。

　ふだんから少しずつ体を鍛えたり、話す力・聞く力を鍛えたり、音読を鍛えたり、計算力を鍛えたりする方法がありそうな気がする。

（8）国語が少し中途半端な形になっているので

　私自身今回オペレッタを仕上げるのに手いっぱいで、国語にはあまり手が回らなかった。

　それぞれの先生方が今回取り組まれていろいろな成果があったり、新たな問題が浮上したりしているようなので、先生方のお話をぜひいろいろうかがいたい。場合によっては、研究部が中心になってもう一度全校研をやってみるということも考えられるように思う。

教育実践発表会を終えて　　4年2組　TKMT教諭

国語

　三年生の頃から取り組み始めた一人学習という授業形態。自分が成長したと思う点、もっとできるようになりたい点など、思うままに書いてもらった。表現が足りずに、伝えられない子、伝わりにくい子のものは私なりに解釈してみようと思う。

◇一人でやるからむずかしい　一人でやるからじっくりできる。

　G君は「みんなでやるとふつうにできたが、一人で考えるから難しい」とのこと。彼は一斉学習で「なんとなく」友達の意見と同じようだと読んでいたことで「わかった」と思っていたということを痛感したのであろう。確かに、時間は保証されているが、名案やひらめいた友達の意見は一切聞けない一人学習では、頼りになるのは自らの思考だけであり、このことが子どもによっては一人学習の難しさとしてハードルになったようでもある。

　一方で、G君は「一人学習はじっくり考えられるからだんだんわかってくる」とも続けている。同じように書いている子も数名。これは一人学習の利点の大きな一つだと私は考えている。じっくり考え答を出す作業は、楽しいことのようだ。（N君、Kさんなどが「答をみつけるのが楽しい」や「みんながみとめてくれるとうれしい」などと書いている。）本来、考えることは楽しいということを感じられたということはとても大きな収穫だったと感じている。そのため「集中できるようになった」「一文字でも多く考えを書きたい」「正確がどうか求めた（より的を射た答を導きだそうと何度も

考えたのであろう）」「真剣にやれるようになった」など。まさに、頭を使うことが心地よいからこそなのであろう。しかし一斉学習で読み取りをやってしまうと、頭の回転が速い子、ひらめく子が正解に近いことを言い当ててしまい、他大多数の子たちはそこで思考が始まりもせず終わってしまうということ」が起こり得てしまうという怖さがあるのだ。『みんなが同じ土俵に乗って授業に臨む』楽しさ、意義である。考えをもって授業に臨むことについてはＩ君・Ｈさんがおもしろいことを言っている。後述しようと思う。

◇一人で何をじっくりするのか

　子どもたちは「じっくり・集中して」何をしていたのか。子どもたちは難しさを感じながらも教材文とにらめっこしていた。顔は真剣そのもの。ノートを見せに来ては返されるのくり返し。頑張ったのに先生は「んー」「そうかなー」場合によっては「違うと思う（特に説明文の場合は）」とまで言われる。それでも子どもたちは考えることをやめなかった。『白いぼうし』で一人学習に取り組んでいた時のことだった。１時間目から通して実に70分近く一人学習として取り組んでいた。わたしは「頑張ったから休憩とろう」と提案したのだが、机から顔を上げた子どもたちは眉間にしわを寄せ、必死に続けたいと訴えたのだった。

　子どもたちは、「わかった！」に至るため、一度その瞬間を味わうとよほど気持ちがよいのだろうか。答を見つけ出そうと教科書を必死に読む。「何回も同じところを読めばわかる」（Ｔさん）、「何回も読むと考えが深まってきておもしろかった」（Ｗさん）というように答の見つけ方を子どもたちは子どもたちなりに感じてくれたよ

うだ。これは教師側の、じっくり正しく読み取って欲しいという願いそのものでありとても嬉しく感じた。Y君は拙く、「教科書のまえのところを読めばわかる」と書いていたが、これも教科書の文章を読むということを言っているのだと思う。

またそれ以前に「問題の言葉の意味を理解して考える」とⅠ君は書いていた。なるほどこれも答を導き出すためには避けて通れない部分である。

◇一人学習の後の一斉学習

このようにじっくり一人で考えた子どもはどうなるのか。私がまず感じたことは、子どもたちが自信をもつようになるということだ。この自信は色々なところからにじみ出てきていると感じる。自信をもった子どもたちは何をするのか、一斉授業の時に話し出すのである。「○○くんに似てる！」「ほとんど同じ！」「でもさぁ」「だって」など一人が話し始めたら、私もぼくも話したくなる子どもになっていた。そうすれば自然と教室内の考えが交流されることになり、考えが深まっていく。そこで新しいひらめきや、「わかった！」にいく子もいる。これはこれでいいと思う。Hさんはこのことを「一人で考えたことを発表すると、似たことを発表する人がいて自信をもてた。続けたい」と書いているし、Ⅰ君は実に嬉しいことを書いてくれた。「先生が疑問を出してみんなが話し合う。みんなで話し合い、答を一つにさせる、そういう国語がいいなと思ったし、先生はわざと発表させる話し合いはすごいなと思いました。」と。最後の一文は意味がわからない。が、子どもたちが話しやすい問題を出せたのかな、と私も自信をもてた。

◇子どもの育ち

　国語の「読むこと」について、じっくり正しく読む、想像をふくらませながら読むことを通して、子どもたちに文章をしっかり読む姿勢が身に付いた。自信をもって発言することを続けていると他の教科の授業でも「違ってもいい？」「予想だけど」「多分だけど」と言いながらどんどん発言できるようになってきた。また子どもたち自身も書いているが、諦めずに集中して取り組める時間が長くなってきた。以上の３点が今のところ少し成長したのかなと思う。

◇今単元について

問　「これまでの調査」とはどのような調査か。

答　これに対する答としていたことは④、⑤、⑥段落であった。より小さいレプトセファルスをもとめ（④）ていくと、1967年台湾近くの海で54mmのものがとれ（⑤）、さらに範囲を広げるとさらに40、30、20と小さくなり、1991年には10mm前後のものがとれた（⑥）ということであった。

・**この問いに対しての子どもたち**

　④だけと答えた子　⑥だけと答えた子　④⑥と答えた子、が多く⑤を選んでいた子は３人だけであった。なぜか④と⑥には「調査は」が主語で始まる文があるのに対して、⑤にはない。読み取りがまだまだ甘い。

　この箇所は、一斉授業で「どのような調査か」と同じ問いに対して、自分が考えたことを全員に発表してもらった。すると「調査」の一連の流れが見えてきた。それで調査の内容は④⑤⑥段落に書いてあると理解できた。

問　これまでの調査をどのように整理したか。

答　本時案参照

・**この問いに対しての子どもたち**

　かなり難しい問いだったようだ。3時間も一人学習として時間をとってしまった。問いの出し方が悪かったのかもしれない。混乱させてしまった。

本時にて

　「どう整理したのか」という問いを何人かの子に答えてもらう。「採れた場所を地図上に記した」と考えている子に答えてもらう。「根拠はなんですか」と聞く。根拠と言われると手が挙がる数がぐんと減る。WさんNさんはこうだ。「何かをわかろうとして整理したわけだから、「気がつきました」って書いてある前に整理をしているはずだ」と根拠を述べた。

　もう一人は「整理」という言葉の意味から考えた子がいた、Hさん。やはりWさん、Nさんが根拠と考えていることを発言した後、子どもたちは止まった。Hさんに話させたかった。ここで「整理ってどんなこと」と子どもたちに問うと、「きれいにすること　分けること・分類すること　まとめること　わかりやすくすること」などと口々に子どもたちは言った。Hさんは「わかりやすく地図上に記したんだから」と根拠にしていた。地図上に記す行動の意味と「整理する」という言葉の意味が噛み合い、子どもたちは気持ちよさそうだった。Hさんは普段進んで発言するような子ではないが、ノートにきちんと書いていることできちんと発言できた。一人学習の大きな効果の一つだ。

　整理はもうないのかということを考えた。学級では３人しかノートに読み取れていないのでもう一度全員で教科書を読み直し、他に整理したことはないかを考えることにした。ここで多数の子たちは一番頭を働かせたのであろう。３人には少し待ってもらった。しかし、この時、例えば「場所についての整理」と類似した記述をもとに、「時期についての整理」を読み取れた子が何人いたのか、それはわからなかった。早く気づき話し出す子が出てきたからだ。

　「整理して終わり？」と聞くと子どもたちは「違う」と答えた、が「その後どうしたの」と聞くと「〜に気がついた」と答える子が「〜と予想を立てた」と答える子がいたのでここで教科書をふり返るように言い、どちらが先なのかを整理させた。

　この時も、二つめの整理について答えさせた時と同様「わかったこと」「予想」を自分で読み取れたのか。見とれなかった。悔しい。あまりにスムーズに流しすぎたかと反省している。全員が「あーそういうことか」「ここに書いてあるのがそうだ！」とわかったと気持ちのよい授業だったのか気がかりと反省である。

　以上の授業の流れから、私が不安に感じていることは、一人学習で考えに至れなかった子、足りなかった子が、一斉授業でどれほど文章から答を見つけ出せたかということである。また、授業づくりにおいては、どのあたりまで子どもたちの考えを深めてから一斉授業にするのかの見極めが難しかった。14人の子たちが、ちんぷんかんぷんな答を書いていたので、自由に子どもたちに考えを交流させた。長時間交流してしまうと解決してしまうことも考えられたので小グループ交流の時間を様子を見ながら切り上げることにした。時

間と場所の整理を二つ読み取れた子はたった一人だった。Ｙくん。力をつけてきた子の一人だ。自信なさげにノートを持ってきたがどんぴしゃりだった。23人が場所についての整理を、２人が時間についての整理を、Ｙくん一人がその両方を読み取っていた。このような実態を踏まえた上でもっとお互いの立場で話し合わせるためには、どのように子どもたちから引き出せばよかったのか疑問である。

　そして何より問題づくりの難しさを感じた。本来一人学習ではとことん子どもたちが文章を根拠にし考えを深めていくべきである。その結果、正しくまとまっていくのであれば、一斉授業は必要ない。説明文は正しく読んで欲しい。問題を出す。意見がぶつからない。意見がぶつからないのは、子どもたちが確かな考えをもっていないため、主張し合えない？　のであれば子どもを鍛えなければならない。どうやって？　みーんなが正しく読めているから意見がぶつからない？　のであれば、問題が簡単すぎる。問題づくりはどうすればよいのか。どこをどのように問うのかというセンスを磨かなければならない。

体育〈前回り〉

　子どもたちは、指導が入れば柔軟に対応する。その技ができるようになるということは、合理に基づいた体の動きの積み重ねがしっかりできたという証明のようなものである。一つひとつの動作、つまりマットにしっかり手を付く（箱石先生風に言えばマットをしっかりつかむ）、肩を前に出していくなどのことがすべてできるようになると前回りができる。この時回れるか回れないかは大した意味をもたない。ここで子どもたちが身に付けた力は一体何なのか。そ

286

れは体力はもちろんだが、その技ができるようになるために思考し、助け合い、諦めずに挑む力だったような気がする。

◇指導したこと

- マットをよくつかむ。手の幅は自分のやりやすいところ。「薬指が平行」になるように、つまり手は少し内側に入る。
- 手と足の位置も自分に合わせて。あまりに近すぎ、遠すぎる時には助言する。
- 顔は前　すると背筋が伸びるから回ってしまわない。「ブレーキなんだよ」
- 肩を前に出す・かかとを上げる・つま先立ち→すると肘はたわみ重心を腕だけで支えることになる。腕の力がない場合は、蛙跳び・腕立て伏せ・壁に手をついてなどで鍛える。
- 頭を入れる　ぎりぎりまで我慢すると自然に回る。
- 脚をたたむ　するとゆりかごの原理で自然に起き上がることができる。

　一通りできるようになって、入退場も含めて練習し始めたころ、技が「のっぺり」していて不自然、無駄な力を入れて「頑張って起き上がってくる」子が多いようなのが気になり、ゆりかご3の（えびの状態まで後ろに転がり、ふんすいを通って起き上がる）練習に戻らせた。私は前回りは、腕に体重をかけ、頭を入れたその瞬間からの技の流れは「えび→ふんすい」と考えていたからである。それと「ゆりかご3を使えば、ものすごく楽に起き上がれる」と添えた。ここから子どもたちは考えたのだと思う。「きれいな、ゆりかご

３ってどんなだろう」と。子どもたちの答は「足をできるだけ遠い
ところを通らせる」動きでなおかつ「おしりは最後まであげてい
る」、そしてあるタイミングで「さっ」なのだそう。子どもたちは
グループで、見ている子が腰に手を添え「脚だけ脚だけ」…
「今！！！」「しゅっと！！！」という風にみるみるうまくなった。
　こうして前回りに戻ったことで、私が感じていた「のっぺり」感
がなくなり、心地よいリズムの前回りができる子が増えた。前回り
でできなければ「○○、ゆりかご３やってみて」と子どもたち同士
で練習していた。

◇箱石先生語録（いろいろな技のある場面）

　マットをぎゅっとつかむ　腕にパワーをためこんで　腰をおさえ
られてる感じで　前回りは足と手を近づけすぎないようにすると、
ひざが伸びるからうまくいく、離れすぎているのもよくない　ひざ
をたたもうね　体重を支えられるように（腕に）グッッと力を入れ
なさい　腕立て伏せできる？　ドンドンならないようにつま先で静
かに歩く　いっぱい我慢する　肩を前に出す　つま先まで頑張って
　まだ、…まだ…よーし　もっとこうしたほうがいいよ　ひじで体
重を支える　おしりが高く上がっている時に頭を入れる　最後はつ
ま先　もうちょっと脚を伸ばす

◇考えさせる言葉

　誰も指の長さ、肩の幅、胴の長さに脚の長さは違っている。自分
がやりやすい位置を決めるのは自分だけなのだ。教師は基本的なこ
とは教えられるが、それ以降は子どもが実際にやってみてどうで

あったか考え、自分に合ったやり方やタイミングを見つけていくし
かない。

◇目を鍛える

　友達同士の技をよく見合うということはとても大切だ。子どもた
ちは、上手に技ができるようになりたいととても貪欲だ。子どもた
ちはモデルを見つけるとそれに近づこうと精一杯努力する。いち早
くできるようになった子にお手本として活躍してもらうと周りの子
どもたちはみるみる上達する。一方、モデルになった子は、周りの
子にコツ教えたくなる。そうやって、よいところや改善すべき点を
見つけられる目を鍛えることで、子どもたちは子どもたち同士で技
を磨き上げていった。

　実際にやってみて感じているわけだから、子どもたちの助言はと
ても的確だし、手さえ差しのばしている。「いま！」と大声を出し、
「ひゅっ！！と」とか「すっ！！」という言葉で通じ合っていた。

音楽

　主に箱石先生や、ＦＫＪ先生が指導されていたことを見て、感じ
たことを書いていこうと思う。

◇歌による表現

　声量を出すには「声を出して」とは言われない。子どもたちは
「息を吸ってください」って言われる。それだけで声が出る。

　私から見ると子どもたちは非常に楽しく歌っている。「一人で
歌ってみたい人」何人かが手を挙げる。じゃあこの部分はその人た

ちで歌ってください。自然に学年が2パートに分かれる。その子た
ちが順番に歌うのであれば、みんなと斉唱というように練習にも変
化がつくし、飽きない。これなら自分もやってみたいなという子が
増える。楽しんで歌いながら、その歌を覚えてしまう。子どもは、
練習させられた、教えられたとは思っていないだろう。

◇朗読による表現

　三年生の始めに学年で取り組んだことは、自分が大事だと思う部
分を強く読むということであった。どの文にも一番大事な部分があ
るのだから、声に出す時はそれを強調しなくてはならないと言い続
けた。強調する方法として、声に強弱・高低を付ける、早さに変化
を付ける、間をとることを教えた。やってみたいという子にどんど
ん読ませ、よかったところはうんとみんなの前で褒めた。これと同
時に読む時には「視聴覚室でも教室でも、四隅あるでしょう。そこ
まで響かせなきゃだめ」と「四隅」とか「響く」という言葉で伝え
ることで、声量についても子どもたちは目標を与えられた。まず声
が響いていないとそれだけで「不合格」になってしまうのだから、
子どもたちは必死だ。「この辺に声が落ちちゃっています」、子ども
が読む、「ちょっと進んだけど、まだこの辺」など先生が立ち上が
り、子どもに視覚的に見せる。春から教室でもこの取り組みは国語
の学習などともつながっていた。単語で声を出す。一文ずつ読んでみ
る。強調して読んでみる。音読から朗読ができるようになろうとい
う意識であった。これで声に出して話す・読むということに対す
る、子どもたちの当たり前のラインがかなり引き上げられたと思う。
　手を挙げてみんなで読もうとしない子もいる。そういう子は大き

な声を出すのに慣れていないし、自信がない。できれば誰かにやってもらって自分は関わらないで済ませたい。その子たちに先生は「この人たちがやってくれている。それを見て勉強してください。」それだけ。私だったら「練習なんだからやってみなさい」と声をかけてしまいそうなところだった。でも次の言葉が利いた。「自分がやる時にできていないとだめなんだよ。だからしっかり見ていなきゃだめなの。」この言葉だけで十分子どもたちはいろいろ学んでいた。実際学習発表会で全員が声を出す箇所があった。大きな声を出すのに慣れていない子も「やらなきゃいけない時」が来たわけである。（けれどこのころには「わたしもやってみたい！」という子が増えていたのだけれど）何度も何度も合格試験を受けて頑張っていた。普通ならくじけてしまいそうなものだが、２～３人の小グループで活動していたことで、子どもたちは諦めなかったし、楽しくできたし、よい考えも浮かんだのだと思う。

◇身体表現と舞台構成

　身体表現は舞台構成と直結している。ここでここに立つ、どのように？　先にどのように構成するのは計画しておく。子どもは「この曲のこの部分で出て来て」とか、「この曲を歌いながらここまで移動して」と言われる。やってみる。「もっと寒がって」「うきうきしながら」「重いものを持っている感じで」と要求される。子どもは戸惑う。「私はどうしたらよいのかわからないので、はずんでいるように出て行くとほめられました」（Ｎさん）や、「よいさの時、どういうふうにやればいいのかわからなかった。でも先生が重たいものをもっている感じでやればいいよと言ったので、できた」（Ｙ

君）と自信がないけどやってみるということはとても子どもたちにとって難しいことだ。私だったら心細いし、やりたくない。それを要求される。やる。これはかなり子どもたちの力になる。考えて、やってみる強さがついた。

　子どもたちはどう動いたよいのかわからない。そこで教師陣二人でやってみた。子どもたちは大喜び。「そんなんでいいんだ」と目を輝かせ、やってみるかいと言われたのと同時に、自分の場所取りに体育館いっぱいに広がっていった。

　音に合わせて体を自由に動かす。楽しいことだ。回る、走る、歩く、はねる、手を回す、伸ばす、いろいろな型を教えてあげるとますますバリエーションは増えるし、基礎を入れてあげれば見栄えもするだろう。楽しみだ。

◇全員で　みんなの中での自分として

　ソロのパートなどしぼるのは本当に最後の段階で。子ぎつね、母ぎつね、おじいさん、おばあさん、語り手やってみたい人、何人かが手を挙げるが練習の段階ではみんな順番にやる。ここでも「いろいろ」「変化」「工夫」を要求される。違うことをした人は褒められる。でも、情景にあってないことはすっぱり「違います」と言われる。これも朗読や身体表現などすべてと同じ、子どもが言われるのは「この役がやりたい人は見ておいてください。」と。これで全員で表現するんだという意識ができる。

　これは頑張っている人を応援する、そこから学ぶ他の効果もあったのだ。それはその他大勢に表現させる時だった。自分が出番でない時も集中しているから、「ここで町の人になってください」「凍っ

てください」と言われてもすぐできた。

　このように楽しく、頑張ったら頑張っただけ見つけられて褒められて…と取り組んでいくと（みんなの前で歌ったりおどったりしたいな。）（Kさん）という子どもが増えてくる。みんなの前でできると嬉しい、まさに自分を表現することを楽しむ子どもたちになっていくのかもしれない。

教育実践発表会　ふり返り　　５年１組　ＯＫＴ教諭

１、国語に関して

　教育実践発表会、お疲れさまでした。

　発表会２週間前、国語の指導案を提出したものの何だかスッキリせず、宮島沼にガンの群れを見に行きました。ちょうど渡りのピークで、初めてガンが鳴きながら飛び、鳴きながら食べ、鳴きながら休み騒がしい鳥だと知りました。また、晴れ渡った秋空をガンの群れが飛んでいく様は何とも美しく、しばし見とれていました。

　と、その時、「あぁ、これだけ騒がしいガンたちを目前にしながら、何年も一羽のガンも手に入らなかったとしたら、そりゃあ大造じいさんは残雪がいまいましくて、執念を燃やすはずだ。」と合点がいきました。そこからもう一度、大造じいさんの行動や行間の気持ちを洗い出して授業を考えてみました。今までになく細かく文章を読んだつもりでいましたが、授業はそう甘くは進みませんでした。

教師の活動	子どもの反応	成果・課題・疑問
・一人学習の充実	・読みの広がりや多様化 ・自信をもって一斉授業に臨める。 ・辞書の活用 ・集中して取り組む。 ・考えを自分の言葉で書く。 ・次々と疑問を見つけ、解決したがる。学習への意欲が高まる。	○発言できる子の増加 ○事前の子どもの読み取りを把握できるので、授業構成に生かせる。 ○事前に瑣末な読み違いを正せるので、話し合わせたい課題に迫りやすい。 ○一人学習を重ねるごとに、場面の重要な課題を作れるようになる。(その場面のおいしいところがわかってくる。) ▲時間の確保 ▲自分の中で理解したと自信をもつあまり、自己完結してしまうきらいがある。友達の多様な意見を聞き話し合う楽しさにつなげるには・・・? ?回数を重ねるごとに、自分で考える課題の精選がなされるか。
・話し合い活動	・一人学習のノートを手がかりに全員が発言できる。	○積極的に発言する子が増えた。 ▲話し合いにならず、意見の羅列になりがち。ここを残りの5ヶ月で鍛える必要あり! ▲話合いがしやすいように、教師が意見の対立や相違を整理する必要あり。
・聞く活動	・反応できるようになってきている。(表情、声) ・友達の意見につなげたり付け足したりできるようになってきた。	▲反対意見を言うことは、その子を否定することだと勘違いしている節があり、なかなか反対意見を出さない。今一度、信頼関係や勉強の意味を見直す必要あり。

※1学期に全員全校研をしたがそれきりで、実践発表会は結局個人研究になってしまった。
※1学期に「本時課題は『なぜ〜』『どのように〜』といった漠然とした課題の出し方ではなく『いつそう思った』『どこで気持ちが変わった』などの教科書に立ち返られる具体的な発問がよい。」というような話が出ていたと思う。今回、課題の作り方ひとつとっても自信をもてず、2人の学年で検討しても心もとなかった。ずいぶん6年生に聞いてもらった。
※国語が一番手抜きの発表になってしまった。体育や表現に比べて、アドバイスを聞き合う余裕がなかった。

2、頭指示倒立に関して

昨年のKUN先生の遺産を感じながら、前回りから取り組んだ。

最初は「倒立を発表しよう」⇒「補助倒立かな」⇒「いや、壁倒立が全員でやるには精一杯かな」⇒「う〜ん、頭支持倒立なら」と、教師側の目標が揺らいだため、大きな遠回りをしてしまった。本来の積み上げを無視していきなり倒立に取り組んだのは、やはり無理だった。まず、自分を支える土台ができない。「腕力、胸筋、掴む力のついていない実態を無視して練習させてはだめだ。」と、校長先生や箱石先生に技を一段一段下げられていった。正直、学級ごとにマットと跳び箱で違う技を公開する、という目標は負担が大きかった。

うちのクラスが頭支持倒立に照準を絞って取り組み始めたのは、結局実践発表会のわずか1カ月前だった。そこからの子どもたちの真摯な取り組みが素晴らしかった。それ以前の倒立練習も半分くらいの子たちが練習を重ねていたが、この1カ月間はみごとに全員が毎日自主練習を続けた。（決して、強制してません）

カエル倒立の練習に戻したり、ひたすらマットを掴む手の練習を一緒にした子どももいる。箱石先生に細かなポイントを教えていただくたび、子どもたちが自分の技のレベルを上げることに目標をしっかりもって、そこへ向かい出した。自然と、上手な友達に目が行き、真似したい、ああなりたいという具体的な目標が見えてきた。教師の迷いは、子どもも惑わす。私が「補助無しで、頭支持倒立を発表する。3〜5秒止まれば、足をたたんだままでも足を真っ直ぐ伸ばしてもどちらでもその子の進み具合で構わない。」と子どもに伝えたのはわずか3日前。リハーサルを終えて、やっと決断したのだ。

ステップ	教わったポイント	児童の反応	成果・課題・疑問
①三角形	・手は三角形を作るように開き、マットを掴む。 ・手と頭が三角形になるようにつく。 ・頭は、生え際をつく。	・安定する意味を理解。 ・生え際をつくのが難しい。頭頂をつきがち	・首の柔軟性がないと、生え際をつけない ・マットを掴めない子は、前回りに戻して練習した。
②腰を上げて足をたたむ	・腰を高く上げる。そうすると、体が立つ（浮く）ポイントがわかる。 ・足を縮める。たたむ。	・体重移動を感じ、生え際に力がかかることに慣れると、腰がより高く上がり、足が浮く。	・体に柔軟性がないと、腰が上がらない。 ・無理に蹴って足を上げようとするが、体重移動がきちんとできず倒れる。
③脇をしめる	・②の際、脇をしめながら手と頭の土台を作る。 ・うまく土台ができるようになると、腕が三角形の形に支える。	・腕力が弱いため、手で支えられず、3点で体重を分散できない。 ・脇をしめると、体が真っ直ぐ立ちやすい。	・カエル倒立に戻したり、鉄棒でツバメの練習をした。 ・家で腕立てをする子が増えた。
④へそを出して、10秒止まる	・足が浮いたら、へそを前に出して体を伸ばす。 ・目を開けて ・足の裏は天井を向けて	・互いに補助しあう時は、腰を支える。 ・〇秒止まれたね、と励ましあう姿	・手の力が弱いと、長い時間支えきれない。
⑤足を天井に向けて上げる	・そのまま足を上げる ・脇はしめたまま ・足先を天井に向ける ・足裏に皺が寄るくらい ・へそを出すことで、頭側に傾きそうな重心を手側にもどす。	・横から見合い、へそが出ると腰が伸びることを確認。	・土台が弱いと、へそを出して手に重心が戻ってくるのに耐えられず崩れてしまう。
⑥前回り	・力を抜き、やわらかくへそをのぞきこむ	・倒立で体が緊張しているため、なかなか柔らかく力を抜いて回れない。背中からバタンと落ちてしまう。	
【スペシャル】 膝伸ばし 頭支持倒立	・膝を伸ばしたまま腰を上げ、一気に倒立する		

　実は、私は手本となるような頭支持倒立はできない。校長先生からいただいた、松永先生の資料を読み、校長先生から教わり、箱石先生の具体的なスモールステップを受け売りしているだけだ。的確なアドバイスはできていない。それでも、５年１組の子どもたちは**一つ一つのステップをクリアしながら助け合い、自らを高めていった**。恐るべき姿だと思っている。

実践研究会のふり返り　　５年２組　　MKN教諭

＜子どもの育ち＞

　多くの方々に見られる機会を重ねる毎に、自分たちで考え行動する姿が見られてきました。

　これは、児童がお互いに見合う機会も含まれます。

　自分でイメージしたことを表現しようと工夫を重ねることで、子どもの中で表現の方法が増えました。

　国語…言葉を通して、自分の解決したい問題に迫ることができました。一つひとつの言葉を吟味していくことで、見えていなかった心情や言葉同士のつながりが見えてきたことが子どもたちにとって楽しいものになりました。音読で読めること。言葉を吟味することで内容を読めることが朗読につながっていました。学習したことをふり返ったり、改めて読みを深めたりするために朗読に取り組んでいます。子どもたちは、表現したいことをもつことで自分から表現する工夫をする姿が見られました。表現をしなさいというのではな

く、表現をする場を設けたり、学びを深めたりすることで表現する
姿を生むことができるのだと学びました。

　体育…一人ひとりが自分で考えて動く姿が見られました。技の一
連の流れを自分の中で構成することで見通しをもって動く力が付き
ました。また、技についてこまかな目標をもつことで、達成感も味
わうことができました。さらに、技を進化させる新たな目標をこち
らのほうで伝えることで子どもたちが動き出しました。お互いに見
合う活動も大切でした。アドバイスしあったり、励まし合うことが
取り組みを前向きなものにしていました。多くの方々に見ていただ
けたのも子どもたちにとって満足感につながりました。

　音楽…歌や身体で表現する力が付きました。何を表現するのか、
どのように表現するのか、思考と表現がつながってきたことは大き
な成果です。学習発表会に向けて、さらに子どもたちの手でつくり
上げる喜びを味わうようにかかわっていきます。「歌詞をなぞる表
現ではなく、創造できる表現を」は、難しいことですが、いろいろ
な方にアドバイスをもらい、イメージを表現にする方法を知ること
ができました。学習発表会ではそのことを子どもたちと一緒に考え
ていけたらと思います。

＜教師の育ち＞
　子どもからわき上がる「表現をしたい」「表現が楽しい」という
気持ちを感じることができました。
　わき上がるためには、教師からの手立てが必要です。それは、子

どもたちが困難にぶつかっている時にタイミングよく、適切なかかわりができるかが重要です。自分自身上手く関われなかったですが、いろいろな方々の実践を見て勉強になりました

　たくさんの方々に支えられた研究会でした。環境や広報など、いろいろな場面で力を出していただき、とても感謝しています。

実践発表会を終えて～思いつくまま
6年1組　MTMT教諭

海の命
教材解釈
　教材解釈が「違う」のではないか？
→　決行した。
　結果的に、子どもの読み取りとも同じ形となった。
　初めから子どもたちは「かたきうち」の話とは読まなかった。
　太一は、父のおもかげを追いつつ、自由であった　という読み取りで進めていっても、瀬の主と思われるクエと対峙した時の衝撃を細かく追うことで、今までの自分の生き方の甘さへの気づきは十分に行えた。

音読ですらすら読めるって、すごいことだった！！
　一人学習で、どの子も自分の意見を少なからずもってから全体学習に臨んだ。

いつもより、音読の時間を多くした。一行読みではあるが、わかるところ・わからないところを意識しながら何度もすらすら言えるようになるまで読むことで、子どもたちは自然と課題となる文を見つけられるようになった。（←これは、正直、驚いた！！　1回読むたびに、お？とか、おお？？とか言ったり、線を引いたりするのです。つまずくたびにふりだしに戻るので、結果、それを何度も繰り返す…。）そのことにより、今までは、どう課題を考えたらよいのかわからないと言っていた子も、自分が引っかかった所を、証拠の言葉を探しながら読み取れるようになった。今まで漠然と、雰囲気で読み取っていた子たちも、事実としてはっきり言えることなのか、想像なのかを自分なりに意識し、言葉の一つひとつにこだわって読み進めるようになっていった。（←これは、この半年で、すごく成長した！）

一人学習　➡　話し合い　（グループや全体交流で）

　一人学習で疑問点が多く出た場合には、一旦打ち切り、全員で話し合ってから再度一人学習へ　というように、柔軟に流れを組んだ。

　一人ですべての解決に向かえた子は少なかったが、それぞれの意見のよい所を話し合いで練り合い、さらに深い解釈ができることを子どもたちが実感していた。

　単元の初めの方で、それを実感できたため、一人学習が終ったあとは、同じ課題や考え方をしている子たちが集まって、自然とグループになり、話し合うようになった。友だちの考えに共感したり、いいなと思ったことは、すぐに自分の一人学習にも取り入れていた。このことが、全体学習の時の発表の活性化にもつながった。「同じ

です」で終わらず、応援とばかりに同じことをくり返したり、さらに付け足したりして、自分たちの意見を述べ、相手の意見を興味深く聞いたり、自分の中の疑問点を解決しようとしたりする姿につながっていった。（←今回の学習で、<u>学習に向かう姿勢</u>として、一番身についたところ・比べながら聞くって、こういうことだ！　とわかった子どもたちです。）

　本時でも、疑問も多かったし十分<u>悩みぬいた後</u>だったため、子どもたちは、どんどん友だちの意見を聞きたがり、自分の意見を話そうとする、<u>活発な討論</u>となった。

　一人で解決できなかったことに悔しがる子、みんなの意見を聞いて考えがはっきりしていったことに喜びを感じる子、また、普段目立たないけれどするどい言葉に目を付け発表し、みんなを驚かせた子…　様々あれど、みんな、簡単な方（想像でどんどん話を進める方）へ逃げず、本文と向き合った。

　「『とる』は漁師として。これは今までの太一。でも、このクエに向かっている太一は『殺す』という言葉を使っているよ。殺すって、人に使う言葉じゃない？」ＡさんとＩくん。このあと、「泣きそう」まで盛り上がった！

提示した挿絵の効果あり！！

　かたきうちの話かどうかはさておき、やはりこの場面は、迫力あるクエの姿を意識させることが有効でした。前時のふり返りとして、クエを表す言葉を挿絵に張り付けていきながら。太一の気持ちに

迫っていく時、クエの大きな挿絵を見ると、怖さや対決しようとする気持ちなどに向かいやすかった。

拡大コピー機に感謝！！

　…ただし、終わったあと、知り合いから「ＴＶの大きさにクエをコピーするのなら、実物投影機があるんじゃ…？」と言われ。。。。なるほど！思いもつかなかった！！　でも、いいのです。ＴＶにつるしたクエは、画面から抜け出し、迫ってくるような感じになったから。意図していた！ということにします。

マット運動　「補助倒立からの前転」

　前転の時は、「腕に力を」それがふんすいエビで「体幹（？）」を意識した動きに。倒立前転は、「両方」でした。倒立だけだと、腕と指の重要性はわからなかったようです。いろんな方にご指摘いただきましたが。実感できたのは、止まる時と回る時。この時、指が浮いてると、ブレンバスターになるそうで。最後まで、腕と指に入れた力を抜かないことが、きれいに回るコツのようですと、子どもたちが言ってました。

（以下、子どもたちの言葉から）

学習を進めた順番と時期 ＆ 感想

① 　前転の姿勢から、足を高く上げ、上からの勢いではなく上がること。　　７月〜夏休み〜８月

　最初は無理！って言ってた子も、何度か足を支えるうちに上がれました。

　ずいぶん、体を支えることに慣れていたんだな〜と、それまでで

きなかった子と一緒に実感。

　それでもできない子は、前転が正しくできているのか、体を支えられているか、復習と特訓を。

② 　逆立ちで、壁に音を立てずに足を付けること。　　　８月

　勢いのコントロール？　腕で支えることと、けり足の力のコントロールで、バランスをとっていました。今思うと、ちょっと失敗。⑥参照。

③ 　壁倒立のあと、壁から足を離して止まる。　　　８月

　このころから、指を使って、支える面積を広げることが大切だ！って、子どもたちが言い始めました。手首だけだと、ふらふらするのです。で、前転をもう一度、復習。

④ 　壁から手のつく位置を離して倒立　　　止まる　　　９月

　だんだん、この方が楽になっていきました。壁にくっつくと、頭をぶつけそうになってきたようです。下を向くことが怖くなくなったのね。支えられてきたからかな。

⑤ 　補助を二人付けて、壁なしの所で倒立。　　　９月

　恐怖もあるようで、③④⑤は、行ったり来たり。

⑥ 　補助一人で倒立。　　　９月中旬

　ここで、やっと腕の使い方を意識し始めました。腕で支えた方が、安定するのです。

　もうちょっと早く意識させるとよかったなぁ。②が甘かったんだなぁ。

⑦ 　腕で支えられた子から、補助付きの前転へ　そして　美しく
　　　１０月

　前転の復習をしたりしながら、補助付きの倒立前転へ。初めはク

303

シャッとつぶれていた。このあたりが、一番けが人が多かったかも。箱石先生が、それを見て、<u>タオルを使ってイメージづくりを</u>。タオルを真下へクシャッと落とし、これが今の皆さん。タオルを柔らかく前へまっすぐ伸びるよう落とし、このようにコントロールするのです、と。なるほど！　お手本を見せられなくても、こんな方法がっ！！

　前へ体を送り出すイメージができたところで、腕も指も使って、体をうまく前へ送り出している子をお手本に説明。補助する子も、相手のつぶれ具合（？）で、足をもつだけだったり、足を前へ送り出す手伝いをしてあげたりと<u>相手の動きを見ての補助</u>となりました。このころ、<u>足をマットに乗せてからスタート</u>。箱石先生の指示。ここだけ、？？です。なんでだろう？？　上がらなかった時、落ちた足が痛いから？と子どもは言ってます。本当？？

⑧　おそらく、一人で倒立前転？？？　　今後…

　ずいぶん、補助にかかる力が減ってきたようです。だんだん補助を外していくのかな…？？

　⑦の美しくの部分は、指摘されたころ、ちょうどＴＶでやっていた世界体操がいいお手本に。Ｅ得点に驚き、足の裏やひざにまで気を配っているんだ〜と毎朝、選手の内村への演技に感動の雑談。

集中した演技を！！

　そして、集中力。

　始まる前には、自分の動きを最後までイメージして！！　手を付く所からは、注意点の確認を細かく！！

　最後まで気を抜かず（？）…というより、注意点を次々と意識して、回っていたようです。（だから、逆立ちしてから、つま先がくるっと丸まる子が多い（笑）。その姿勢になった時、思い出すんだろうなぁ。これじゃいかんのだろうが…　初めから、ずっと、つま先まで意識しているのかなぁ、疑問）

　そうしなかった（いろんな意識をしなかった）時は、失敗したり、雑な演技になっているので、見ててわかるものですね〜。私からも、周りの子からも、すかさずチェックが入ってました。

　意識して回れた時には、自信満々の顔で。

　でも、「見た？見てた？？」と聞いてくるのが、今後の課題？本番も（笑）　まだまだ、見ていてほしいし、ほめてほしい6年生です…。

　ただ、途中で気を抜いた時（最初から気を抜くと、すぐばれる…）は、やった本人が苦笑い。絶対、こっちは向きません。

　音楽の「脱力」とマットの「集中」は、クラスの合言葉に。ちょうどTV（またか！！）のアニメで、主人公が必殺技を繰り出す時のポイントが「脱力」と「集中」だった回の放送を見ていた子がいて、「脱力」も「集中」も、どっちもすげ〜ぞ！！とクラスに広がり（笑）とっても実感できたのです。

行進にも変化が

　やれる自信が付くと、俄然調子にのる皆さんですから、行進も胸をはって。歩くスピードによって、前の人との距離まで考えていま

した。くっつくと歩きずらいんだそうです。

かける言葉とそのタイミング

　最初は、うまく回れないのを補助の人のせいにしていたMくんですが、箱石先生に「手をつく幅を広くしてごらん？」と私が言われているのを聞いて（聞き耳を立てていて）、実践。できました！！くるっと。すると、今まで、肩が前に出なくて、足が上がらなかった時もあったのに、すすっと上がるようになるんですよね～。足が上がらないことも人のせいにしていたのに、もう、笑って「ごめんごめん」と自分で言うんです。その後、できない時は、「幅」と、一言でよくなりました。幅を広げることで、安定性が増すんですね。それができていないから、不安定で、うまく回れなかった…なるほど。

**なんと言葉をその時その時にかければいいのか、すぐに見抜く！
そして、適切な言葉のストックをたくさんもつ！　学習しました。**

　子どもたちも、懸命に教え合っていました。箱石先生初め、いろんな先生に教えていただいた言葉が、子どもたちの中でイメージとなり、実感すると教えられるんですね。水泳とおんなじだ～と思いました。
　子どもにも、私にも、言語化することが大事でした。…と、ちょっとはやり言葉を使ってみたり。

306

部屋とマットの不思議……。

・視聴覚室では上がらないNさん。体育館では上がるんです。空間
　の広がりでしょうか？？

・白いマットは痛くない！　これも初めて知りました！！　そし
　て、「つかめる」んだそうです。

　なるほどね〜。

　青いマットを経験したからわかるのかな？？　つかむことを意識
するようになった証拠かな？？

実践発表会を終えて　　　6年2組　　MTK教諭

国語の実践を通して

○教材解釈

　夏休み中の学年での教材解釈では、「太一は仇討ちを志している
のではない」ととらえ、指導案をつくった。2学期の検討の中で、
1組とは解釈を変えて「太一は仇討ちを志して何年も瀬の主を追い
求めていた」という形に切り替え、再構成した。それぞれの学級で
それぞれのねらいに迫って授業が進んでいったのはなぜか、未だ釈
然としない部分が残っている。解釈が間違っているのなら、どこか
で授業が破綻するのでは？　でもどちらの学級も最後はねらったと
ころに向かっていった。ここについてはこの教材文が何通りもの解
釈が成立するからなのか、詰めの甘さが残っているのか、今後の検
討が必要だと思った。

○一人学習

やはり積み上げは重要である。次々に疑問を見つける子どもたち。昨年度の「大造じいさんとガン」、今年度の「カレーライス」「やまなし」の学習は確実に生きていた。しかし、自分なりの答を見出す力にはまだ課題が残った。普段の授業でも待ちきれず担任がしゃべり倒しているのか…。子どもはなんとしても自力で解決しようと必死で教材文を読み返す、というところまでには至らなかった。普段の授業スタイルを見直していきたい。

○（自発的な）グループ学習

非常に驚いたのだが、本時場面でいきなり子どもたちがグループで討論をし始めた。それも1カ所2カ所ではなく、ほとんどのグループで。今までそのような場面を設定してこなかったのに、本時でいきなり、それも自発的に始めたのにはとても驚かされた。それだけ一人では解決しきれない難しい課題だったのか。討論の様子を見ていると、話している子は自信ありげな表情をしていた。ということは、自分なりの答が見つかって、話したいという意欲が高まった証拠なのか？悔やまれるのはそれを全体交流で引き出せなかったこと。ここは授業者の腕の見せ所だったはずなのに、うまく声を引き出せなかった。

○授業者は徹底的に納得するまで教材解釈に力を注ぐべき。迷いがあればどこかでほころびが生まれる。

○子どもたちは、こちらが思っている以上に表現したがっているの

ではないか？　進んで表現できるようにするにはどんな手だてが
必要か？

体育の実践を通して

○前回り・その１

呼吸を整えて、技のイメージをつくってから演技に入ること。い
わゆるイメージトレーニングに近いものだと解釈した。しかし、ど
こがポイントかを明確に押さえていないイメージトレーニングは効
果が上がらないように、ポイントを具体的にイメージできないうち
は完成の確固たるイメージをもてていなかったのではないか。

○ふんすい・えび

体をしっかり伸ばす。両手で腰をしっかり支える。足先まで伸ば
す。大きく分けて３つのポイントを大切にした。しかし、例えば
「足の裏にしわができるまで」といった具体的な言葉をかけないと、
それぞれのポイントに到達しているかどうか子どもが自己判断、相
互評価できない。その具体的な言葉は、研修や箱石先生の指導の中
から拾っていくしかないが、そこに一番の困難を感じた。「どんな
声をかければよりよい演技になるか。」

箱石先生のご指導の中で、背中をしっかり伸ばし、肩で立つとい
うものがあった。完全に指導で抜け落ちていた観点であった。また、
背中と言うより腰を支えているという指摘も受けた。腰を支えると、
どうしても背中が丸くなる。もっと背中の高い部分を押さえるよう
にしないと、背筋はまっすぐに伸びないことを、箱石先生のご指導

を通して学んだ。（自分でやってみて、具体的にどこに手を当てるべきかをもっと細かく詰めておくべきだったと反省。）

○前回り・その2

　腕をたわませ、しっかりためをつくってから回り始めることを徹底した。ここで腕にためをつくること、そのための筋力をつけることを徹底したため、後で壁倒立をする時に、全員が自分の体重を腕で支えられるようになっていった。（倒立の練習の中でさらに筋力をつけ、支えられるようになった子も多いが。）

　背骨を1つずつ順にマットにつけていく」という意識をもたせていった。できるだけスムーズに前回りができるように、バタンとならないように、という意識。頭でわかっていても体が思うように動かない、という子も少なからずいたが、体操の中でストレッチを繰り返したり、練習の中でお互いに「背骨が1つずつマットについているか」を互いに見合ったりする中で、徐々にできるようになってきた。やはり覚えやすい、イメージしやすい言葉かけは大切だと思った。

○壁倒立

　まずは思い切って蹴り上がり、壁に衝突してもいいから倒立の形になることを目指した。ここで腕の筋力が足りない子は、腕立て伏せ（膝をついたり、床ではなく壁に向かったりしながら運動強度を変えた）をして筋力をつけるように指導した。倒立ができる子には、そのまま腕の曲げ伸ばしができるかに挑戦させた。一人できるようになると周りの子も触発され、どんどんできるようになっていった。

お互いに見合う効果か？

　壁に勢いよくぶつかるのではなく、「音を立てないように」壁倒立するように目標を設定。どれくらいの力で踏み切ればいいかに意識が向かっていった。より細かなコントロールは補助倒立でパートナーとやりとりしながら進めていったが、「音を立てない」という意識はここでしっかりもたせることが重要だと思った。

　手をできるだけ壁に近づけて、体をまっすぐにするように意識させた。体を反らせるとバランスはとりやすくなるものの、前回りに移行する時のモーションが大きくなってしまうと考えたからだった。この時、体を支えるには指の力の入り方が重要だと気付いた子たちがきれいなフォームで倒立し始め、周りの子が倒立のこつを聞き始めたことから「指の使い方」に意識が向いていった。前回りでも指は強調していたつもりだったが、子どもの中で指の使い方をマスターする必要感が生まれたのはここかもしれない。

○補助倒立

　壁倒立と同じように、できるだけ体をまっすぐにするよう意識させた。勢いよく踏み切ると、補助の子が支えきれなくなることはすぐに気付いた。できるだけ補助の力を押さえ、自立できるように促していったが、ここまでの取り組みでは「触れるだけの補助」というレベルにまでは到達しなかった。ただ、初めのうちは足首をしっかり握っていたのが、大多数の子がすねに手を当てるだけの補助で倒立できるまでにはなった。

○倒立からの前回り

　自分で前回りに移行するきっかけをつくって回ることを重点に練習させた。初めは「指の力を抜く」と指示したのだが、1組の子が「指でひっかく」と体が前に倒れることをつかみ、それを聞いた2組にも広まっていった。（このあたりからは自分ではできない領域になっていったので、子どもの話でしかわからないが）やはりマットを握り、最後まで指の力を抜かないことがポイントである（ようだ）と思った。

○子どもが自主的に練習に取り組むようになった。目標がはっきりしている分、そこに向かう道筋も、到達した時の達成感もとらえやすかったようだ。

○互いに見合い、声を掛け合う姿がたくさん見られた。基本的には個人の力だが、そこを磨くために子ども同士が進んでつながっていく様子が見えた。

「利根川」の実践を通して　　6年

○歌の教材解釈

　「〜身を投げて死んだ人もいた…」かわいそうだ、助けてほしい、という思いを込めて。情感をもたせて歌う。具体的な歌い方の指示より、その場面でどんな情景を表現しているのかを子どもに語る。それに応えて子どもの歌が変わっていった。

「時には静かな利根の河原に〜」…3拍子でワルツを踊るように。箱石先生（とTKMT先生）が実際に踊ってみせると、子どもの表情が軟らかくなり、声が伸びやかになった。指揮者自らがやってみせることの重要性。激しい踊りにならない、ゆったりとしたテンポで。

「そして今も利根川は速い流れをつくり」…声を出しやすいようにゆったり歌うことを心がけていたところ、速い流れをイメージできるよう、もう少しテンポアップするように、とのこと。「これも教材解釈（箱石先生）」で、その情景にあった速さで歌っていくようにする。

「〜たくさんの魚を泳がせながら〜」…だんだん音が高くなっていくところ。ここで力まない。優しく、柔らかに、楽にして。

○大きく息を吸い、しっかり吐き出す

柔らかく、つま先から吸い上げるように息を吸う。そのためには足を広げて踏ん張らない。肩を上げず、お腹がふくらむように。言葉のつながりや伸ばすところを意識し、息を素早く、たくさん吸って準備をする。そのために息を吸う練習も必要。「はぁ〜」という音が出るくらい息をしっかり吐いて、肩胛骨を寄せるように体を開いて吸う。指揮に合わせて息を吸ったり吐いたりするだけの練習も。

○発声

どうしてもあごを突き出し、前のめりの姿勢で歌ってしまう子どもに、頭のてっぺんからまっすぐ上に声を出すイメージを強調。背筋を伸ばし、「ここからこう声を出すんだよ」と手でイメージを示す。腰を伸ばして歌う姿勢を実演。

313

歩きながら声を出す、身体を揺すりながら声を出す、といったことで、歌う時の凝り固まった姿勢をほぐす。

　がんばって大きな声を出さないで、遠くに届く声を出す。そのためには指揮のしかたの工夫はもちろん、指揮者自身が立ち位置を変えて声を届かせる的になる。

　ボリュームが一定でON／OFFがはっきりした直線的な歌い方ではなく、曲線的なうねる声で歌う。伸ばすところも拍をとってプツッと切るのではなく、余韻を残しながら歌う。

　身体を開くことで、高音も楽に出るようになる。身振りはそれを助ける。「遠い国へと旅をしていった」では「遠い」で遠くを指す。遠くを表現するのと同時に、腕を差し出すことで胸が開き、発声が楽になる。「利根川の淵に身を投げて死んだ人もいた」では、石を拾う動作ではなく、救いを求めるように体を伸び上がらせることで腰を伸ばした姿勢をつくらせ、高音を楽に発声させていく。「憎しみも喜びも悲しみも」では手を大きく左右に開くことで、前屈みになりがちな上体を左右に開く。説明的な振り付けではなく、歌を助ける「合理的な」動きを付けていく。

○平場での子どもの動き

　動き始めが表現のスタート。どんな歩き方で出て来るか。スタスタ歩かない。曲のリズムを感じて。足音を立てたり、やたらに早く動き始めたりして、他者の表現を邪魔しない。

　最初の人に合わせて横並びにならない。自分でどこに行けばいいか考える。一カ所に群れるとそこがうるさくなってしまうから、前後左右の空間を確保できる位置を考えて移動する。移動のしかたも

表現の一部。曲に合わせて、足音を立てず、ゆったり落ち着いて歩く。

　朗読もソロも、早々に自分の立ち位置に向かってしまうと、前の出番の子の邪魔になってしまう。自分の出番に間に合うようにタイミングを計る。

　自分の朗読やソロが終わったら出番終了、ではなく、次の朗読やソロを支えるように、その場で利根川の風景の一部（河原の石、川岸の木、etc.）となって表現を続ける。自分が何になるのか、どんな姿勢でそれを表現するのかを一人ひとりに考えさせていく。

　立体的に…前後左右の立ち位置がランダムだと、幅や奥行きが生まれる。手をつなぐイメージは、実際に手をつながなくても表現できる。小さくまとまらないで、空間を広く使う。

　どれくらいの人数が、どんな配置で、どんな表現をするのかを指導者がイメージしておく。実際に舞台配置を起こしてみる。子どもはその通りには動かないが、自分が考えた場面のイメージと合っているか、子どもが考えた立ち位置は適切かを判断し、必要に応じて手を入れていく。

○伴奏

　伴奏に合わせて朗読や表現をするのではなく、朗読や表現に合わせて伴奏のテンポを変えたり、所々で繰り返しを入れたりする。楽譜通りにはいかない。「米や麦や塩や人間を上流から下流へ、下流から上流へと〜」では、大きく間を開けたり、ある小節を繰り返したりしながら子どもの朗読に合わせていった。「豊かな平和な利根川は〜」では、朗読が終わるまでハミングが続くよう、伴奏のテンポを徐々に遅らせて（そうとわかるように子どもに指示を出して）

いった。子どもがひな壇から平場に降りる場面では、移動に慣れる
まで間奏を繰り返して間を稼ぐこともした。徐々に移動に慣れ、
ゆったりとしつつも短時間で動けるようになったら繰り返しを減ら
し、子どもの動きに合わせていった。

○指揮
　曲のイメージが子どもの中でできあがるまでは、指揮が重要。こ
こで声を遠くに飛ばす、ここはゆったり柔らかに、ここは明るく、
ここは低く抑えて悲しげに…といったイメージを指揮で表現しなが
ら、子どもに染みこませていく。子どもの中に情景のイメージがで
きあがったら、指揮は最低限に。指揮を見るようになったら子ども
の動きが皆揃ってしまう。一人ひとりの表現を大事にするなら、ご
く限られたポイントのみ指示を出し、あとは子どもに委ねる。

○全体に、苦しそうな、力んだ発声が徐々に柔らかくなり、音域が
　広がっていった。それに伴い、自信をもって歌えるようになって
　きた。
○ソロの子のがんばりや、ソロに対する（箱石先生や校長先生、担
　任からの）様々な指導に触れることで、直接指導を受けた子だけ
　でなく、学年全員の意識が変わり、全体として底上げされていった。
○普段前面に出てこない子がソロを担当し、かつ朗々と歌い上げる
　姿を見て、「○○ってすごいんだね」と友達の力を改めて認め
　合っていく姿が見られた。
○休み時間などに誘い合って練習に励んでいた。特にソロパートや
　フロアでの身体表現を担当する子同士が積極的に声を掛け合い、

自主的に取り組む姿がたくさん見られた。

○体を柔らかく使うことに関しては、飲み込み始めている子とまだつかみ切れていない子の差が出てきている。全員が脱力して柔らかな声を出せるようになるには、もう少し練習が必要。

○身体表現に関しては、子どもに委ねる部分が限定された。もっと子どもに委ねる部分が増えていかなくてはならないが、それには今年の経験をスタートとして、積み上げを進めていく必要がある。

○深く息を吸ってしっかり準備をし、落ち着いて堂々と歌ったり朗読をしたりするという意識は身についてきた。日常の生活にも生きるといいのだが…。

○ソロや朗読などの間、傍観者とならずに、自分も舞台で何かを表現するという意識は高まりきれなかった。「出番・休み」ではなく、「主役・主役を引き立てる役」というように、互いに相手を支えながら全体としての完成度を高めていく、という意識を高めたい。

教育実践発表会における　成果と課題
わかば学級　ＴＫＨＳ教諭　ＯＤ教諭

【国語】

〜「伝え合い」の力を育むために〜

１．教育実践発表会に至るまでの取り組みの経過

４月〜５月

○話す／聞く姿勢の指導

・「話す→聞く→質問する→答える→聞く」という流れを定着させるために徹底して指導した。

○語彙力を付けるための指導

・語彙の少ない子どもに気持ちを表す形容詞（うれしい、かわいい、さびしい、あたたかいなど）を根気強く指導した。

○絵本に親しませる。

・子どもの興味・関心や想像力を広げるために、週に一度、図書室で絵本を読む時間を設定した。

６月～７月

○文づくり学習

・一つのテーマをもとに文をつくり、仲間の意見や質問によって内容をさらに膨らませ、豊かにしていくための指導をした。

○絵本読み聞かせ

・子どもの興味・関心や想像力を広げるために、教師による絵本読み聞かせを週に一度行っていた。

全校研（7／12）：絵本 『あいうえおの　き』

　絵本『あいうえおの　き』のストーリーに即し、わかば学級にとっての「だいじなこと」をテーマにした文をつくり、それを子どもたちの質問や意見で膨らませていく授業を行った。

※全校での話し合いと共に、授業協力者の前田先生からご指導をいただき、成果と課題を洗い出すことができた。

成果：

①子どもたちが活発な意見交流をする場面も多く見られ、コミュニ
　ケーションの力が高まってきた。

②相手の話を一生懸命聞く姿勢も4月に比べてより育ってきた。

③全員が自力でテーマに沿った文をつくることができた。

課題：

①設定した課題が子どもの実態より高かった。

②子どもの意見を受け止め、それを他の子どもにも広がるように投
　げ返す、「伝え合い」のための教師の支援をさらに工夫する必要
　があった。

8月〜10月

○フリートーキングの取り組み

・一つのテーマをもとに話し合う活動を通し、望ましい話し方や聞
　き方を「話し方／聞き方カード」を用いて具体的に指導した。

・絵本読み聞かせの後、物語の続きをつくるためのトーキング（話
　し合い）をし、一対一のやり取りから3人の伝え合いができるよ
　う、言葉がけなどの教師の支援を工夫した。

★授業で扱った絵本

第1回：『ともだちや』（9／5）

第2回：『ともだちくるかな』（9／6）

・まだ物語の続きをつくることは難しく、絵本についての感想を出
　し合うことが中心となっていた。

第3回：『どろんこハリー』（9／8）

第4回：『しゃっくりがいこつ』（9／8）

・シンプルなストーリーを選んだことで、全員が物語の続きをつくることができた。

第5回：『かさじぞう』（9／9）

・物語の続きをつくることに慣れてきた子どもは、「おじいさんは、他の地蔵にもかさをかぶせまくって儲ける！」など、伸び伸びとした発想力を見せるようになってきた。

　また、他の子も、短いながらも自分なりにしっかりと物語の続きを考え、発言することができるようになってきた。

第6回：『うらしまたろう』（9／12）

・前回は話の続きをつくることができなかった子どもも、「うらしまたろうは病気になって死んでしまった。」と、自分なりのストーリーをつくることができた。

第7回：『ブレーメンのおんがくたい』（9／22）

・物語の続きを自力でつくることが難しい子どものために、2種類の続きを事前に準備した。そして、話し合いの途中でそれを提示し、自力でつくれなかった子どもに選ばせるという支援をしたところ、子どものイメージが広がり、物語の続きをつくることができた。

☆第8回：『ももたろう』（9／28）

・授業協力者の前田先生が来校され、本研（10／20）の授業に関し、板書や本時のめあてについての助言をいただいた。

第9回：『おむすびころりん』（10／4）

第10回：『はなさかじじい』（10／5）

第11回：『スーホの白い馬』（10／7）

第12回：『ピノキオ』（10／11）

・物語の続きをつくるトーキング（話し合い）の学習を積み重ねて
　いく中で、一人の意見に他の子どもの思いを絡ませる「伝え合
　い」の形ができてきた。

・トーキングの学習を続けることで、子どもたちの表現力が非常に
　豊かになってきた。

第13回：『つるのおんがえし』（10／12）

・「お金があれば何でも手に入る。」という意見に対し、「心はお金
　では買えない」という反論が出て話し合いとなり、「お金より大
　事なものがある」という、この物語が訴えたい価値に気付くこと
　ができた。

第14回：『コロにとどけ、みんなのこえ』（10／17）

・子どもたちにとって身近な内容だったので、全員が物語の続きを
　つくることができた。

第15回：『おたまじゃくしの101ちゃん』（10／18）

・自力で物語の続きをつくるのが難しい子が、話し方のカード
　（「おもしろいね」など）を黒板に貼る形で積極的に話し合いに参
　加した。そこで、「カードを見ながらでもいいから、Aくんの言
　葉で話してみよう！　その方がもっとすてきだよ！」と励まし、
　自分の言葉で発言できるよう支援した。

第16回：『3びきのこぶた』（10／19、20）

～教育実践発表会

２．教育実践発表会での成果と課題

授業の概要：

絵本 『３びきのこぶた』を題材に、

①授業の前半で物語の続きを自由につくるというトーキングをすることで、子どもたちの緊張を解きほぐし、自分の思いを伸び伸びと発言できるようにした。

②後半は絵本の続きを読み聞かせし、本時の課題：「なぜ、レンガの家はオオカミに勝ったのか」について子どもたちが話し合い、自分たちで理由を見つけて課題を解決できた。

成果：

○子どもたちが本時の課題を自力解決することができた。

→子どもたち同士が伝え合いをしながら、「なぜ、レンガの家はオオカミに勝ったのか」という課題に対する答を自力で見つけ、その理由を説明した子どもの意見に全員が納得することができた。

課題解決学習ができたことは、わかば学級の子どもたちの国語の力が顕著に育ってきていることの表れである。

○子どもたちの発表力が付いてきた。

→話し方、聞き方のカードを使いながらフリートーキングで伝え合い学習を積み重ねることで、友達の発言に対する質問、意見や感想を自信をもって発言できるようになってきた。

また、４月当初に比べて語彙が増え、伸び伸びと自分の思いを話

すことができるようになってきた。

○子どもたちの聞く姿勢が定着してきた。

→全員が45分間集中して話を聞くことができるようになった。聞く姿勢も4月の段階から大きく成長した部分の一つである。

○「伝え合い」の授業のさらなる見通しをもつことができた。

→教師も、この教材を扱う意味、価値を見据え、それに向かう手助けとなる発問をしたり、子どもの発言を膨らませたりすることができてきた。

課題：

○教師の支援のさらなる工夫

・教師の子どもたちへの言葉かけをさらにはっきりとわかりやすくしていく必要がある。

・教材の扱い方は丁寧に考え抜かなければならない。授業の教材は子どもの記憶に鮮明に残るので、レンガの実物もすぐに片づけるのではなく、授業が終わるまで見えるように展示しておくなどの工夫が必要であった。

○板書の掲示物と書き方のさらなる工夫

・板書は子どもたちにとってインパクトがあり、ひと目でわかりやすいものにしなければならない。

そのために、授業のポイントを一段でまとめられるよう整理することや、掲示物の大きさを変えることで注目させたい部分を際立

たせるなど、さらなる工夫が必要である。

【体育】

個別の成果：

・A君（4年）：

台上前まわりが自信をもってスムーズにできるようになった。

・B君（5年）：

練習開始直後は難しいと思われた段数での台上前まわりができるようになった。

・C君（6年）：

当初は不安定だった補助倒立からの前まわりが自信をもってスムーズにできるようになった。また、友達の補助役も落ち着いてしっかりと務めることができた。

【音楽】

個別の成果：

・A君（4年）：

よい教材に触れられたこと、また、交流学級の仲間と一緒に歌や振り付けなどを繰り返し練習していく中で、これまで苦手としていた歌唱の楽しさに気付くことができた。

・B君（5年）：

当初は小さな声で不安そうに歌っていたが、コツコツと努力を積み重ね、歌を全て覚えた後は大きな声で一生懸命歌うことができるようになった。

・C君（6年）：

　スケールの大きな歌に挑戦する経験を通し、これまで苦手としていた歌唱の楽しさを体得でき、日に日に自信をもって伸び伸びと歌うことができるようになってきた。

　交流学級での実技指導や研究講師の箱石先生のアドバイス等を踏まえ、わかば学級としても、体育は教室に跳び箱とマットを持ち込んでの個別指導を連日行ってきた。音楽に関しても、交流学級での練習に加え、わかば学級での音楽の時間にそれぞれの課題曲を練習した。また、作業学習の時間などに課題曲のMDをBGMとして繰り返し流し、聴いて覚えられる環境を整えてきた。

　このように、交流学級とわかば学級がともに力を合わせて指導することによって、子どもたちがもっている力を発揮させることができてきた。

教育実践発表会の実際
——担任外教職員の感想と証言——

教育実践発表会を終えて　　MRKM教頭

　本校研究の取り組みや教育実践発表会を通して見えたこと、感じたことを書いていきたい。

◇４月の着任時、発寒南小は目を合わせながら笑顔で挨拶できる子が多いなあと感心していた。表情がよく、子どもらしい素直な感情が表れている。教育実践発表会では、体育館へ入退場する子どもの表情が大好きだった。特に発表が終わって退場する時には盛大な拍手の中、照れくさそうな笑顔と誇らしげな表情が入り混じり、満足している気持ちがにじみ出ていた。表情に乏しかったり反応のうすかったりする子どもが多い今を考えると、本校では今回の取り組みを中心に、日常的に子どもの心と体がよく耕されている。これは教職員が同方向の願いに根ざし、研修を具体的に積みながら努力してきた成果でもある。

◇市教委指導主事と話す機会があった。その中で「発寒南小学校で自慢できることは何ですか？」と突然質問された時、頭に真っ先に浮かんできたのは「子どもたちの声」だった。教育実践発表会で絶賛されたやわらかな歌声の素敵さは言うまでもないだろう。最初から「いい声だなあ」と聴き惚れていたが、さらに洗練された。体育

館が小さく感じるほどよく響いている。私も合唱は大好きだったが、こんな歌声は今だかつて聴いたことがない。

　教育実践発表会の1ヶ月後に行った学習発表会でも、より一層子どもたちの声に聴き惚れた。1年生の「大きなかぶ」もすごかった！初めての学習発表会で、一人ひとりの声が体育館に本当によく響いていた。マイクを使っていないのに、後ろにいてもよくせりふが聞き取れた。しかもどなっている子もいない。大体、マイクを一切使わないで学習発表会のできる学校が、はたして他にあるのだろうか。マイクなしの素で声を出していた1年生を見て、子どもたちの本来もっている力を引き出すことの具体がさらに見えた。もちろん他の学年も同様である。

　さらに、歌声だけではない。日常的な廊下や教室の声も自慢できる。休み時間には廊下で子どものどなり声や金切り声があまり聞こえてこない。参観日では、お母さん方の前でも堂々と発表できる子が多く、安心して聞いていられる。場に合わせて、相手に聞こえるような声を出して話すことが当たり前と思ってきたが、これがなかなか難しい。でも発寒南では、当たり前のようにできている子が多い。

◇子どもたちの歩き方がきれいになった。参会された某校長先生から、どうすればきれいに歩けるようになるかと質問されたように、他校の先生方も感心していた。行進の練習だけにそれほど時間をかけてきたたわけではないと思うが、廊下・階段の歩き方も含め4〜5月頃と比べると見違えるようによくなっている。背筋を伸ばしリズムよくすっすっと歩く子どもたちの姿を見ていると、自分の背筋

も伸び、大変気持ちよく感じている。きっと歩いている子どもたち
は、もっと気持ちがよいだろうなあと思う。

◇子どもたちの素直な気質が、周りにバリヤを必要以上に張ること
もなく、教えられたことを素直にしみ込ませている。さらに教えら
れたこと以上に、よりよい方向に向かって伸びていくパワーももっ
ている。「できるようになりたい」「わかるようになりたい」という
願いが、「もっと・・・」と次の願いへつながっていき子どもたちの
成長の源になっていることを実感する。「利根川」の高音部の声が
よく響くようになってきた時、「すごいね」と６年生に声をかける
と、頷きつつも「でも・・・」と、もっと高めたいという強い返事
が返ってきた。どの学年もあれほどやる気にさせた教材のもつ力も
すごいが、子どもがもつパワー、そして日々かかわっている先生方
の並々ならぬ努力を感じる。

　書き始めると、子どもたちの自慢話のようになってしまった。転
勤してきて、子どもたちの言動の素晴らしさに驚かされることが
度々あった。先生方には「地域が落ち着いているから」と言われた
が、私はそのことだけでなく、日々の先生方の熱心できめ細やかな
指導の賜だと思っている。地域や家庭が落ち着いていても、今の時
代はなかなかこうはならない。さらに言えば、発寒南は学校の職員
がみんな同じように子どもたちの成長を願って指導に当たることが
できる学校だ。担任以外の職員も一緒に動く。ただ動くだけでない、
みんな心を込めて動いている。本当に心強い限りだ。学校という大
木を、四方八方に広がった根ががっしりと支えてくれている。そし

て、子どもたちが安心して花を開かせることができる。

◇近隣校の研究会を参観した時に、発寒南は３倍だということを思った。研究教科が複数も、授業者一人に対し１教科１授業実践が普通だが、本校は全ての授業者が国語・体育・音楽表現の３教科３実践に取り組んだ。これもなかなか見られないことである。みんなよくがんばり抜いたなあと改めて思う。もう一方で思ったことは苦労しながらも、みんなで揃って取り組んだからこそ、がんばり抜けたということ。要するに、全員が大きな船に乗って研究したということだ。協力しないと大船は進まないから、職員のかかわりはそれだけ濃くなった。同じ土台の上にみんなが乗りかかって取り組めたことは、学校として大きく成長する機会にもなったと感じる。互いの意志の疎通も図ることができたし、苦楽をわかち合い、成果や課題も何より財産も共有できた。また、例えば自分のブッロクや教科だけでなく、一人ひとりの視野が全体へ広がり、小学校６年間の子どもの成長を縦と横の軸で考え整理し考えることにつながったとも言えるのではないか。ただ国語については、一人ひとりが授業をするので精一杯だったかと思う。次年度の動きはまだわからないが、ブロック授業研を行うなども、年間の中で考えてもよいのではないか。

◇実践発表会と学習発表会の時の子どもたちを観ていて、発表の相手が変わることで、子どもの表情も変わるものだと改めて感じた。表現活動であれば、相手をより意識することで願いの質が変わり、しいては表現の質が変わることにもつながるのではないか。そう考

えると、もっと違う世界の方々にも（例えば、地域のお年寄りとか・・・）広く観てもらう機会があってもおもしろいかと思う・・・。

◇研究全体会の話し合いで、熱く語る先生方を見て、課題もあったがそれを上回る成果が得られたことは、みんなの共通した思いだと感じた。今年の取り組みをどう次年度へつなげていくのかを考える。今年は初年度の取り組みだったので、工夫して本校の教育活動にもっと根ざしていくことができるようにしたい。そのためにも、カリキュラムの工夫（教科・行事・特活との横断化）や取り組み方の工夫（朝の時間・休み時間の効果的活用、学年内交流、異学年交流、環境整備）、ピアノ伴奏などの人材活用等を整理し考えてみることも必要か。それと同時に、今年度の行事や特活を中心に取り組みの精選を行うことも必要かと思う。

　この取り組みを積み重ねていくと、今の１年生はどんな６年生になるのかなあ。どんな学校になっているのかなあと未来へ想像が膨らんでいく。

　本校の研究で謳っている「授業を通して子どもの可能性を具体的に引き出す教育実践の創造」を、教育実践発表会や学習発表会を通して、また日々の子どもたちの姿から具体的に掴むことができ、自分にとってもこれまでにない機会を与えてもらった。ただ自分の勉強不足も身にしみた。ピアノ伴奏もできず他の先生方と違って実践へのかかわりがなかったので、その分運営面で動いていこうと思ったが、ふり返ると反省も多々見えてくる。

◇子どもたちが体育館で見せてくれた姿に、いつも心洗われる思いだった。教育実践発表会当日も声と身体の動きだけで、よくそれぞれの世界を豊かに表現できたものだと各学年の表現に感動した。子どもは特別な衣装を纏うことなく普段通りであり、また大がかりなセットも小道具もなければ、効果音もなかった。そこは、子どもの姿とピアノの音だけの世界であった・・・しかし確かに、私はそこで川の流れや雪・風の動きや四季の移ろいを感じ、子どもたちの周りに豊かな情景を感じることができたのだ。逆にセットなど何もない中でこそ、子どもの存在が一人ひとり際立ち、さらに学年という集団の力によって心を打つメッセージのある表現となっていた。子どもたちが本来もっている可能性、そして生きる力の素晴らしさを感じることができた。

　考えると、今の世の中は物・音・情報など様々に溢れ、我々の暮らしは便利で豊かになった。増やすことで日本の社会が成長してきた時代に、私も生まれ育ってきた。教育も同様で、学校にはあげるときりがないほど多くのものが入り込んできた。私は小学校教育はバランスが大切だと考えているので、最近で言うとＩＣＴや外国語などを否定するつもりはないし、これからの日本を創る子どもたちにとって必要な教育になると考えていた。しかし、今回はむしろそれらを削ぎ、子ども自身に働きかえることの大切さに気づかせてもらえたと思っている。子どもの成長にかかわるこの仕事の尊さも考えることができた。

　最後に、改めて教育実践発表会への取り組み、本当にお疲れ様でした。もちろんいろいろなことがありましたが、大きな山をみんなで一つ乗り越えることができたという思いが、また次の一歩にもつ

ながっていきそうです。皆さんにはただただ感謝です、この発寒南
小学校での出会いにもただただ感謝しています。

教育実践発表会の感想　　ＳＧＴ教務主任

ビデオ・カメラのレンズを通して見た研究
　まず第一に、研究の最前線に立った学級担任の先生方に敬意を表
します。
　私にも数えてみたら23年間の学級担任の経験があります。その
間、いろいろな研究の取り組みの授業者をさせてもらいました。見
せてもらうこともありました。「授業者であること」と「見せても
らうこと」には圧倒的な差があります。特に、今回の実践発表会に
向けての取り組みは強烈で、担任の先生方が子どもの力をどんどん
引き出していく様子、そして先生自身もどんどん力をつけていく様
子を見ていると、学級をもつことの恐ろしさと羨ましさでとっても
複雑な気持ちになりました。

１年生「ゆりかご」のこと
（これは、私が学校便りに書いた文を加筆修正したものです）
　運動会が終わったころ、私も何とか直接的に研究に関わりたくて、
ＫＵＲＫＴ先生、ＵＥＭＴ先生にお願いして「ふみこし」と「ゆり
かご」の学習に加えてもらいました。
　「ふみこし」は、多少手応えを感じる（我流で善し悪しはわかり
ませんが）取り組みができました（後述）が、「ゆりかご」は全く

ダメで呆然とする思いでした。

　1学期も押し迫った7月の箱石先生の来校日。1年生は箱石先生のご指導をいただき、「ゆりかご」に取り組みました。先生方、友だちが見つめる中、一人ずつ、技に挑戦します。頑張ってはいるんだけど、そう簡単にはうまくいきません。先生の指導、そして子どもたちの挑戦が続きます。

　たくさんの失敗が積み上げられた後、一人の子（今思い出してみたら○○さんだったと思うけど）が、ふと、技を成功させました。子どもたちから喜びの声が上がりました。

　それを見た箱石先生は、「みんな、見てた？　すごいなあ！　もうすぐ百点だ。」

　すると一人の子が"突っ込み"を入れて「それじゃあ、今のは何点？」

　それに対し箱石先生はすかさず、「95点！」。

　友達の成長を目の当たりにして、それを逃さずに評価する箱石先生の言葉を聞いて、子どもたちの中にうれしさが広がりました。そして、俄然やる気が高まり、集中力、丁寧に取り組もうとする気持ちも高まりました。そうしたら、あんなに難しかったはずの「ゆりかご」に成功する子が少しずつ増え始めます。

　友達のがんばりを自分のことのように見つめ、その成功を喜び、そしてそこから学んで自分の成長につなげていく・・・そんな1年生の姿に「自立したしなやかで強い子ども」を感じました。

　これは、単にマット運動の技が上達した、という話ではないと私は考えます。

　『一点突破・全面展開』という言葉が孫子の兵法にあります。こ

れを私の解釈で教育に当てはめると、重点を１つ決めてそれに集中してていねいに取り組む姿勢が、他の面の成長にも波及していく、ということです。

　学校で行われる教育活動は多岐に渡りますが、研究は波及効果の高い重点を見つけ出し、そこに絞って取り組むべきもの出ると考えます。その重点の一つが、マット運動であり、跳び箱運動でした。

　年度当初、研究部の体育担当のＫＵＮ先生から次の提起があり、みんなで確認しました。

　技ができるようになることは１つの目標だが、できることだけを目的とするのではない。

　〈略〉（技に）取り組むことによって養われていくはずの集中力やていねいさ、取り組みに向かう姿勢やそこまでの努力、緊張の中で自分を表現していく力、そういったものの方が、はるかに大事なことだと考える。（ただし、合理的な指導や手立てを十分に考えながら進めたい。）

　教師がこのような姿勢で授業に取り組むことが、子どもたち自身のもつ力を引き出し、成長させた、と考えています。

　「その考え、間違っていないよ。」まだまだかわいらしい１年生が自身の姿で教えてくれた、私にはそう感じたこの日のマット運動でした。

４年生「台上前まわり」のこと

　私のこれまでの教員人生の中には、カメラやビデオ、パソコン、

放送関係などの得意な先生が必ずいて、それを扱う役を進んで引き受けてくださり、私がその役を担うことはほぼありませんでした。しかし、そのような幸運もついに途切れ、私にもその役が回ってきました。

　相変わらず機械操作は苦手です。苦手だけど、一つ、とっても大きな喜びを見つけました。それは、子どもたちがいろいろな瞬間に見せる表情、どんどん流れていく先生方の指導、それを見つけ、記録することです。ただし、99パーセントくらいの確率で失敗します。その瞬間をとらえきれません。修学旅行で写真家の撮った写真なんかを見るとやはりプロの凄さを感じます。

　それでも奇跡的にうまくいったと思える写真があります。

上は、それまで「台上前まわり」ができなかった女子児童ができるようになる直前の表情です。箱石先生、ＦＫＪ先生の指導で、彼女は自分の可能性を心から信じている表情です。

右は、女子児童ができた瞬間の４年生の表情です。友達の成長を心から喜んでいる表情です。

突発的（？）に始まった３年生以上の表現交流会でのこと

上級生の発表を見る下級生の目

そして、下級生の発表を見る上級生の目。 それぞれが素晴らしいものを創り上げようとして来た者同士の交流です。互いに食い入るように学び合いました。

実践発表会後も続く・・・

　最近で一番鳥肌の立つような興奮を感じたのは、11月18日（金）の５時間目。ＭＴＭＴ先生、ＭＴＫ先生によって力を引き出された６年生の素晴らしい歌声。そしてそれに指導を加えてさらに高めていく箱石先生の指導です。うまく書けないけど、このＤＶＤにはあります。その場で生（なま）で見ることに越したことはありませんが、ＤＶＤを是非見ていただきたいです。

試案：１年生「ふみこし」の指導

　指導すべきことを次の４点と考えました。

　以下の通りです。どうでしょうか？

・静かだけどなめらかでスピード感のある助走

・力強い踏み切り

・跳び箱を力強く蹴って高く跳び上がること

・柔らかい静かな着地、そして静止

　この指導内容を１年生にイメージさせるために次のような話をし
ました。

『忍たま乱太郎』を知っていますか？

これからすることは、忍者になる修行の１つです。

高い塀を跳び越えて、敵のお屋敷に忍び込む練習です。

（この後は実演しながら）

まず、静かに、だけど素早くススーッと走ります。

力強く踏み切ります。

跳び箱は強く蹴って高く跳び上がります。

高く跳べる忍者ほど、どんなお屋敷にも忍び込めます。

着地。静か〜に下ります。

音を立てて、見つかったら大変。

敵に見つからなかったら、先生が合図をするので、静かに自分の列
に戻ります。

一回り跳ばせたら、

「このあと、どうしますか？」という箱石先生の声が聞こえてきそ
うです。

　指導に当たっては、次の２点に留意します。

・実際の状況を見取り、1つだけ指導を加えるとしたらどこか、を
　考える。
　（例）（助走が生かされないなら）「トントントンッと、3歩目で
　強く踏み切ってみよう。」
・できた子を見逃さず、褒めて、どんな跳び方がよいのか、しっか
　り価値付ける。
　実際に指導した時は、子どもたちは言われたとおりに頑張ろうと
していました。
　着地をしたら「どうでしたか？」という目で私の顔を見ます。
　「ちょっと音がしちゃったね。」「すごい。高く跳んだね。」と短く
評価しました。
　演技をしていない子も、友達の演技を見て、私の評価を聞いてく
れたと思います。
　とっても幸せな気持ちになりました。私の幸せは余計な話ですが。

つながるということ　　　保健主事　ＯＫＢ教諭

　確か、昨年度の学校経営方針に、「つながる学校」というのが
あったと思うが、今年の発寒南小学校は、「つながっている」とい
うことを実感できる場面がいっぱいあった。
　そして、終わってから今も、というよりさらに、**打てば響くよう
な関係**が随所に見られ、ほんとにうれしくなってくる。「なんてい
い人たち、いい子どもたちなんだあ」と今更ながら思う。

階段や踊り場をピカピカにした７年生（担任以外の教職員）の汗から・・・

　はっきりいって、このパワーはすごかった。音頭をとった教頭先生の「やりましょう！」の勢いそのままに、突入！　さらに、ＫＧＷさんから、「先生なら、このサイズで大丈夫だと思うから」とマイゴム手袋が配付され、雑巾、モップ、ついにはマシーンを持ち洗剤と汗にまみれてひたすらこする。

　私などは本当に途中途中のかかわりだったし、まだ若いので筋肉痛もなかったが、ほぼ皆勤の方々は大変だった、本当にすごかったと・・・。（実は勢いは止まらず、相談室やあの男子更衣室などなど各地に及んだことはいうまでもない）これだけでも７年のチームワークはすごいのだが・・・。

　「ありがとうございます。」「すごい、きれいになったね。」と声をかけていく子ども。クラスの子どもたちを連れてきて７年生の働きぶりを見せる先生。教室前の廊下の靴跡を寝転がって自分の消しゴムで消すようになったクラス。

　学習発表会の後片付けでずっと続くタイヤの跡を遅くまで消していた６年生・・・。

　この７年生の汗が、担任の先生や子どもたちにつながり、廊下や階段が、未だにきれいなのは言うまでもない。

発南まつりの開会式の１、２年生の発表から・・・

　締切当日のタイムリーな話題ですが、子どもたちがすごーく楽しみにしていたおまつりがついに始まった開会式。

　各クラスのお店の発表か終わり、１、２年生の発表「おもちゃのチャチャチャ」が始まった。音楽に合わせ、「はつなんまつり〜」

と歌うにつれ、手拍子が加わり、一緒に歌う声が加わり本当に自然に盛り上がっていく姿を見た。

　1、2年生の笑顔と元気な歌声が、他の学年の心に伝わり楽しみにしているという気持ちを素直に表現するきっかけになったのだと思う。今までの全校での集会では、思っていても周りを見てなかなかかかわれないという雰囲気があったが、一つ越えたかなと感じた。

　ついでながら、出店を回る子どもたち、列に並ぶ子どもたち、お店の人とのやりとりをする子どもたちが、いつも以上に落ち着いており、相手を尊重しながら楽しむ様子が伺えた。学校は、高学年を見本として雰囲気がつくられていくということが本当によくわかる。

校長先生の「こんな学校に」という思いから・・・

　初めは、はっきり言うとよくわからなかった。「熱い思い」をもって学校を、子どもたちを育てようということは伝わってきたが、どこがどうちがうのか。

　そのうち手探りながら「まあ、やってみよう」という心意気のある先生が現れ、校長先生もより具体的に伝えようと授業に加わり、そして大きかったのが箱石先生の参加である。箱石先生は本当に何もわからない私たちによりわかりやすく身体全体で表現し、伝えてくださった。あまりにもすごくて何をどう聞いたらいいかすらわからなかった。

　そこをつなげてくれたのが、ＦＫＪ先生やＫＵＮ先生。同じ視点に立ちながら「まず、やってみましょう」とかかわってくれたことが、新しいメンバーとさらに煮詰まっていたもといたメンバーが、一緒に取り組むきっかけの一つになったと思う。

　ピアニストもどんどん生まれた。弾くたびに「子どもたちの表現を引き出してやろう」という熱さがどんどん感じられるようになった。大変なことは大ありだったけど、よいことはよいと感じる、素晴らしいことは素直にすごいと感じる心がどんどんつながっていったと思う。

　そして、大人以上にそういう心をもっていたのが、発南の子どもたちである。とまどいながら進める先生たちの気持ちをよそに、自分たちで楽しみ、よりよいもの、よりできるようにと向かっていった。この子どもたちの姿が私たち大人をつなげていく大きなものだった。

つなげていくために、つながるためにできること

　人と人がつながっていくのは、そこに何かを感じ、何かを思ったからで、決して強制されるものではないと思う。

　つながりたい、自然につながっていくのは、その気持ちにさせるものや人はとても魅力的であるからだと思う。

　大変な仕事なのに笑顔で、大きな声を張り上げながら働いていた７年生もそうだし、明るい歌声で全校を巻き込んだ１，２年生もそうだし、いつもいい返事をしてぱきぱき行動する６年生もそうだし、遠慮がちに、でも同じところを何回も歌わせたＦＫＪ先生もそうだし、子どもの表現を鋭く横目で見ながらピアノを弾くピアニストたちもそうだし・・・とにかく心のある人は魅力的なのである。

　常日頃から広い視野をもち、人の思いや気持ち、物事のよいこと悪いことを素直に受け止められる気持ちをもち続け、発南の魅力を発見していきたい。そして、できれば自分自身も、発南のキラキラ

した子どもたちのように、真摯に取り組む姿勢が周りの人たちの心に響くように、魅力的な人間でありたいと・・・。

　今のようなつながりがあれば、これからも発寒南小学校は進化していくだろう。今まで以上にかかわりをもちながら、話し合いながら、みんなでよりよい方向に進んでいきたい。

研究会と職場の自慢　　養護教諭　ＹＭＺＫ養護教諭

　私は、採用されてから２？年間で、研究会は実は新卒２年目の一度しか経験していませんでした。今回の研究会が２回目となります。産休中に研究会があったり、転出した次の年が研究会だったり、故意にさけたわけではありませんでしたが、なぜか研究会とは縁がない日々を過ごしてきていました。

　そんな未経験の私ではありましたが、今回の研究会は絶対いい研究会になるというのを感じていました。

　なぜなら子どもたちがいいからです。子どもたちがいいのは先生たちが素敵だからです。子どもと真摯に向き合うとはこういうことかと、私は何度も教えていただいた13学級の先生方でした。

　きっとその先生方の土壌をつくっているのは、校長先生の学校経営なのだろうと思います。素晴らしい職場だと思います。

　そんな中、もう一つ本校には自慢できる素晴らしいものがあります。それは職員室の女子力です。

　職員室の裏方の仕事を一手に引き受けているのが本校では校務助

手のCさんです。

　彼女は本来２時過ぎに正規の勤務時間を終えるはずですが、その時間に帰った日は、いったい１年で何日あるのでしょうか？　自分の仕事が納得するまで終わらせることはありません。

　そして一日の仕事を終えると、必ず手帳を開き、今日一日のあったことを記録しています。１年前の今日本校で何があったのかは、彼女に聞けばすぐにわかる！という感じです。

　本校の職員みんなが彼女の笑顔に癒され、彼女のちょっぴりブラックも入った会話に心豊かにさせてもらっていると思います。

　いえいえ時には職員だけではなく、ゴミ収集業者の方たちまで癒されて帰っていきます。

　そのCさんだけでも強力な職員室女子に今年さらにパワーアップすることになりました。

　まず驚いたのが転勤されてきたY教頭先生。とにかくよく動きます。プリンターの調子が悪いとその日すぐに業者と交渉してくださり、両面印刷も綺麗にできるようになりました。何かあれば誰よりも先に動き、研究会前日は最後まで掃除機をかけていて、その掃除機のかけ方も手際がよかったです。

　そして今年担任から担任外の仕事をしてくださるようになったR先生もすごいです。彼女は、体が動くうえに、口も動く！　この話術でたくさんの方（職員だけではなく、保護者とも）とコミュニュケーションをとってくださり、人間関係もスムーズに進んでいった研究会だったと思います。

　それにエレガントという言葉がぴったりのY栄養職員や階段のスチーム掃除では業者以上と唸らせられたE事務職員という若い二人

もいるのですから、職員室女子力はどこの職場にも負けないパワーをもっていると思います。

今回は研究会1週間前に印刷や掃除で日々働いていたCさんが帯状疱疹にという事件もありました。Y教頭先生がとにかく休んでと説得し、いつもはやさしいY栄養職員が「休んだ方がいいです。」強く言いましたが、Cさんは休まず仕事をやっぱり笑顔でこなしていました。（でも、これはぜったい休んだ方がよかったです。もうCさん年なので無理しないでくださいね！）

職員室の自慢話を書いてみました。こんなふうに自慢できる職場にいられることに感謝しつつ、自分も少しでも他の方たちのようなパワーをつけたいものだと思っている今日この頃です。

随想「教育実践発表会」を見て　　ＴＴ担当　ＳＴＵ教諭

教師生活のロスタイムに、本当にすてきなシーンをたっぷり見ることができた。まさに奇跡の集合体だと思った。若い先生は、学校ってこんなものだと思っているかもしれないけれど、長く教職に携わってきた身には、年々日々、教育を取り巻く状況はひどいものになってきているという思いがある。挙げるには枚挙にいとまがないが、ごく最近某大都市で、選挙で、文科省でさえも法に反していると指摘せざるをえないような「教育条例案」を標榜する知事、市長が当選した。支持されたからと、それの実現に勢いづくのかと思

うとやり切れぬ思いにさせられる。(普段の生活ではへらへら笑っているけど、これで結構怒っている。) こんな時代の中ではありえなかったし、あり得ないと思ったのが今回の実践発表会だった。これは一夜の心を癒す花火なのか、それとも、「こんなことができる。やろう!」という、呼びかけの狼煙なのか。

奇跡がどんな条件のもとで、どのようにおきたのかをつらつらと考えてみた。

第一に、「こんな実践で、こんな子どもたちを育てたい」という強い夢と熱をもったリーダーがいて、それを大所高所から見守り助言する指導者があったこと。とかくある立場にいると、無事無難大過なくそれ自体が目標になってしまう。そんな中で、どこそこの実践のまねでなく新しい形で挑んでいったことはやはり稀有である。

第二に、個々の先生たちが、その内心の葛藤や想いは想像も及ばないけれど、その夢を学び、熱を受け入れ一致協力して取り組む力と、度量のある教師集団であることだ。自分が、担任だったらとあれやこれやと想像するとぞっとする。先生たちのやる気と力量がリーダーによって引き出され、的確な指導助言を得て、磨きがかかり、夢が明確になり、道筋をつけ、結果的には目論見以上の高きに至ったのだと思う。

第三に、圧巻だったその内容である。国語の授業だけはほとんど見ることはできなかったけれど、音楽と体育の教材が「古典的」かつ普遍的なものであったことだ。一般的に「発表」というからには、目新しいことやもの珍しいことをもってきて披露することが普通である。で、私が特に驚いたのは、高学年の合唱曲が、斉藤喜博の作詞したものであったことだ。(個人的にはその偉大さは認めるもの

の、たまたま読んだ著作に近寄り難さを感じてしまったが…）ここ何年来、大きな行事では劇団四季やジブリのものなど、新しく、流行していて子どもたちものって喜びそうなものがほとんどと言っても過言でない。果たして喜博氏の詩が、今の若い先生たちや親、とりわけ子どもたちに内実をもって受け入れられるのだろうか、そこに不安はないのかという思いが私にはあった。結果は、アニメやネットゲームの世代の子どもたちにもしっかりその詩に込められた意味、意図は受け止められ、すばらしく表現されていた。それも奇跡だと思った。

　驚いたことばかり書いていても仕方ないので、氷山の一角の、そのまた、たまたま見えた表面だけのかかわりで言うのもおこがましいけれど、内容的なことですごいと思ったことをいくつか。

　まず、表現や技のレベルのつながり、発展のしかたが見えた。これが、どこかの学年や学級だけだったら、「ふうん、すごいな。」で終わる。でも、１年生から６年生までの一連の流れが見えると、それぞれの技、レベルが有機的な関連が具体的にわかりすごい説得力をもって迫ってきた。後で書くけど、そこに呼吸という「触媒」があって国語、音楽、体育をまた、しっかり結び付けている。子どもたち同士、子どもたちと見る者も呼吸によって結びつけていた。

　それから、「素」の子どもたちを見せてもらったこと。体育も、音楽も、用具が必要最小限だったこともよかった。表現の発表というと、ともすれば、音響、照明、衣装、大道具など立派なものが用意されがちである。それが子どもを引きたてる、目立たせると思って…。でもそれらを一切排除したから、ますます子どもの存在が際立って見えた。内面までも見えた気がする。

　最後に、呼吸を大事にしたこと。これが「教育実践発表会」の一番の眼目であったのではないかと私には思え、考えさせられた。たった数秒の技やセリフ、動作の前後にしっかりとした呼吸が入ったことで、子どもたち一人ひとりの演技にストーリーができ、魂が入った。初めのうちは、呼吸と演技が結びつかず、とってつけたような印象があった。けれど、呼吸の上達と、技の上達が相互補完的に結び、発展していった。呼吸なしには、技やセリフができない、というところまできたようだ。形式が内実になっていった。この、呼吸と技の上達の軌跡もすごいと思った。「息」という字は「自らの心」とかっこいいけど、使われる時は、溜息、青息吐息、息苦しいなどあまり前向きでないことが多い。水や空気、普通に息をしていること…。その有難さに気づかないことは多いけど、その意識的な活用がこんなにも人間の発達成長に作用するのだと、知ることができた。

呼吸（いき）活（い）きて
意気生き生きと
発南児

教育実践発表会の感想　　ＴＴ担当　ＩＴＵ教諭

　実践発表会に向けてこの２年間、本当に御苦労様でした。
　校内研究・研修・資料の作成など、数え上げれば限がないと思います。

当日は、沢山の参会者に恵まれ、素晴らしい実践研究を見ていただいて、本当に報われた思いと充実感をもたれたと思います。

　物陰から「垣間見ていた」者にすぎませんが、研究実践発表会に向けて、研究講師を遠方より依頼して招き、多くの校内授業研究を積み重ね、派手ではないが、地に足の着いた、地道な研究であったと思います。

　周年事業として、実施される事の多い授業実践ですが、過去には、学校長・研究部長の提案に、職員が反発し、教科や教科数・授業者の決定も籤引きになるなど混乱し、教科が決まった後でも、具体的な【目指す子ども像】や重点・方策など、次々と会議の連続で、資料は厚く積み上げられますが、２年近く多忙感で、終わってからふり返ると、教師にも、子どもにも疲労だけが蓄積された思いに駆られた経験もあります。

　発寒南の実践研究は、私の経験したことのない素晴らしい完成度だったと思います。全職員が同じ方向を向き、努力し、実践し、子ども一人ひとりを本当に大切にして、汗をかいたと思います。

　体育の実践でも思いを新たにしました。①呼吸を整える②ゆっくりと丁寧に運動する③技を締めくくるなどです。

　この実践、実はどの学校にもない価値の高い実践だと思います。落ち着いた授業らしい授業で、「本当に体育なのか？」と、疑いたくなる程でした。ワイワイ・ガヤガヤ激しく動く体育・大声渦巻く体育しか経験の無い者にとっては、新鮮な驚きでした。思い返せば「より力強く・より速く・より高く」まるでオリンピック選手の育成目標のように、子どものもっている力以上を目指して無理を強いていたように思います。

　学校経営の基本理念にある「子どもの可能性を心の底から信じ、温かい支援、きめ細かな指導、正しい評価、励まし」を具体化した先生方の豊かさを実感しました。

　音楽の指導でも感動しました。何よりもスタッフに恵まれていると感じます。ピアノ伴奏にしても、学年全体を指導するにしても、落ち着いていて一度も大きな声を上げることがありませんでした。素晴らしい合唱を創り上げるには、究極は、一人ひとりの児童に力をつけることなのだということがやっと理解できました。

　昔あった合唱コンクールを思い出し、朝練をしたり、居残りで特訓をしたり、声の小さい子どもに声出しをさせたり、脇の下に汗が出てきます。

　学年集団の高まりは個の力量の高まりとなり、素晴らしいスパイラルを生んだと思います。舞台装置や照明・衣装など無駄を省き、子どもの純粋な表現に徹したことも素晴らしかった。

　最後に、国語の研究授業だけでも十分に実践発表できる程の力量を示した先生方には、研究・研修の内容は、盛り沢山過ぎたのではないかと思いましたが、気負うことなく日常の授業の中で、さらりと実現していたことに改めて感動しました。実践発表会に価値があるとすれば。それは教師自身の成長であったり、子ども一人ひとりの成長であったり、今まで見えなかった子どもに、丁寧に向き合えたり、自信がもてるように励ましたりが自然体でできる事なのかもしれません。

教育実践発表会感想　　学びのサポーター　ＥＮＤ教諭

　教育実践発表会から一ヶ月余りが経過しましたが、発寒南小学校の教育活動は流れる水の如く、そう、あの「利根川」（私事で利根川流域を訪れる機会があった。）のように生き生きと脈々として、絶える事の無いエネルギーと叡智を蓄えながら、"創りへの道"を歩んでいます。

　先日、５年生の体育(学年合同)の授業に参加させて頂いた時の一場面です。

○マット「頭支持倒立」、跳び箱「台上前転」
　互いの学級で発表した種目を教え合い、学び合う学習
　"自分たちが取り組み、つくり上げてきた学習"として、高め合う姿がありました。
　以下は、子どもたちが仲間に語りかける声です。
・「まず、深呼吸をしよう。迷いが無くなるよ」
・「手と頭の位置は正三角形。爪が白くなるまで、しっかりマットを摑むんだ」
　（箱石先生が教えてくれた）
・「頭は、額の生え際をマットにつけるといいよ」
・「腰が持ち上がった時、脇を締め肘を体にくっつける様にするとうまくいくよ」
・「助走の時は軽く弾むように走るといいよ」
・「両足で強く踏み切ると、板からエネルギーをもらえるよ」

（箱石先生が教えてくれた）

・「手を着いた時、頭を上げて腰を高くすると、気持ちよく跳べるよ」

・「着地はつま先に体重がかかり過ぎないように、膝を柔かくして
　顔を上げると上手くいくよ」

○成果

　実践発表会の成果や課題については、参加者の感想・ご意見をは
じめ学習の主人公である子どもたち、脚本、演出、時には演じ手で
ある教師、全職員の皆さん・保護者の方々がそれぞれの立場から述
べられ、分析もなされています。私も断片的ではありますが、子ど
もたちの活動する姿や先生の声を伺ったり、文章を読ませて頂きま
した。

　子どもたちの活動や先生方の指導のほんのちょっとのお手伝いし
かできない私ですが、こんな素晴らしい研究会の場に居合わせた事
を幸せに思います。

　以下は、まとまりの無い少し偉そうな感想になりました。お許し
下さい。

・校長が願いと目標を明確に職員集団に示し、組織として力を発揮
　できる様にリーダーシップを持続してきた事。これはもの凄いエ
　ネルギーと信念の要る事と敬服します。
　学校に限りませんが、職場の中には仕事に対しての力量・方向
　性・意欲の濃淡など温度差があります。
　素晴らしい職員集団に組織されました。校長が教室や体育館・音
　楽室などに出向き、担任の考えや指導を大切にしながら、より深

化できる様に、共に考え、悩み、助言を与えながら、子どもたち
と向き合い、真摯に学んでいく姿に胸を打たれ、リーダーとして
頼もしく感じました。

・箱石先生が幾度となく学校に足を運ばれ、子どもたちの活動の場
や先生方の指導する意図、様子をご覧になり、身振り・手振りを
交えて具体的な指導・助言を重ねた結果、子どもたちが変貌して
いく様子を目の当たりにしました。そして恩師の傍にいて教えを
受けたり、考えを述べられている校長先生を見て、師弟の深い
絆・師弟愛を窺うことができました。

・子どもたちにとって発寒南小学校の中で仕事をしている人は、誰
にでも「自分を育てる先生だ。背中を押してくれているんだ。」と
実感している様子が、日常のそこかしこの場で見受けられます。

・職場の皆さんは「どや顔」ではなく、真摯な中にもこれまでの大
変な道程を乗り越えて「研究の確かな手応え」と「内なる誇り」
を胸に、今日も子どもたちと向き合い、寄り添い歩みを前に進め
ています。研究は"みちなかば"更なる前進を願ってやみません。

○課題

・職員集団が一致して、中・長期の見通しを具体的な手立てをもっ
て取り組める研究をどのように推進していくか。（発表会の後、
「個人、各係・研究部などの成果と課題」参加者の声に多くの示
唆・方向性が載っている。）

・教育推進計画の中に、研究の成果と課題を踏まえた目指す子ども
像と相応する指導の方策を構築していく。（目標を見据え、でき
る事から。）

教育実践発表会の感想 　　ＴＴＫＷ用務員

1　用務員の立場としての個人的感想

　研究発表会の２ヶ月位前から子どもたちの環境への意識が少しずつ変化してきたように感じる。理由については後述。

・あいさつが増えた
　私自身に対してはもちろん支援用務員に対しても廊下であいさつの声が聞こえるようになった。

　毎朝職員よりも早く登校して玄関前で開錠を待っているＡさんは、以前は玄関前で横になって居眠りをしつつ開錠を待っていたが、最近は出勤してくる職員を待っているかのように校門前に立ち全職員に自分からあいさつをするようになった。早朝、犬を散歩させている道行く老婆に対してもあいさつをしていた。

・表情が豊かになった
　廊下で子どもの表情を観察していると喜び（瞬間的）と歓び（継続的）の違いがでてきているように思う。

　以前は、運動会前後や何かテンションが上がる行事の前後は、狂喜に近い表情で叫び声をあげつつ廊下を全力疾走またはスキップしていく子どもが多かったが、最近そのような子どもはめっきり減って（ゼロではないが）微笑をうかべながら落ち着いて廊下を歩く子どもが増えてきたように思う。

　何か悩み事がありそうな子、面白くないことがあったような子な

ど、表情のわかり易い子どもが増えてきたように思う。

・廊下のヒールマーク（汚れ）が減った

　狂喜全力疾走スキップの子どもが減少したおかげで、いや、歓びの子どもたちが増加したおかげで、廊下のヒールマーク（主に走り回ったりスキップしたりすることで廊下につく黒いライン状の汚れ）が減少してきたように思う。

　特に６年生等は、こちらから指導しなくても消しゴムなどで廊下をきれいにしている姿が見られる。

・トイレの使い方が落ち着いた

　今年４月から、男子便所で小便をわざと垂れ流す事件に暫くの間悩まされていたが（ほぼ毎日、多い時は一日２回）研究発表会が近づくにつれて、段々と回数が減り、ついには全く無くなった。

　依然として、流さない、トイレットペーパーを散らかす、などの事例は見られるものの、頻度は確実に減ってきている。

・感謝の声が聞こえるようになった

　あちらこちらで「いつもありがとうございます」、「がんばってください」（すでにがんばってますけど）、「ごくろうさま」（お疲れ様の誤り）、というような労いの声をかけられるようになった。

　清掃作業をしている最中に、以前はモップにからんでジャンプしてきたりモップを踏みつけたりしてくる１・２年生が多かったが、最近は私の一挙手一投足に「すげえ」と感嘆したり「こんな風にきれいにしているんだ」的な興味津々の眼で見つめてくる子どもが増

えてきたように思う。

2　ピアノ伴奏者として努力したこと

・子どもたちの表情を読み取り、表現したがっていることを支援できるような伴奏を心掛けた

　表現の完成度が高まっていくにつれて、子どもたち自身が表現者であることを自覚し、見る人に感動を与えたいという気持ちになってきた事が伝わってきた。

　初期の段階では強弱やテンポをある程度ピアノでリードすることによって、物語（世界）に入り込んでいくきっかけを与える。

　表現者としての自覚が高まっていくと、子どもたち自ら「ここは情景に合わせてゆっくり歌いたい」「ここは〜の気持ちになって優しく歌いたい」などの要求を表情や歌でピアノ伴奏者に伝えようとしてくる。

　それぞれの感受性の成長段階において要求してくる内容に違いは生じるものの、相違点は全体の中で確立した個性として吸収されていく。今回のようなオペレッタ形式の伴奏者として大切なことは、相違という個性を不一致として埋没させずに可能性としての個性を全体の表現としてかたちにできるかということではないかと思う。

・無表情を表現するピアノ

　子どもたちとのやり取り（表現）の中で、子どもの感受性を探る弾き方をしなければならない場面もある。

　ある場合こちらの誘導が子どもたちにとって障壁になる時がある。

例えば「その弾き方は間違いではないかもしれないが、なんかしっくりこない」「わからない。ここはどうやって歌ったらいいのだろう」などの、対案をもっているわけではないが、どうしたらよいかわからない場合がそうかもしれない。そのような場合はできるだけ自分の意向をおさえて「さあどうする？　自分で考えてごらん」的に無表情なピアノを弾く。

　子ども自身で答を出す場合もあれば、結局自分の意向を押し通す場合もあった。しかしどのような答を出すにせよ、何らかの感受性を子どもたちは培っているものと思われる。

・音にこだわる

　今年三月の卒業式以来、研究発表会直前まで、体育館のグランドピアノの調律を行ってこなかった。子どもが気付くほど音のずれは酷いもので、子どもたちの声の質にこだわるのであればピアノの音の質にもこだわるべきだと思う。

・まとめ

　私のピアノテクニック（指の動く速さ）はバイエル卒業程度の演奏力しかないと思っているが、小学生程度の表現活動においてテクニックはさほど重要ではないのだと思う。

　「子どもたちが自分の力で自分の感受性アンテナを培う方法を教える」事をピアノを通してできていければ、と思う。

3　偉そうなこと

　佐藤校長先生が本校赴任時、私は校長室に呼び出された。

　「たちかわくんは、この学校をどんな風にしたいんだ？」と訊かれ、「月並みですが、愛と感謝のあふれる学校が理想の学校です」と大マジメに答えた。

　その答を校長先生は鼻で笑うこともなく「ふむ」と虚空を見つめながら、おもむろに「ピアノ弾いてくれないか」と切り出してこられた。

　あれからあっという間に2年半が過ぎ、研究発表会が終わった。

　答は少しずつ子どもたちが出してくれているような気がする。

　私はこの学校に来る前に幼稚園の用務員を務めていたが、その時に感じた子どもたちの感受性に関する疑問に対する答をも、今の子どもたちが与えようとしてくれている。

感受性と利他愛はほぼ等しいのでは？

　感受性を子ども独自で生み出すことはできない。感受性を培う方法を教えることが教育の役割ではないだろうか。

　積極的な利他愛も誰から何も教わらなければ子どもに根づくことはない。

　用務員としての個人的な感想で述べた通り、子どもたちの変化を見てみれば、子どもたちの間に積極的な利他愛が根づきつつあるのは確かではないかと思う。

　言うまでもないが、子どもたち自身が培った感受性のアンテナが学校環境やまわりの仲間、大人たちの状況、それらに自分がどのよ

うに関わっているのかを感じ取ることができるようになってきたからこそ、前述のような変化が生じてきているのだと思う。

　子どもたちの感受性は、培う方法を教えられることによって、子どもたち自身で感受性のアンテナそのものを努力しながら培っていくのではないだろうか。

　単に美しいもの（こと）芸術的に素晴らしいもの（こと）を見せるだけでは子どもの感受性は成長しないのと同じように、教師絶対主権が生み出す歌う子どもロボットになるように子どもたちを教育するのでは、感受性アンテナを培う方法を教えるどころか、少しだけ芽生えたアンテナの芽が無感覚という傷まで残しながら摘まれていくのだろうと思う。

　これからどんな学校に赴任することになったとしても「愛はあるのか」が、私自身の子どもの成長度合いのものさしであり続けることは変わりないだろう。

　自分の考えが確信になりつつある過程で私も少し強くなった気がする。

学校あげて取り組んだ実践発表会　私はどれだけ協力できたか
ＫＧＷ校務助手

　平成23年度になり6名の先生が転勤され、箱石先生も毎月来られるようになりました。

　私も気をひきしめ、予定を立てて仕事をしていこうと、小さな決意。

　先生たちの顔が、日ごとに険しくなってきました。首はうなだれ手を腰にあてながら頭に手をあてながら考えこんで職員室に出入りする光景をよく見かけるようになりました。

　ある先生が「実践発表で国語、表現、体育　三つを全員が取り組むのは珍しく大変なことだし凄いことだよ。」と話してくださいました。

　非力ながら先生が指導に専念できる環境をつくる手助けをしたいと思いました。

　10月20日の発表会から2ヶ月が過ぎようとしています。

　記憶に残っていることはどれほどあるのか。

　A4一枚書くのは非常に重い・・・本当に困りました。

　そこで、私が十数年続けている他愛もないメモを頼りに思い出してみます。

　メモ（作業内容によって作成していますので、日にちは前後しています）

6／8　教材室整理　　未使用の立派な湯呑100個、花瓶6本発見、
　　　発表会に使えるかも

6／21　2F体育館防火扉拭き

　　23　2F体育館防火扉拭き

8／17　研究会案内用紙の封筒入れ

　　25　研究会案内用紙の封筒入れ

　　26　研究会案内用紙の封筒入れ

9／6　研究会用の紙コップ、レジ袋、スリッパ、傘袋、等の在庫

　　　　確認

9／12　教育相談室　　整理整頓

　　13　教育相談室　　整理整頓

　　15　男子更衣室　　整理整頓　配置換え

　教育相談室と男子更衣室の整理整頓については以前からとても気になっていたのですが、作業を始めると１日、２日で終わらないだろうし、物品、資料の廃棄にはまわりの人の判断も必要だったことから、なかなか踏み切れないでいた部分もありました。

　でも、今回を機に教頭先生や総務の先生が本格的に動いてくださったおかげで一気に整理整頓することができました。念願かなって　ばんざいばんざい！！！(^o^)／

9／14　２Ｆ３Ｆ階段踊り場の壁

　　28　東側２Ｆ３Ｆ階段踊り場の壁磨き

　教頭先生と私の会話・・・

鹿「本日、９：30から仕事を始められます」

教「今日は午後から懇談がありますので、お昼までやりましょう」

と言って私たちが作業を始めようとしたところ、特に声を掛けたわけでもないのに、７年生部隊が次々と現場に集まって来ました。

　それぞれの人たちはそれぞれの仕事の空き時間に、黙々と壁磨きに精を出してくださいました。背の低い人、腰の悪い人、非力な人、不慣れな人、年を重ねた人、それぞれのハンデをそれぞれがいたわり合い声を掛け合いながら、不平も不満も面倒くさそうな顔ひとつせずに、作業はテンポよく進んで行きました。

　でも残念なことに、壁にこびり付いた頑固な汚れは擦っても擦っ

てもきれいにならず、一同、少し落胆気味のところ、顔のでかい用務員があらわれて、ハンドポリッシャーを手に汚れをぐんぐん落としていきました。女性2人も同じ道具を使って挑んでみましたが、やはり、男性の力には至らず、清掃作業には男子力が必要なんだなと痛感しました。

　私は今の7年生のチームワークとものすごい女子パワーを誇りに思いました。

10／4　研究紀要印刷　一冊分×520部　一日がかり
　　5　研究紀要帳合
　　6　研究紀要帳合
　　7　研究紀要帳合　完了

　印刷会社への原稿提出の期限が迫ってくる中、原稿がなかなかあがってきませんでした。印刷開始が遅れると、学校徴収金業務と同時期になってしまって、業務が立ち行かなくなる心配がありました。が、印刷はなんとか一日で仕上げる事ができて、ほっとしました。

　帳合もスムーズにいき、提出期日の前日に仕上がり完了！　ばんざいばんざい！＼(^o^)／

10／11　壁拭き　玄関、職員室前の壁磨き
　　12　多目的室整理整頓
　　13　校内清掃
　　14　校内清掃
　　17　窓拭き　控室準備
　　18　窓拭き　控室準備
　　19　窓拭き　控室準備

特に私が心動かされたことは、校長先生、教頭先生、総務の先生が、分刻みで動き、着実に準備を進めてこられたこと、そのパワーです。この力をなくしては実践発表会の成功はなかったと思います。このパワーが７年生全体の心を動かして、私たちが先生方に協力し力になりたいと思うようになったのだと思います。

　この７年生の結束力で今回の研究会を乗り切ることができたことは本当に誇れるものだと思っています。今後、このメンバーとこの結束力があればどのような機会も乗り超えられると確信しています。

　先生方、７年生のみなさま、本当にお疲れ様でした！)^o^(

教育実践発表会について　　栄養士　ＮＫＪ栄養士

　主に当日までの準備を少しと、当日は来賓の接待に携わっていました。鹿さんを筆頭に７年生の先生方はどなたも嫌な顔することなく、準備をしていました。準備に関しては手の空いた時にしかお手伝いできなかったので、申し訳なく思っています。気がついたらあっという間に終わっていました・・・。

　給食時間以外で子どもたちと関わることは少ないので、給食室に行く時に見かけた様子や、歌に誘われて仕事の合間に少し見た程度なので、正直、子どもたちがどれほど成長したのかはわかりません。
　低学年は給食時間のわいわいにぎやかな様子しか知らなかったの

で、体育館前の廊下にびしっとならんでおり、きちんと順番に体育をしている様子を見た時は、こんなふうにも取り組めるんだ、がんばってるな、すごいなと思いました。

　休み時間や昼休みにもマットの練習をしている学年もあり、本当に一生懸命だと思いました。私はマットや跳び箱が特に好きではないし、それを人前で見せるなんて考えられません。もし、自分が同じ状況だったら嫌で嫌でしかたなかったと思うのですが、子どもたちはどうだったのでしょうか。素朴な疑問です。

　最後に当日の給食についてです。

当日の献立と残量

・牛乳　　　　　　　　　　　　　　4.6%

・ゆであげスパゲティミートソース

　　　スパゲティ　　　　　　　　　4.4%

　　　ミートソース　　　　　　　　3.6%

・ほうれん草とベーコンのサラダ　　5.3%

・白桃缶　　　　　　　　　　　　　0.6%

　この日もよく食べており、残量は少なかったです。子どもたちもホッとしてたくさん食べたのでしょうか。

教育実践発表会の実際
──外部参会者の感想と評価──

札幌市教育委員会　発寒南小学校担当指導主事

　先の教育実践発表会、本当にお疲れ様でした。

　授業、運動と音楽による表現活動、共に子どもたちのすばらしい姿と、その姿を支える先生方の思いを強く感じることができました。

　全学級の国語の授業を少しづつではありますが見せていただきました。教師との一問一答にならない、子どもたちの発言が随所に見られ、表現することを育てるために、子どもたちの心の動きをつくり、その動きを自ら表に出すことの大切さを実感させている日常の指導の積み重ねを感じることができました。

　跳び箱、マットによる運動の表現活動、音楽の表現活動では、全校児童の真剣な眼差しを目の前で見せていただき、心から感動を覚えました。

　　技に入る前の険しい表情
　　終わった時のほっとした顔
　　友達も技を真剣に見る顔
　　ペアの友達の力の入れ具合をしっかり感じようとする目
　　退場する時の誇らしげな顔
　　拍手をもらってちょっと恥ずかしそうな表情
　　自分が出せるぎりぎりの音域に、お腹を使って挑戦する顔
　　ペアで踊る時の合わせた目線

「集中」「真剣」「緊張」「笑顔」「満足」「協力」「リラックス」・・・
と子どもが、学習を通して感じるべき思いが全てつまった表現活動
でした。

　授業での教師のかかわりや、考えの引き出し方など、主役である
子どもの姿を通して、教師の在り方を考える教育実践発表会が多い
中、本当に子どもの姿を発表し、これまでの先生方の指導の在り方、
子どもの心のつくり方をじっくりと想像させられる研究会であった
と思っております。

　学習発表会は、おそらくあの音楽表現を保護者に見ていただくの
だろうと思いますが、保護者一人ひとりに、あの運動の表現も見て
もらいたいと感じておりました。

　本当にお疲れ様でした。

　今後とも、どうぞよろしくお願いいたします。

札幌市内校長

札幌市内小学校　校長　1

　4の2国語。一文ずつの音読がしっかりしていた。言葉を教師も
子どもも大切にし、日常の指導の確かさを感じた。児童のノートの
中身をしっかり覚え、授業に生かしていた。理由づけ（証拠）を大
切にしていたのが子どもを育てるのに役立っている。語尾を伸ばす
癖がある子がいたのは少し残念。

　4の1の読みもよかった。

　6の1一人ひとりの課題意識が強く、こだわりをもって教材に向

かっていたのが素晴らしい。友達の発言への反応も素晴らしい。

体育　シーンとした中、多くの人に見られながら自分の呼吸と身体の動きに合わせ、ゆったりと演技している子どもたちが素晴らしかった。跳び箱を跳べなかった子がいたのは残念。

札幌市内小学校　校長　2

５年ＭＫＮ学級・・素敵なＭＫＮ先生の問いかけに真剣に答える子どもたちの姿が印象的でした。音読も発表も聞き方もとてもすごかったです。久しぶりに迫力ある問題解決の授業を見ました。さすがＭＫＮ先生だと思いました。

特別支援学級・・３人の子どもたちの表現力に驚きました。両先生とも演技力話し方がすごかったです。引き込まれてしまいました。ありがとうございました。

体育・・歩き方、姿勢、呼吸など大切な身体要素を学びました。

校長先生の最後の挨拶がとても温かく感動しました。本当に学校の教職員・子どもたち・保護者を大切にしていますね。勉強になりました。本当に来てよかったです。

地下鉄を出てすぐのところで地図を見ていたら、すかさずＰＴＡの方がきて、優しく行き方を教えてくれました。出口の方、道の方・・寒くて大変なのにみんな笑顔で挨拶してくれました。もうそれだけで楽しい気分になり、すてきな学校だと思いました。もちろん、受付の方、玄関の方みんな素敵でした。感謝します。

札幌市内小学校　校長　3

体育での学習、呼吸、間などが音楽の表現に生かされていると感

じました。特に音楽では子ども一人ひとりがしっかりと声を出し、体全体で表現していること素晴らしいです。長い時間をかけて取り組んできた成果ですね。堂々と自信にあふれる子どもたちに拍手拍手です。

　どの学年の歩く時の姿勢がすばらしかったです。学校に戻って職員に話したいと思います。

　授業に関しては1時間の中で何をしていくのかという課題が板書にあるといいですね。（やっているクラスもありましたが）いろいろな面から子どもたちの姿を見せていただき本当にありがとうございました。

札幌市内小学校　校長　4

　6年生のMTMT先生の国語の授業を拝見させていただきました。本単元だけでなく、継続して一人学習読みの力が伸ばされてきていることがすぐ感じました。問題をもつ、自分なりの思いがノートなどで高質化され、まとめられていくあり方。それを実践続けてきたので一人ひとりの自信が生まれたのでしょうか？　また、受容的であり批評的である全体交流による個の高まり。これが授業中、子どもの動きとしてあちこちで見ることができました。素晴らしい子どもたち、素晴らしい先生に感銘を受けました。ありがとうございます。

　ご接待のPTAの方々の丁寧な対応に感じ入りました。

札幌市内小学校　校長　5

　表現活動、子どもたちの表情が生き生きしていました。

授業でも「しなやかさ」を感じ、確実に子どもたちが伸びているのは素晴らしいですね。　オペレッタ、子どもの素敵な歌、うらやましいです、一人ひとりの子どもが自信をもっているのがわかります。

　体育、しなやかな動き、助けあいの精神、個の成長、集団の高まりがよく見えました。

　学校が一丸となって進んでいくことのよさを感じさせていただきました。

　先生方のこれまでの努力に敬意を払い、エネルギーをたくさんもらいました 。お疲れ様でした。ありがとうございました。

札幌市内小学校　校長代理

　廊下階段などの掲示物を見せていただくだけでこの学校の子どもたちの育ちが見えるような思いがしました。

　「しなやかでたくましい」という言葉の具体的な姿が、単なるスローガンではなく子どもの立ち居ふるまいから伝わってきました。恐らく授業場面だけをそのように整えることはできないと思いますが、授業30分前くらいからインフォーマルな子どもの様子の中にも「しなやかでたくましい」育ちが表れていました。そのような素の子どもの育ちこそめざすべき「あり方」だと痛感しました。

　数クラスの国語の授業を参観しましたが、音読も読み取りも素晴らしいものでした。決して教師の読みを押し付けず、「待つ」という姿勢を教師構えとしてもち、子どもを信頼しているのがよく伝わってきました。

　ただ、追求した中身を共有化することにすることに弱さを感じま

した。練りあいの中で深めたことを個人個人が自分で言語化してみる作業（書くこと話すこと）が入らないために、理解の深まりが共有できていないのではないかと思います。具体的にはノート作業をもっと授業中に取り入れることと、2〜3人での対話の時間をとるということです。ただし、これは形式的なことではなく、理解したことを自分の中で解釈して、再出力するということなのですが、誤解を受けやすいかもしれません。「理解を共有する」という営みが充実してくると、これだけのしなやかな強さをもった子どもたちなので、さらなる大きな飛躍があるように思います。

　職員、保護者の皆様のきめ細かい心遣いに、玄関を入った瞬間から感心させられました。また、これだけ豊かな実践群をこれだけ惜しみなく公開してくださることに感謝の気持ちでいっぱいになりました。

　立場によっていろいろな見方があるかもしれませんが、表現を核とした子どもたちのあらゆる育ちの姿という事実の中に凄い説得力がありました。恐らく札幌市ではこれからもなかなか見ることのできない大変貴重な機会に居合わせることができたのだと思います。素晴らしい学びを得ることができました。本当にありがとうございました。

元小学校長　Ｔ先生

　子どもたちをどう育てようとしているのかという発寒南小の学校としての姿勢が大変ストレートに伝わってくる教育実践発表会でした。そのことに深く敬意を表します。

　子どもたち一人ひとりを大切に育てようとしていることが授業か

ら伝わってきてうれしく思いました。

　体育、子どもたちの心の動きと身体の動きが一体になっていると
ころがよく感じられました。子どもたちの表情もいいですね。

　表現は子どもたち一人ひとりが本当に声が出ていることに驚かさ
れました。気持ちが解放され伸びやかさを発揮している表れと感じ
ました。

　子どもたち自身がどのように感じているのか知りたく思いました。
子どもたちがお互い他の学年・学級の表現を見合う機会も用意され
ていることと思いますが、その場で子どもたちがどんなことを感じ、
どう育ち合っているか知りたいものです。

　発寒南小の実践が積み上げられる中で子どもたちがどんな成長を
遂げていくのか大変興味深く楽しみにしています。今日は本当に良
いものを見せていただきました。ありがとうございました。

札幌市内教諭

札幌市立小学校教諭　1

　これまでに見たこともない発表でしたが、体育の発表の時の子ど
もたちの表情がとても輝いていました。構え、深呼吸する時の「で
きるかな？」と不安そうな顔、助走の時の「やってやる！！」とい
う、やる気に満ち溢れた顔、技をやり終えた時の達成感に満ち溢れ
た顔、退場する時の自信に満ち溢れた顔。他の国語や算数の45分
間の中で子どもにさせたい表情が、体育の跳び箱の中に全て見えま
した。

　表現の発表もとても素晴らしかったです。合唱の声量、表情、音読の強弱など、表現力が身についていると感じました。

札幌市立小学校教諭　2

　どの教科も落ち着いて取り組む姿が見られ驚きました。体育、音楽・表現では、1年生から順に成長していく過程をみることができました。その学年にあったよい抵抗感のある題材であったと思いました。子どもが前向きに活動しようとする様子がよく見とれて、先生方の日頃の子どもたちと向き合う姿に感心しました。有難うございました。

　地下鉄出口から案内を持った方が各所にいてくださり、スムーズに来ることができました。朝早くから有難うございます。

札幌市立小学校教諭　3

　一人ひとりが生き生きのびのびと表現する姿が素晴らしいです。（保護者として）学習発表会を見せていただいた時もいつも感じることですが、個を大切にしながら全体を育てる先生方の日頃からの実践には頭が下がります。大変勉強になりました。有難うございました。

札幌市立小学校教諭　4

　MTMT先生が子どもの疑問や思いを把握して、いいところでそれを引き出しているのが、一人ひとりを生かそうとしていると感じました。

　YZW先生の学級でも子どもが丁寧にノートをとりながら考えて

いるのを見て、日常の丁寧な指導を感じました。

　今日見た場面は交流場面で、子どもが自分の思いを進んで話すことができているのは、単元の中で自分の思いをもたせる場面がしっかりあったからだと思いますが、そこでどうような言語活動を行ったかが気になるところです。教師の問いかけに対する反応がよく、どの学級でもそれを感じました。「一つの花」の音読も廊下にも届く声で、子どもたちが素直に育っていることを学校全体として感じました。ありがとうございました。

札幌市立小学校教諭　　5

　わかば学級を参観させていただきました。特別支援において教科の学習に力を入れて授業を展開していうく上で、たくさんの困りが出てくると思いますが、その困りを先生方で支援しながら、かつ先生からも「あれ？」となるようなしかけを入れて、授業をされていることに驚きと、自分の学級でも挑戦してみたい！と思いました。

　３人の子どもたちの素直な反応や先生方のあたたかい関わりも見せていただき、大変勉強になりました。ありがとうございました。

札幌市立小学校教諭　　6

　「これからの発南は熱い！」そんな印象をもてた貴重な半日でした。本当に有難うございました。そして、尚早とは思いますが御苦労さまでした。授業に関しては、大きな可能性を秘めた子どもたちであり先生方であると感じました。

　子どもに寄り添った指導と「語句にこだわり」「自分の考えと比べながら」「子ども同士で深めあう」話し合いが一体となる。今後

の更なる発展（成長）が楽しみになりました。体育館発表において
は、表情・視線・振る舞う姿に「穏やかさ」「自分らしさ」「ひたむ
きさ」が表れていて感心させられました。「しなやかさ」に「強さ」
「逞しさ」が加わり、「より自分らしく」表現できるようになった子
どもたちの姿を思い浮かべ、心地よく帰途に着きました。

札幌市立小学校教諭　7

　子ども一人ひとりに何かを表現したい、しよう！という意志が感
じられ、すばらしかったです。特に国語6年の「海の命」では深く
掘り下げた読みに、子どもたちがいっしょに向かっていく様子に驚
きました。

　見ていて、特に思ったのは「どうやって、こうなったかを知りた
い」ということです。この説明があると、自分の今後に生かせるか
なと思いました。これから紀要をしっかりと読みます。有難うござ
います。

札幌市立小学校教諭　8

　今日は素晴らしい研究会に参観することができて、とても嬉しく
思います。

　すべてを参観し、一番感じたことは「子どもたちの強さとたくま
しさ」です。

　国語の音読で見られた素晴らしい表現。発表する力。ノートへの
記録。

　体育で見られた一人ひとりの着実な育ちと協力する姿。音楽で見
られた身体全体を使っての発声と表現。どれも圧倒的なものでした。

呼吸の大切さ、身体全体を使う大切さ、身体の体感を重視し、それを土台とした教育活動の素晴らしさを肌で感じました。

　今まで見たことのない研究会でした。これからもこの研究の積み重ねを大切に進めてほしいと思います。本当にありがとうございました。

　職員の皆様、本当にありがとうございました。力のない私にとって、とても良い経験になりました。ＦＫＪ先生、ＯＫＴ先生、ＭＴＫ先生、久々に授業を参観させていただき感謝しております。ありがとうございました。

札幌市立小学校教諭　9

　くり返しの言葉を進んで発表することができていました。「あおいあおい」「どこまでもどこまでも」

　また、少し発表させてから、吹き出しに書かせたのはイメージをふくらませる意味でよかったと思います。1年生の頑張る姿が見えてよかったです。

札幌市立小学校教諭　10

　体育の授業・発表は「ゆったり構えて準備」とあるように、どの子も自分の呼吸を整えている姿がすばらしいと思いました。深く息を吸うこと、姿勢を整えること、息をそろえること・・・地にしっかりと足をつけて生きていく基本の姿を見ることができて、感動しました。一人ひとりが技能を身につけたり、落ち着いて入退場したりできるように、ご指導された先生方の熱意に感心いたしました。

　身体づくり、心構えがしっかりとできているので、子どもたちの

よい声が引き出されるのだと思いました。子どもたちの生き生きとした音楽・表現から自立したしなやかで強い子どもをはぐくんでいくことの大切さがよく伝わりました。

道案内から受付等、保護者の方や職員の皆様にもあたたかく迎えていただきました。どうもありがとうございました。

子どもたちの一生懸命な姿、信頼し合って先生と子どもたちが学び合ってきたこと・・・心に残るすてきな実践発表会でした。お忙しいところ、お誘いいただきまして、本当にありがとうございました。

札幌市立小学校教諭　11

子どもたち一人ひとりがのびのびと生き生きと学んでおり、うらやましく思いました。

しっかりと息を吸い込んではきはき読んだり、歌ったり、体を動かしてできる子どもを育てていきたいと思います。

受付や控え室で保護者の方々に、丁寧に対応していただきありがたく思いました。

札幌市立小学校教諭　12

わかば学級の授業を見せていただきました。（国語）45分しっかり座って落ち着いて授業に取り組んでいた子どもたち、すばらしいです。3人とも、躊躇なくたくさん発言できていたのが印象的でした。ありがとうございました。

特学のお子さんにも交流に入って体育を行っているんですね。特学単独での体育はやっていないのですか？交流に入るにあたり、支

援の仕方、通常級の先生との連携など、どんなふうに日々行っているのか知りたいなと思いました。

　住宅街の道路のすみに、案内プレートを持った方が、たくさんいてすごく助かりました。（ぐるぐると迷ったので）

札幌市立小学校教諭　13

　表現活動を軸に、子どもたちの達成感を大切にしながら、それぞれの教科活動で課題解決への手だてを考えている先生方の姿が、子どもの笑顔から見取ることができました。

　主張の向こうに見える未来の子どもたちの姿が、とても楽しみです。

　発寒小学校は、今年90周年、次年度には実践発表会を行います。大変参考になりました。感謝いたしますとともに、次年度はぜひ本校にお越しくださいますようにお願い申し上げます。

札幌市立小学校教諭　14

　レインボーピックで一緒に活動しているわかば学級の子どもたちが、「国語」という教科でがんばっていた姿が見られてよかったです。

　自分では「国語的」な授業はやっていても、完全に「国語」という授業はやっていないので参考になりました。人の話を聞くとか伝え合うというのが目標であれば、内容のとらえ方については、あまり教師側で誘導しなくても（T側の意図と違ったまとめになっても）ある程度は構わないかなとも思いました（人の話をとってもよく聞けている子どもたちで感心しましたので）

札幌市立小学校教諭　15

今日はありがとうございました。

国語・体育・音楽・表現を見せていただきました。

国語は、6年MTMT学級を見ました。なごやかな雰囲気の中、言葉にこだわりながら太一の心情に迫る子どもたちの読み取りの力に感心しました。自信をもって、自分の考えを発表する子どもたちの表情がとても印象に残りました。また、子どもたちの読みをしっかりと把握して指導にあたるMTMT先生、素晴らしかったです。

体育・・・緊張感漂う中、技ができた時の満足そうな表情がよかったです。一つ一つの動きを丁寧に指導されていることに感心しました。

音楽・表現・・・伸びやかな歌声と表現することを楽しんでいる子どもたちの様子がとてもよかったです。いろいろ学ぶことができました。

札幌市立小学校教諭　16

表現活動を行う子どもたちの顔、とても自信をもっていたように感じます。自己肯定感を感じながら、日常を送れているのだと思います。

一点、気になった点をあげるとすれば、体育の中で安全面に欠けている部分があったように思います。跳び箱で支持する腕が曲がっていたり、台上前回りの際、横にずれてしまう、マットの際に耳の折りたたみができていなかったりする場面があったように感じます。演じる前に一言、ポイントを押さえることや跳び箱でマット配置など気にかけてみると、安全面が保障されているのではと思います。

お疲れ様でした。

札幌市立小学校教諭　17

　本日は参観させていただき、ありがとうございました。とても勉強になりました。体育・音楽・表現のこういう形式での実践発表は見る機会があまりありませんので、興味深かったです。体育では各学年の系統だったつながりが見られ、基礎・基本を大切にすることが発達段階とともに、難度の高い技につながっていくことがよくわかりました。全員ができるという達成感や経験は、子どもたちのこれからにつながっていくと思いました。体育に精通していませんので、発表の際にどんなことをするのかのアナウンスや説明があると、よりわかりやすかったように感じました。発寒南小学校の子どもたちの素直で伸び伸びと学習している姿がたくさん見られ、心安らぐ発表会でした。

札幌市立小学校教諭　18

　見ごたえのある実践発表会に参会させていただき、ありがとうございました。国語・体育・音楽・表現、それぞれの主張がよくわかる発表会でした。発南を離れてわずか半年ですが、それぞれの教科、どの教科も子どものもつ力や育ちを強く感じました。校長先生のリーダーシップ、先生方の温かい指導やチームワークによって、子どもたち一人ひとりが自信をもって堂々と発表・表現していました。自分もわずかながら携わった実践研究の一つのまとめを見せていただいたことに感謝しています。先生方、職員の皆様、ＰＴＡの方々も本当にお疲れ様でした。

12月9日（金）は桑園小も研究会をします。午後日程です。よかったらお越しください。

札幌市立小学校教諭　19

音楽・表現（全学年)・・・子どもたちのパワーある歌声に感動しました。どう指導したら、一人ひとりが全力で声を出せるようになるのでしょうか？　指導力の高さにびっくりです。レベルは高いですが、大きな目標ができました。

新しいスタイルの実践発表、大変勉強になりました。ありがとうございました。

札幌市立小学校教諭　20

個々の読みを集団での交流を通して深めていく取り組みが、とても勉強になりました。板書も構造的で素晴らしかったです。前時までの学びが、子どもたちの中からもっと出てくると、さらに話し合いが深まるように感じました。

体育では、準備から着地までの一連の動きが、とても美しく素晴らしいと思いました。自分が指導しているものとは全く異なっており、勉強不足を痛感しました。技一つのねらい、意図がはっきりとしていて、どの子もそれを理解できているように思いました。段階をふんだ指導の在り方について考えさせられました。

音楽・表現では、一人ひとりの表現力の豊かさを感じました。のびのび楽しむからこその表情のよさ、声量の大きさなのでしょうね。全体が反応し合い、みんなで一つのものをつくり上げていく姿が素晴らしかったです。

学校全体の雰囲気が清々しく（子ども・教師・保護者）、気持ちのよい研究会でした。ありがとうございました。

札幌市立小学校教諭　21

　すばらしい発表を拝見させていただき誠にありがとうございました。全体会での研究部長さんの「子どものすばらしさにどんどん気づいていった。」というお話や、校長先生の「子どものもっている力のすばらしさに触れた時、教師は変わる」というお話が心に残りました。

　4年生の「一つの花」では、担任の先生と子どもたちの一体感があり、子どもが安心して考えを述べていた姿が印象的でした。「高い高いはよく顔が見えるように」という発言がありましたが、親子の絆に思いを馳せているようで、子どもから学ばせてもらった気がします。

　体育の授業では、順序よく積み上げていく大切さを学ばせていただきました。どの子もいろいろな技を獲得し自信をもったことでしょう。呼吸法が一つのポイントのように拝見しましたので、機会があれば教えていただきたいと思いました。

　音楽・表現は、どの子も堂々と歌い表現し迫力がありました。伸び伸びと表現しきった子どもたちの感想を聞いてみたいと思いました。ここまで子どもたちを指導されました発寒南小の先生方、本当に御苦労さまでした。子どもの姿を通して、指導の在り方を示唆していただきましたことに対し、心より御礼申し上げます。

札幌市立小学校教諭　22

　すべての発表を見せていただき、感銘を受けました。

　国語の授業では、どの学級も素晴らしい音読を聞かせていただきました。表現に力を入れている成果と思いました。

　また、それぞれの担任の先生方の学級の子どもたちに合わせた個性豊かな指導も、この研究の成果と感じました。

　体育の発表では技を細かく分析し、完成するための手順をよく指導されていたと思います。一人ひとりの技の美しさが際立っていました。

　最後の音楽・表現でも大きな声で歌う姿やせりふを言う姿に、表現活動を中心に据えた発寒南小の研究の確かさが表れていたと感じます。素晴らしい歌声ですので、全校合唱を聞いてみたいと思いました。本日は、大変素晴らしい授業と発表をありがとうございました。

お手伝いいただいた保護者の方のアンケートから：
子どもに関わること

・音楽の発表を見ていた時、来校されている方から、「とてもすばらしい発表ですね。」と声をかけていただけました。

・日頃ご指導いただきましてありがとうございます。今回お手伝いできてとてもよかったです。体育館から聞こえてくる子どもたちの歌声は、どの学年も素晴らしく、終わって教室に戻る顔にはやり遂げた達成感と安堵の笑顔を見てとれました。また、ご参会の

方々から、おほめの言葉をいただき、発南の子どもたちを誇らしく思いました。

・たくさんの来客の前でも、動じずのびのびと表現できる子どもたちを見て、日頃から地域と父兄の皆様と、学校の先生方とのチームワークが本当によいのだなあと改めて実感しました。参加できてとてもよかったです。

・一人の来客の方に、素晴らしい子どもたちですねとほめていただきました。掲示物を見ても、子どもたちの良さがわかりますと言っていただけたのがうれしかったです。

・体育館が明るくて、子どもたち一人ひとりの顔が、遠くからでもハッキリと見えてすごくよかったです。お手伝いに行ってよかったーと思いました。来賓の方にも「いい学校ですね。展示物を見るとわかります。」と言っていただきました。

・子どもたちが緊張しながらも、自信をもって堂々としていたのが素晴らしく感動しました。

・子どもたちののびのびした姿、一生懸命取り組む姿にとても感動しました。

・最後に、帰る先生たちの声をすぐ聞けてよかったです。「来てよかった」と言われ、とても心に残る言葉でした。

・子どもたちの発表がどれもすばらしかった。先生方の熱意の賜物だと思いました。子どもたちにとっては、とても貴重な経験でした。こんな機会を与えてくださった先生方に感謝します。

・子どもたちの発表を見させていただきました。どの学年の子も本当によく頑張っていたと思います。感動しすぎて目がウルウルしてしまいました。

（2011年10月当時の肩書　敬称略）

東京都　元都留文科大学教授　　小林　重章

　小細工を排したまさに「まっとうな教育」がここにある！と強く思いました。そうした教育によって生まれた子どもの事実の説得力に圧倒されました。

　子どもたちは解放されており、例えば、体育で必ずしもうまくできなかった子も悪びれたり、いじけたりすることなく、演技を終えて帰っていく姿には感動を覚えました。

　音楽や表現で学んだことが、国語の教科書の音読にも生かされているように見えました。（私は2年1組の授業を参観させていただきました）こうした「まっとうな教育」によってこそ、真に子どもの力がはぐくまれていくのだという思いを新たにしました。

　先生方には、子どもの姿を通して新しい課題が見えてきたのではないかと拝察します。発寒南小の今後のご発展をお祈りいたします。ありがとうございました。

　朝、発寒南駅を出たところでご父兄の方（だと思います）が立っておられ、道案内をしてくださいました。学校が一つになって、子どもの力を引き出そうとしているあらわれだと思い、うれしくなりました。発表会の運営にも濃やかな心配りが見受けられ、ありがたく思いました。子どもの姿を見て学ぶという発表会のやり方も素晴らしいと感じました。

室蘭市　高校教諭　　小笠原　洽嘉

　よくここまでやったという気持ちで胸いっぱい。「利根川」「子ども
もの四季」を歌ってくれる学校があり、子どもがいるということに
感謝したい。私は斎藤喜博の弟子ですから。
参観メモ
　1の2、読み上手、「気合い入れて」「感じよく」「元気よく」子
どもから出る。これやってみるといいのに。
　2の2、群読、班ごとの話し合い（これは必要ないね。集中力に
欠けていたから）
　3の1、子どもが発表していた時、板書しちゃダメだね。板書の
手を休めて聞くことにすると板書の文章も変わってくるもの。すで
に板書の文言を先に決めてないか？（これ予定調和だね）
　4の1参観者多数。教師は子どもをいつも励ましている。Qどん
なこと思っていた？核心をついている。「一つだけちょうだい」と
いった時。子どもから多様な意見が出てたかな？途中で出たので。
でも圧倒的に存在感のある授業だった。
　4の2TKMT先生の授業を観ればよかった。音楽の専門家に言
わせると4年生の「かさじぞう」が一番だったそうだ。そんな評価
もあったので国語も観ればよかった。
　音楽でいえば「子どもの四季」「利根川」が圧倒的だったが、音
楽的に多少ムリなことも目についたが。でもこれだけ歌ったら十分
だ。
　1年生の2曲も声がよく出ていて子どもらしい演奏だった。私は
斎藤喜博のことを思い出して涙が止まらなかった。

　体育では「できなかった」子どもたちが堂々としていた。これはすごいことだ。介助で倒立するのも見事だったと思う。これが教育だ。

　先のことはわからない。しかし、今、ここにこの事実は打ち建てられた。教師の仕事をした。後のことはわからない。それはどうでもいいことさ。発寒南小の先生たちは、一度鳴いたのだ。それで十分ではないか。ボクはよく齋藤喜博先生に言われたものさ。「君も一度は鳴いていただいたのだから、いらぬ心配をするな」と。

　ありがとう。すごかった。

川口市　小学校教諭　　野村　誠

　10月20日の発表会、ありがとう。表現活動の教育的価値を十分参会者に伝えたと思います。いい研究会でした。いくつか感じたことなど。

①校長が先頭に立ち、職場が一丸となったからできたこと。

　これは、誰が何といっても強いメッセージです。校長が願いをもち、職場を具体的に力を発揮できるように組織したからできることです。力ある教師も方向が違う教師も意欲のない教師もいます。それをまとめあげ、職場一丸となって子どもの可能性を追求しようという職員集団に組織したことは大変なことです。それが、用務員さんの伴奏や担任外の先生の協力、ＰＴＡのお母さん方の協力という具体的な姿となっていました。

②子どもの姿がよかった

音楽表現は取り組み始めて期間が短いのに、のびのびと自分の力を表現していました。

　１年生の斉唱から始まり、２年生の「三枚のおふだ」表現はシンプルだけれど、それが無理をしていなかったので安心して見ていられました。子どもの姿を見てやれることをやった結果だろうと思いました。それだけでもすごいでした。

　３年生の声の伸びがすごかった。エネルギッシュな３年生の姿が「手ぶくろを買いに」で爆発していた。すごい３年生でした。体育で、跳び箱を跳んでいた子どもたちの歩き方が柔らかいことは気付いていました。体育と音楽がつながっていること。身体のこなしと表現の動きが重なります。身体の使い方が良いから声がのびるのでしょう。研究会について知らない学年があれほどまで子どもを引き出していること、本物である確信をもちました。４年生のＦＫＪ先生のよさが子どもに出ていました。流石だなと思いながら見ていました。全体の動きに無駄がなく、柔らかいものでした。学年が上がるほどに内容が深まっていました。

　そして、６年生。利根川の表現もよかったです。ＭＴＫ先生の国語の授業も最後の時間に見てました。廊下がざわざわしていたのですが、ぎりぎりまで話し合いを続けていました。この子たちが利根川の表現を十分にしていました。２・３・４年とは違う深さを感じました。６年生が育っていると思いました。独唱も堂々たるものでした。教材が子どもを育てている。指導がさらに子どもを育てている。学校が子どもを育てている。久しぶりに、感動する公開を見ました。

　自分の日常の指導や仕事を反省する場になりました。いくら表現

について知っていても、体育について知っていても、実現できなければ絵に描いた餅ほどの意味もありません。

　体育は、今後の教師の勉強でさらによくなるでしょう。子どもに火をつければもっと質が高くなるでしょう。その入り口に来ています。

　跳び箱では、踏切板の先に15cmか20cmの調整板が入ったら、もっと大きく演技ができるだろうなと感じました。

　かなりの子が歩く時の音がゴツゴツと堅かったので、表現と同じように足首やひざ、腰を柔らかく弾むようになればいいなと思いました。

　マットは動きのよい姿のイメージがもてれば、子どもたちはすぐに到達できるところにいます。生意気なことを書きました。

　札幌から帰った翌日は、校内音楽会がありました。我校の1年生から6年生まで見ました。高学年はもっと力があるだろうにな、教師にもっと子どもの力について知っていれば、私にもっと力があればと自分の無力さに切なくなりました。

　学校が学校として方向性をもって仕事をすることの大切さを思います。今後、保護者向けの会もあるでしょうか。きっと、絶賛されます。参加した市内の校長も驚いたことと思います。佐藤校長への風当たりも強くなるのではないでしょうか。

　職場の職員の皆様にお礼を申し上げます。私も残りがわずかです。何とかしなければ。

　ありがとう。まだまだ思いはあるけれど、まとまりません。子どもの姿、教師の姿がよかった。まだまだ実践は続きます。3月までに何とか元をとればと私も努力を続けます。5年生の先生にも今回

の他学年の姿から学んで、子どもを信頼したらと願っています。

川口市　小学校教諭　　松永　明裕

　この奇跡のような発寒南小学校の事実をわが目で確かめることが
できて、本当によかったとの感謝の気持ちは、どんな言葉をもって
しても言いつくすことはできない。

　箱石先生が、日頃からぼくらに語りかけるようにお話しいただく
ことの中に次のようなものがある。

　「子どもは変わらない。いつの時代も、どこにあっても、みんな
無限の可能性をもっている。」

　本当にそうだと、ぼくも思う。重たい言葉だと感じていた。しか
し、１つの事実は、何度となく繰り返される言葉の積み重ねとは異
質なものであった。決して色あせることのない衝撃であった。若き
日の箱石先生を中心としてなされた瑞穂三小の公開が、その後の今
に至るまでの30年余り、それを目にしたぼくの実践を続けさせる
原動力であり続けたように、今回の発寒南小の事実も、同じような
力をぼくに与え続けてくれるのだとの確信がある。

　国語の授業は、河野学級を見せていただいた。温かな雰囲気の授
業であった。ぼくはすぐにいつか見せていただいた、かつての同僚
である菊次先生の、２年生での国語の授業を思い出した。あの時も
そして目の前の子どもたちも、何かもぞもぞと一見すると少し落ち
つかな気にうごめいていたのだが、それは決して集中していないの
ではない。２年生が本来のありのままの姿で、何の不安や緊張もな

く自分をさらしながら授業に参加しているのだ。それだから、友達の音読や先生の語りかけには、どの子もが（何かやっている子をも含めて）素早く敏感に反応していた。ぼくだっだら不安になって、ここまで子どもたちを自由にできないだろうなあとも思ったが、子どもたちはそのまんま２年生の本音でかわいらしく発言していた。２年生の子どもに対する、本質的な理解とゆるぎない信頼がベースにあることを感じた。そして、まさに「お手紙」の世界で授業を受けていた子どもたちは、音読がひときわ素晴らしかった。

　体育にも、圧倒された。高学年の技には「転回系」のものはなかったが、公開を見せていただいているときは、そのことに考えが至ることすらなかった。箱石先生がかつてのぼくの体育の取り組みにコメントをくださるにつけ、

「ぼくは、技の上手い下手など全く気にならない。そういうことじゃないんだ。」

とよく言われたが、ぼくは昔はこの言葉の意味がよく分からなかった。しかし、今ならわかる気がする。箱石先生は、体育の取り組みの本質は、その結果としての技の出来栄えではなく、取り組むプロセスの中にこそあるのだとお話し下さっていたのではないか。そして、今、発寒南小の体育を見られて本当によかったと思うのだ。子どもたちはまさに取り組む過程で本気のスイッチが入っていたように思う。技が思うようにできない子が堂々としている様子は、子どもたち全員が自分の力を残らず発揮し、そのことに誇りと自信をもつ、この「学びの本質」をしっかり把握していることを表していると思う。全学年、学校ぐるみでそうなのだから、圧倒的、壮観であった。

体育が、教育として、真に子どもたちを鍛えるものとなったとき、今度は教師の力量が問われるのだろう。発寒南小の場合、目の前の子どもたちはもう十分やっている。行ける所までぎりぎり来ているのだとすると、今度は教師がより深い教材解釈をもって次への方向性を示さなければならない。そして、その方向性は体育という教科の系統性に沿ったものとなる。子どもたちが今よりさらに前進できるかは、教師が技の系統性をより体系的に理解し、それぞれの学年の子どもたちへ次に挑む技の登攀ルートをいくつ示せるのか…、つまり教師一人ひとりの、より深い技への教材解釈が迫られる段階に来ていると感じた。

　そしてまた、表現も同様であった。「○年生はちょっと…」というようなことがなく、1年生から6年生に向かっていく「あこがれの階段」ができていた。「学校」が「学校」として見事に機能していた。特に、最後の6年生の「利根川」では胸がいっぱいになり、目の前の子どもたちから押し寄せてくる何かに、もう何も考えられないというように感極まってしまった。まさに「子ども賛歌」であった。俗人のぼくなどは、かつての瑞穂三小のような技や歌の技巧の高度さに目が曇らされない分、発寒南小の事実には、むしろ直接的に訴えかけてくるものの原型や生の迫力を感じたのだった。

　教師生活をあと10年あまり残す今、ここでまた溢れんばかりの力を与えてくださったことに、心から感謝します。

　ありがとうございました。

津山市　小学校校長　　新免　浩二

　私は、2年前、平成21年2月に発寒南小の校内研修に参加させ
ていただいた岡山の新免といいます。当時は詩の授業「春」の研究
授業と全学年の授業参観、また、校内研修協議に加わらせていただ
きました。素晴らしい研究授業と子どもたちが一生懸命挑戦してい
た体育「壁倒立」の授業を記憶しています。どの学年の子どもたち
も、とても穏やかで落ち着いた感じの教室風景でした。

　今回、素晴らしい発表の参観をさせていただき厚くお礼申し上げ
ます。印象に残ったことを少しお伝えしたいと思います。

①前回の訪問に比べ、学校の雰囲気がさらに明るく清潔に感じまし
　た。また、子どもたちに学習への意欲とともに活気があり、その
　学年の学齢よりも1つも2つも大きく見えました。
②国語の授業は、4年福重先生と2年河野先生の授業を少しずつ参
　観させていただきました。
　4年生の方は、一人学習を基にした一斉授業でした。子どもたち
の音読も素晴らしいものでしたが、一人ひとりの発表もつながりを
もたせ、読み取ったイメージをふくらませたり、明確にしたりして
いました。
　FKJ先生の説明もイメージ豊かで、作中人物の心情をとらえさ
せるための課題を明確にする時など圧巻でした。一人学習でとらえ
た子どもたちの発表も的確な内容でしたが、さらに、豊かなイメー
ジを追求していく姿には感動しました。どの子も友達の発表をよく
聞いて、しっかりと思いを巡らせていました。

２年生の方は、結構やんちゃな子どもたちがいて、楽しかったです。子どもたちの音読へのこだわりを感じました。音読を大事にしている様子がしっかりと伝わってきました。

③体育発表

　さっそうと体育館に入場し、どの子どもも堂々と自信をもち目標をもって取り組んでいる姿にとても感動しました。自分で身体コントロールをどう行うかと意識していたように感じました。

１の２　ふみこし

　リズム感があり、柔らかく着地できていた。

２の１　腕立て開脚跳び上がり下り

　素晴らしく腰が高く上がっていた子がいた。台上での移動の腕の使い方がよかった。

３の１　腕立て開脚跳び越し

　踏み切りのためができている子は、とても軽く跳んでいた。

　腰のあげ方は手の使い方（上からのたたき方と手の位置）と関係があるのか。

　着地は柔らかいと感じた。

４の１　台上前回り

　落ち着いた丁寧な演技が印象的でした。

５の２　台上前回り

　４年と同じ種目でしたが、さすがに５年生になるとスピード感があり技も大きく見応えがありました。

１の１　ゆりかご

　とても丁寧にバランスを意識して行っていました。

２の２　ふんすいえび

よく腰が伸びていたつま先や足の裏がきれいでした。

3の2　前回り

伸膝からの前回り、膝がよく伸びてとても丁寧にできていました。

4の2　前回り

3年と同じ種目でしたが、頭を入れるタイミングがよく、リズム感がありました。

5の1　頭支持からの前回り

腰を背骨に乗せてから足を伸ばす子どもと伸膝のまま足を上げる子がいました。どちらもよく腰が伸びていました。

6年　補助倒立からの前回り

つま先や足の裏がきれいで気持ちよく回っていました。とてもよかったです。

④合唱・表現

本当に、素晴らしい子どもたちの姿を見ました。一人ひとりがそれぞれ対応しながら場を構成し、その場面にふさわしい表現を見せてくれました。感動で心がかなり揺れました。

私の学校の子どもたちに足りない姿が多すぎて悲しくもなりました。

1年生　声がよく出ており、とても楽しそうに歌っていました。

2年生　「三枚のおふだ」は、声がよく出ており2年生のかわいらしさがあふれていました。

3年生　「手袋を買いに」は、素晴らしい構成でした。よく声が出ており、セリフがよく入って、子どもが大きく見えました。

4年生　「かさじぞう」は、構成、セリフ、動き、合唱ともに素晴らしく、子どもがとても大きく見えました。

5年生　「子どもの四季」は、現代の子どもたちにとってイメージしにくい部分のある作品で難しいと思いますが、ぎりぎりまで表現しようと頑張っていました。大きく見えました。

　6年生　「利根川」は、構成、セリフ、合唱とも素晴らしいの一言に尽きました。中学生と見まがうほどに本当に大きく見えました。

⑤その他：

　控え室で丁寧で、親切な接待をしていただきました。参観する前から心が温かくなりました。大変ありがとうございました。また、子どもたちの自立した姿は本当に美しいと思いました。

名古屋市　小学校教諭　　大嶋　幾男

　本当にすばらしかったです。今の時代にこういう学校（子どもが子ども本来の姿を見せている。どの学年もその学年の子どものすばらしい輝きを見せている。互いに学び合おうとしている）が存在していることに感動しました。

　また、全職員の一つのことに向かって取り組んでいる姿にも感動しました。子どもにとって学校の中で仕事をしている人は皆自分を育てる「先生」なのだということを事実を通して見せてくれました。ありがとうございました。来年の公開発表が今から楽しみです。大げさではなく日本の教育のまっとうな光を見せ続けてください。

　体育の発表で跳び箱系、マット系を分けて発表してくださったことで、学年ごとの技のつながりや系統がとても具体的にわかりました。1年生の技の基本が2年生の技を支えている。2年生の技の基

本が３年生の技を支えている。３年生の・・・・と、納得しました。とても具体的で説得力がありました。

　音楽・表現ではどの学年もすばらしく「子どもの可能性」を具体的に見せてくれました。学校の力を見ることができました。とりわけ６年生の「利根川」は予想をはるかに超えたものでした。忘れかけていた子ども本来の姿（学びたい、伸びたい、賢くなりたい、成長したいというまっとうな願いを素直に表している姿）に接し、涙が出ました。

　学校の職員の皆様、ここまで来るには様々な困難があったことでしょう。周囲からばかりか、自分自身の弱さとのたたかいもきっとあったことでしょう。でも、どうか自信をもってお進みください。皆様が育てた子どもたちの姿は心あるものすべての希望です。大げさでなく日本の教育の希望です。ぜひ、来年度も輝く姿を見せてください。ありがとうございました。

名古屋市　小学校教諭　　望月　順子

　素晴らしい実践を見せていただきありがとうございました。子どもたちの生き生きとした表情がとても印象的でした。

　体育館での発表では、自分たちだけで胸を張って入場してくる子どもの姿に驚きました。技ができるできないに関わらず、集中して一つ一つの技に取り組む姿に感動しました。

　音楽表現では子どもたちの素晴らしい歌声に圧倒されました。子どもたちの声がすごいエネルギーとなって私たちに迫ってきました。

表現では子どもたち一人ひとりがみんなで一つのものをつくり上げようとしている姿に感動しました。学校全体が一つになって、子どもたちの力を見事に引き出された職員の方々に本当に頭が下がりました。

裾野市　小学校教諭　　勝呂　桂子

　ありがとうございました。「利根川」素晴らしかったです。学年、子ども全体、職員みんなで高みを目指している道筋が見えてくるような発表でした。日々の実践の中で見えたものを一つひとつ積み上げこれからの励みにがんばってください。

　体育では技の系統性、身についていく力の筋道が見えるようでした。できなかった子どもたちの表情も所作も大変好感がもてました。一人ひとりの子どもに力が付いているこそと思いました。

　靴、お茶、休憩室での準備うれしかったです。ありがとうございました。すてきな学校でした。

函館市　高校教諭　　小笠原　大樹

　授業の先生の第一声の声が静かで、すっと入っていかれたのがなるほどと思いました。「大造じいさんはなぜ再び銃を下ろしたか」が中心の問いで、それに対して子どもたちは「ひきょうなことをしたくないと思ったから」「びっくりしたから」「見届けようと思った

から」「ヒーローと思ったから」「感動したから」「最後までけじめ
をつけてほしいと思ったから」「心打たれたから」などなど意見を
出した。それらをどの意見とどの意見が同じで、違っているのはど
の意見とどの意見かを整理したうえで、さらに子どもたちに発問す
ることが必要と思いました。「ひきょうなことはしたくない」と
「感動したから」は明らかにとらえ方が異なるし、ひょっとすると
「感動したから（自分も）ひきょうなことはしたくない」と思った
ということなのかも知れない。

　体育の出入りの歩く姿が美しい。介添えの子どもの補助の仕方が
演技する子どもの力量に合わせて行っているところが素晴らしい。
教員の指示・号令が全くないことにもなるほどと思いました。音
楽・表現では、よくこんなに難しい曲に子どもたちはチャレンジし
たものだと思いました。大変勉強になりました。有り難うございま
した。

札幌市　弁護士　　伊東　秀子

　今日は、小学生と共に、本当に感動的な体験をさせていただきま
した。子どもたちがあのように伸び伸びと一生懸命感じ、考え、表
現している姿は人間本来のもつエネルギー・輝きがたくみのないま
ま発露していて、本当に感激し、今、素晴らしいものに接した充実
感を味わっています。子どものもつ闇の部分・光の部分といろいろ
ある中から、教師がどこにスポットをあてて本人に自信と歓びを育
てていくか、教育という実践の貴重さをしみじみ痛感しました。今

日の先生方の御努力に感服です。やり終えて帰る時の子どもたちの達成感にみちた清々しい表情が忘れられません。ありがとうございました。

　又こうした教育実践発表の機会がありましたらぜひ声をかけてください。私自身、人間を生き直していく契機にさせていただきたく思います。

札幌市　小学校教諭　　佐藤　やすみ

　今までに見たことのない実践発表会でした。1つの教科だけではなく、体育、音楽など子どもを丸ごと見ることができました。「表現活動で教育を問う」（教育を探究するといった方がいいかと思いますが）という言葉通り、表現活動で解放されている子どもたちの姿が見られました。

　特に、オペレッタは学年ごとの特徴がみられました。特に、3年生の活き活きした様子、4年生の表現を楽しんでいる様子、6年生の主張ある動き、清潔さに感動しました。

　また、体育は、系統を考え的確な指導をすればできるようになること、同じ技でも学年によって違うということがよくわかりました。子どもたちの学びの姿、成長を引き出した先生方の指導が素晴らしいと思いました。

　駐車場、靴、お茶の準備、受付など細かなところまでの対応ありがとうございました。廊下ですれちがう子どもたちのあいさつや動作が素直で明るく心地よく感じました。

教育実践発表会の私自身のふり返り

教育実践発表会を終えて、私から教職員へ伝えたこと

2011年11月11日　教育実践発表会を終えて

校長　佐藤　毅

　発寒南小学校の教職員の皆さん、教育実践発表会、お疲れ様でした。いろいろな方々から高い評価をいただきました。子どもたち・教職員、全員の真摯な取り組みの成果だと思います。

　教育実践発表会が終わってから３週間が過ぎましたが、実践発表会はなにか遠い昔のような気がします。それは一つの山を乗り越えた達成感や充実感や安堵感からなのか、または、その後も忙しい毎日を過ごしているからなのかはわかりません。いずれにせよ、今回の取り組みをふり返ることは、これからの発寒南小学校の教育活動にとって重要であることは間違いないことだと思います。

　ふり返りにあたっては、参会者からの感想、子どもたちの感想、私たちの自己評価はどれもとても大切な資料となります。今回の実践発表会の成果や課題はそのほとんどがそれらの資料に具体的に出ているからです。私自身はすべてに目を通しましたが、それぞれ皆さんも他の人の書いたものに目を通されることをお勧めします。

　さらに、研究部を中心に、成果と課題をまとめ、それを共有する

ことになれば、実践づくりの方向がさらに明確になっていくことと思います。

　私が考えた成果と課題などは以下の通りです。

成果

①　学校が組織として一つになって同じ方向で実践発表会を開催できた。

　平成21年度から研究課題や方法を大きく変え、実質的には平成22年度からの研究であったにもかかわらず、短期間で実践の方向を統一し、職場が一つになって実践づくりに取り組むことができた。

②　個々人では差があったものの、国語・体育・音楽・表現で教師が実践を創りだす中で、子どもの可能性やもっている力の凄さを発見できたり、再認識したりすることができた。（先生方の自己評価を読むと一目瞭然）

③　子どたちに新しい変化が生まれつつある。

　○国語・体育・音楽表現を通して、子どもたちは持続力やあきらめない・投げ出さない心、粘り強さなどが出てきて、しなやかで強くなってきている。

　○国語での一斉学習、体育での教え合いや学び合い、表現での個々や集団の動き方などを通して、子どもたちは周りを観察し、周りとの連携・協力をするようになってきた。

　○低学年のあどけないかわいらしさ、中学年の清々しさや活力、

　　高学年の自立する姿などそれぞれの学年のもつ特徴やよさが発
　　達段階に応じて、正常に出現していた。
　○全体にのみこみが早くなり、落ち着きが出てきたこと。新しい
　　歌を覚えるのに時間がかからなくなってきたことや、掲示され
　　ている毛筆や図工の作品などから明らかに丁寧さや集中力がつ
　　いてきたことがわかる。

④　教師（集団）としての成長の契機になったこと
　　お互いに見合う、教え合う、柔軟に受け入れる、自分の指導力量
　のなさを感じたことなど、今回の取り組みを通して、教師としての
　また教師集団としての成長の契機となった。
　　私自身、直接子どもたちや先生方、研究講師の箱石先生から、国
　語・体育・音楽表現の教材解釈で学ぶことが多かった。また、子ど
　もの見方や指導のあり方など教育実践の基本を学び直すことができ
　た。

⑤　他の学校によく見られるように、実践発表会前に１ヶ月も２ヶ
　　月も夜遅くまで残って仕事をするようなこともなく、また、終
　　わった後は何事もなかったように、そこでぷっつり切れるような
　　研究ではないことがよい。本物の実践的研究の姿である。

見えてきた課題
○より子どもを信頼し、子どもに委ね、不要な指示・号令の廃止の
　必要性
　　始業時における「気をつけ」などの号令は不要になってくる。な

401

ぜなら、子どもたちはすでに「気をつけ」るようになってきている。また、教師からいちいち指示を出さなくとも動けるようになってきているし、逆に、いちいち指示を出していると自らの判断で動けない子どもにしてしまう恐れがある。

○子どもたちを自分の都合のよいように手の内に入れない指導の必要性

　子どもを自分のもっているわずかな経験で型はめしたり、子どもに自分の貧相な解釈を押し付けたり、ましてや調教したりしてはいけない。一緒に悩み、喜ぶ同行者でありたい。子どもを心底信じ、解放させる指導の日常化に期待したい。

○研究（解釈）し、ポイントを的確に把握した指導のさらなる必要性

　国語でも体育でも音楽でも表現でも、もっともっと教材研究を推し進め、教材解釈を明確にして子どもの指導に当たりたい。子どもたちはどんどん伸びていける。常に研究・研修しなければ、子どもの成長に教師の側が追い付いていけなくなる。

○実践（事実を創りだすこと）を中心としたより強固な教師集団づくりの必要性

　上記の研究・研修をみんなこぞってやっていきたい。先輩後輩、男性女性などの差は一切ない。みんなで知恵を出しあい、学校の子ども一人ひとりを教職員全員で育てていけるような教師集団でありたい。そのためには、子どもも含め、よく聞き合い、よく見合い、

相談し合う教師集団になりたい。閉鎖的にならず、自分に力が足りないと思うならば、もっともっと「教えて」「見せて」が飛び交うようにしたい。

○子どもたちの体力。日常での跳んだり走ったりする生活の必要性
　マットや跳び箱を見ていると、身体の固さやドタドタと走る姿から、身体の柔軟性や敏捷性といったものの低下が目に付いた。肥満の傾向も自在に自分の身体をコントロールすることの障害になっているようだと感じる。家庭と連携して運動や食指導での肥満防止の必要性もあると感じた。

今後のこと

　参会者からの感想を読むと、非常に高い評価をいただいている。評価が高ければ高いほど、実践の質をさらに高めなければならない。なぜなら、そうしないと子どもたちは停滞し、逆に、後退していくからである。だから、日常の実践づくりはとても苦しく険しく厳しい道となる。しかし、だからこそ本物のプロの教師や学校教育となり得るのだと思う。

　しかしながら、記録のＤＶＤを観ると、体育であれば着地が無造作であったり、歌であればまだ喉で歌っている子もいたり、表現であればまだぎこちない動きがあったり、無駄な力が入っていたりしている。まだ子どもたちの表現は雑であることがわかる。以前と比べると、かなり自然な動きができる、表情の柔らかな子どもたちになってきている。が、さらに一人ひとりの子どもが明確な輪郭をも

<u>つ清冽な子どもたちになってほしいと願う。</u>

　そのためにも、これからもこれまでの方向でやっていく。すなわち、日常の授業を大切にしていくこと。体育のマット・跳び箱運動をこれからも続けていくこと。音楽・表現を続けていくことの3つを日常実践の柱に位置付けていきたい。

　体育はボール運動やスキーなども入ってきて時間的にも余裕がない。しかし、跳び箱やマット運動で培った子どもたちの集中力や素早さなどでボール運動でもスキー学習でもより効率よく短時間で子どもたちはその技能やコツなどを獲得できるだろう。
　当面、学年で行ったマットと跳び箱運動を学級で入れ替えて指導してほしい。その際、できるだけその技に関連する基礎（前回り、横回り、後ろ回り、助走、踏切、つま先と膝の使い方など）に戻って基礎から固めるようにし、身体を柔軟に、合理的に使えるようにしていく。

　音楽・表現は新しい曲に挑戦してほしい。1学年で一つずつ、中高学年各ブロックで歌うのもいいのではないだろうか。箱石先生からは以下のような曲が提案されている。

　1年生：チラチラ粉雪、機関車の歌
　2年生：すずめすずめほうしんじょ、鳥かねもん勘三郎、
　　　　　とおりゃんせ
　3年生：清水の観音様、たんぽぽ、おちば

4年生：シューベルトの子守歌、大きな石、ゆずり葉の歌

3・4年生：みんなで行こう、河原、シューベルトの子守歌

5年生：狩人の合唱、荒城の月、梅の花ひらけ

6年生：ほろほろと、広い空、一つのこと、自然における神の栄
　　　　光（みいづ）

5・6年生：空、平城山、ほたるぶくろ、モルダウの流れ

※下線の曲は卒業式でも使えるかもない。

　今回の実践発表会は、研究講師の箱石泰和先生による実践研究の協力・助言に負うことが大きかった。引き続き、実践研究の協力・助言をお願いし、先生から積極的かつ貪欲に学び、本校の教育実践づくりをしていきたい。

その後、札幌教授学研究の会　会誌に掲載した一文

　5日（土）の土曜参観日で体育の発表を19日の学習発表会には音楽・表現をそれぞれ保護者に公開します。

　実践発表会後も体育館のステージの上や視聴覚室に常設しているマットや跳び箱での練習が続いています。さらに技が美しくなってきました。また、実践発表会後、すぐに箱石先生からいただいた「今後のこと」を職員会議で発表して、各学年新しい歌に取り組んでいます。6年生は「稜威」の練習をすかさず始めています。どの学年もモチベーションが下がりません。実践発表会が先生方のエネルギーとなっています。

校長会の際に、実践発表会に参加した市内のある校長から「発南の表現は島小に似ている」と言われ、驚きました。若いころ、洞爺湖で行われた教授学研究の会全国大会に参加したそうです。前々から数少ない尊敬できる校長先生だと思っていた方でした。

　都留文科大学元学長の大田堯先生のドキュメント映画「かすかな光へ」を本校の家庭教育学級主催で上映しました。「人との違いを受け入れることや自ら変わる力をもっていること、人との関わりなど改めて思い直しました」というこの映画を観た親の感想を読みました。

　今日11月19日は学習発表会保護者公開日だった。10月の実践発表会の表現を中心に組み立てたものだった。
　感想カードの中に、「第2部から全部観ました。子どもたちのおくさない伸びやかな歌声と表現にとても感動しました。これだけの声と表現を恥ずかしがることもなく出せるのは本当にこの学校の子どもたちならではないかと思います。とてもよかったです。」「子どもたちの元気な声に感動しました。学年を増すごとに深まりが出てきて成長を感じました。今から、来年の発表会が楽しみです。先生方のご指導のたまのもです。」など、たくさんの高い評価をいただきました。

　昨年の開校40周年記念式典、10月の教育実践発表会、今月5日の土曜参観日での体育の発表、そして今日の学習発表会が私の中では一連の流れでした。

　すでに、私自身の感想も発表しているが、この一連の取り組みを一言で言うならば、「子どもって凄い！」ということ。

　箱石先生は「子どもの無限の可能性は、無限の命」と、話されていた。
　先生を研究講師としてお招きし、指導していただけたからこそのものだった。

あとがき

この本は、大きく3つの分野で構成してあります。

第1に、「学校づくりの基本となる考え」を「学校経営方針」などの中で記述した「授業や子どものとらえ方」「表現活動の意味と価値」や「国語の授業づくりの基本」などで叙述しました。

第2に、箱石泰和先生の指導・助言を中心とした「授業づくりの実際」を授業の具体的記録として収録しました。

第3に、担任教師を含め本校の教職員、開校周年記念式典や教育実践発表会に参加された方々の感想で実際にどのような変化が学校現場で生まれたのかを証言として記載しました。

学校づくりの一つの方法として、開校周年式典や教育実践発表会の公開を目標や節目として、それに日常の授業実践を結びつけました。

授業実践や表現活動をそういう場で公開することは、限られた期間で緊張感と集中力をもって教育実践に当たらなければなりません。しかも、付け焼刃でうわべだけを繕った実践では何の価値もないばかりか、むしろ教育活動の弊害になります。だから、教師自身がこ

れまでの自分自身を変えていく本物の教育実践が要求されました。

　発寒南小学校での３年間の学校づくりが終わった時点で、私には退職まで残り３年の期間がありました。

　発寒南小の３年は、「学校づくり」のため、土を耕し、種を植え、種から芽が出て、根がはりつつあったところでした。次の３年間で、毎年公開実践発表会を開催し、さらに茎や根を伸ばし、葉を茂らせ、花を開き、実を結ぶ、表現活動のもつ素晴らしい力で教育を探求することを望んでいました。それで、残りの３年間もこの学校に勤務したいと強く希望しましたが、残念ながらその希望は叶いませんでした。

　私が転勤した後、「利根川」などを歌った卒業生の子どもたちが進学先の中学校に合唱部がなかったことから、学校に合唱部をつくって欲しいと要望し、熱心な先生の協力と相まって実現させたと伝え聞きました。

　また、私の後任の発寒南小の校長先生が、全国学力学習状況調査で極めて高い成績が出たと驚きと感心をもって伝えてくれました。

　表現活動を通して子どもたちの中で高まった色々な力が、積極的な姿勢や学力にも反映されのだと思います。

　群馬県の島小や境小で学校づくりに奔走した斎藤喜博先生の研究者であり都留文科大学で教員養成の教鞭をとりつつ、東京都の瑞穂第三小で学校と教授学研究の会との共同研究を行ってきた箱石泰和

先生を研修講師として招き、実践づくりへの助言・協力得たことを抜きにはこの実践は生まれませんでした。その意味で、この学校づくりの実践は特殊なものだと思います。

　それで、この発寒南小での学校づくりの実践は一般化できないのではないかという懸念があり、出版に躊躇しました。

　しかし、表現活動という素晴らしい教育探究・教育創造の手段や方法で生みだされた事実を埋もれさせてはならないという研究会仲間からの強い後押しで、私は気持ちを切り替え、この学校づくりが終わって既に10年の歳月が流れましたが、今ここで出版に踏み切りました。

　ここには、特殊性を越えた教育実践の原理・原則がちりばめられています。
　担任教師や他の教職員、外部からの参会者の感想や批評一つ一つがその原理・原則の正しさの証言になっていると確信しています。

　現在、日本の教育はその環境も条件も厳しく困難になってきていると感じます。しかし、子どもも教育の本質もいささかも変わってはいません。**「学校：この素晴らしいところ」「教育：この素晴らしき営み」**であることをこの学校づくりの実践を通して確信しました。

　最後に、実践発表会に参加され感想を寄せていただいた多くのみなさま、この実践の主役である当時のしなやかでたくましい子ども

たち、その子どもたちを支えその力を引き出した素晴らしい担任の先生はじめ教職員お一人お一人、長年共に学び歩んできた多摩第二土曜の会、名古屋教授学研究の会、札幌教授学研究の会の仲間のみなさん、そして、ここまで導いてくださった箱石泰和先生に心より感謝申し上げます。

2023年　佐藤　毅

＜著者紹介＞

佐藤　毅（さとう　たけし）

1954年北海道伊達市（旧伊達町）に生まれる。

札幌市内の小・中学校、札幌西高を経て、都留文科大学文学部初等教育学科卒業（箱石泰和ゼミ）。

1980年から小学校教諭、2009年から小学校校長として札幌市内の公立学校で勤務する。

60回におよぶ多摩第二土曜の会・名古屋教授学研究の会・札幌教授学研究の会の合同合宿研究会（実践交流会）、および日常的に札幌教授学研究の会で学ぶ。

メールアドレス　tks.st.02@ezweb.ne.jp

表現活動を中心に据えた学校づくり

2023年1月22日　初版第一刷発行

編　者　佐　藤　　　毅

発行者　斎　藤　草　子

発行所　一　莖　書　房

〒173-0001　東京都板橋区本町37-1
電話 03-3962-1354
FAX 03-3962-4310

組版／フレックスアート　印刷・製本／日本ハイコム

ISBN978-4-87074-246-8　C3037

既刊・好評発売中

シリーズ「授業は子どもと教師でつくるもの」

子どもをひらく授業を求めて　加藤利明著

授業記録が満載　国語「茂吉の短歌」「わらぐつの中の神様」理科「じしゃくでしらべよう」「物のかさと温度」「氷・水・水じょう気」「もののとけ方」「水溶液の性質」体育「倒立前まわり」学級づくり「荒れている四年生を担任して」研究会「若い教師のための実技等研究会」

A5版・並製　2500円＋税

6年体育「倒立前まわり」4年オペレッタ「子どもの世界だ」3年オペレッタ「かさじぞう」

子どもが動き出す授業を求めて　加藤裕子著

授業記録が満載　算数「円と球」「かさの表し方を考えよう」「分数のたし算・ひき算」「分数のかけ算・わり算」「体積のはかり方と表し方」国語「やまなし：十二月」　表現「ペルシャの市場にて」

A5版・並製　2000円＋税

「ペルシャの市場にて」6年表現「ペルシャの市場にて」

授業─その可能性を求めて　伊藤義道・加藤裕子・加藤利明著

授業記録が満載　国語「ごんぎつね」「白いぼうし」「一つの花」「クロッグミ」「下駄」算数「重さ」「三位数で割るわり算」理科「光を当ててみよう」体育「マット運動」「倒立前まわり」

A5版・並製　2000円＋税

「補助倒立」5年体育「補助倒立」

子どもを育てる表現活動──その意義と実際　箱石泰和著

〈　目　次　〉

○表現活動は何をめざすか　○子どもが楽しみ、表現するとき　○表現活動で子どもが育つ　○表現活動の意義と実際　○教育における表現の意味　「表現─いのち輝くとき」に寄せて

四六版・並製　2200円＋税

4年オペレッタ「かさじぞう」

一莖書房

〒173-0001　東京都板橋区本町 37-1
TEL　03-3962-1354
FAX　03-3962-4310